互联网时代的新零售发展研究

刘华琼　著

中国水利水电出版社
www.waterpub.com.cn
·北京·

内 容 提 要

新零售是企业以互联网为依托，对商品的生产、流通与销售过程进行升级改造，并对线上服务、线下体验以及现代物流进行深度融合的零售新模式。随着零售行业线上线下的有机结合，新零售成为零售行业的一种新的发展方向。

本书对新环境下的零售业发展情况进行分析，探讨新零售涉及的支付、营销、物流等问题，为传统零售业的转型指明方向，并预测了新零售的发展趋势。

本书结构合理，内容详尽，条理清晰，从理论与实践两个层面探讨新零售的发展，保证整个研究体系的深刻性与完整性。本书可以为零售业理论研究人员和零售业从业人员提供一定指导。

图书在版编目（CIP）数据

互联网时代的新零售发展研究 / 刘华琼著. -- 北京：中国水利水电出版社，2020.5（2024.1重印）
ISBN 978-7-5170-8526-3

Ⅰ. ①互… Ⅱ. ①刘… Ⅲ. ①零售业－网络营销－研究 Ⅳ. ①F713.32②F713.365.2

中国版本图书馆CIP数据核字(2020)第062815号

书　　名	互联网时代的新零售发展研究 HULIANWANG SHIDAI DE XIN LINGSHOU FAZHAN YANJIU
作　　者	刘华琼　著
出版发行	中国水利水电出版社 （北京市海淀区玉渊潭南路 1 号 D 座　100038） 网址：www.waterpub.com.cn E-mail：sales@waterpub.com.cn 电话：（010）68367658（营销中心）
经　　售	北京科水图书销售中心（零售） 电话：（010）88383994、63202643、68545874 全国各地新华书店和相关出版物销售网点
排　　版	北京亚吉飞数码科技有限公司
印　　刷	三河市元兴印务有限公司
规　　格	170mm×240mm　16 开本　16.25 印张　211 千字
版　　次	2020 年 7 月第 1 版　　2024 年 1 月第 2 次印刷
印　　数	0001—2000 册
定　　价	80.00 元

前　言

根据数据统计显示，2017 年我国社会消费品零售总额 366 262 亿元，比上年增长 10.2%。按经营地统计，城镇消费品零售额 314 290 亿元，增长 10.0%；乡村消费品零售额 51 972 亿元，增长 11.8%。按消费类型统计，商品零售额 326 618 亿元，增长 10.2%。全国居民人均消费支出 18 322 元，比上年增长 7.1%，扣除价格因素，实际增长 5.4%。[①] 可以看出，我国社会消费能力稳步提升，人民消费水平不断提高，其中在零售消费方面的表现十分突出。随着网络的发展、普及以及应用，网络成为人们的重要消费渠道。据数据统计显示，2017 年全年网上零售额 71 751 亿元，比上年增长 32.2%。其中，网上商品零售额 54 806 亿元，增长 28.0%，占社会消费品零售总额的比重为 15.0%。[②] 零售业的发展带动了经济发展，零售不仅是国民经济的基础，而且是推动经济增长和社会进步的关键环节。

随着市场经济的繁荣发展，人们的消费需求呈现出多元化特征，而新零售则可以适应时代发展，满足人们日益增长的需求。实际上，新零售就是以用户为中心，在技术驱动下，建立在可塑化、智能化和协同化的基础设施上，依托新供应链，线上线下深度融合，重构人、货、场，满足用户需求，提升行业效率，实现“全场景、全客群、全数据、全渠道、全时段、全体验、全品类、全链路”的零售新模式。目前，我国零售业相较于过去发生了重大变革，相较于传统零售，新零售更全面、更便利、更智慧。目前，我国零售业的变革并没有停止，而是面向市场、面向未来，迎接更深刻的新

①② 中华人民共和国 2017 年国民经济和社会发展统计公报 [EB/OL].http://www.stats.gov.cn/tjsj/zxfb/201802/t20180228_1585631.html.

变革。对新技术的应用是新零售发展的基础，提升消费品质、降低成本、提升运营效率是新零售发展的核心。此外，多维度的消费数据采集处理、多元化消费场景的打造、一体化的营销运营、供应链的智能化与柔性化及物流等服务的升级也是这一次零售业变革的方向。基于不断变化的零售市场和消费需求，我们必须全面研究互联网时代的新零售发展，并且在此基础上做出改变，适应市场，促进零售企业和零售行业的持续稳定发展。

本书共包括八章内容，从宏观到微观对我国零售业的发展进行统筹分析。第一章介绍零售业在我国的发展情况，强调了零售的概念、特征、业态，并分析了互联网对零售业发展产生的影响。第二章论述传统零售业在新环境下的转型升级发展，研究传统零售业打造全渠道电商、O2O 闭环、一体化供应链的现状和方法，还提出实体零售向智慧零售转型的可行方法。第三章主要针对零售支付展开讨论，分析了当前我国网络支付的发展现状和存在的问题，并指出了新零售时代支付呈现一体化趋势。第四章解析新环境下的零售营销，强调了营销思维转化的重要性，明确消费者忠诚度的重要意义，并强调我们要推进实体零售向网络营销转变。第五章和第六章针对两种新零售时代的营销方式进行解析，即社群营销和大数据营销，这两种营销模式都是基于网络时代特征而发展的，无论是构建社群开展社群营销，还是挖掘数据价值推动大数据营销，都可以有效推动新零售的进一步发展。第七章分析新零售时代的物流发展，智慧物流符合新零售发展需要，是解决零售业物流问题的关键，研究智慧物流的技术基础、发展方向和市场布局具有重要意义。第八章针对目前零售发展和技术应用提出新零售发展趋势，主要包括 VR+ 零售、无人零售和全渠道零售，只有保证零售业自身的不断发展和更新，才能充分激发零售动能，推动社会经济发展。

本书从总体上分析了我国零售行业发展现状及相关问题，一方面吸收前人的研究成果，对基础理论进行阐述，为更深入的探讨奠定基础；另一方面充分结合目前的发展形势，强调研究的创新性和时代性。

第一，有完整的研究体系。本书从理论和实践两个方面探讨新零售的发展，保证整个研究体系的完整性和深刻性，并以此为基础构建了理论联系实践的互联网时代新零售发展研究体系。

第二，有突出的亮点。第二章分析了我国传统零售业的转型实践，目前我国仍然有一大批传统零售业面临转型发展的难题，而第二章的内容为其提供了指导性建议。第七章研究智慧物流，智慧物流无疑是解决零售业物流难题的关键，物流服务的升级是当前零售改革的关键环节。发展新零售，就要搭建智能供应链，而物流自动化则是其中的关键环节。此外，第八章还针对当前新零售发展的重要趋势进行分析，指出 VR+ 零售、无人零售和全渠道零售在未来零售发展中的重要作用。对这些问题的研究保证了本书的时代性，是在符合时代发展要求的情况下对零售业发展进行的探讨和分析。

在撰写本书的过程中，作者参考了相关专家、学者的著作，从中获得了许多有益的成果、见解，谨致以诚挚的谢意。由于作者水平有限，书中难免有不足之处，敬请同行专家、学者和广大读者批评指正。

作　者

2020年1月

目　　录

前　言

第一章　零售业发展概述…………………………… 1

　第一节　零售的概念及特征………………………… 1

　第二节　零 售 业 态 ……………………………11

　第三节　互联网对零售业的影响…………………21

第二章　我国传统零售企业转型实践……………… 30

　第一节　构建全渠道电商零售生态………………30

　第二节　打造线上线下渠道闭环…………………40

　第三节　构建一体化供应链………………………48

　第四节　实体零售向智慧零售的转型……………54

第三章　新零售时代的支付升级…………………… 59

　第一节　网络支付的发展现状……………………59

　第二节　网络支付存在的问题……………………67

　第三节　新零售支付一体化趋势…………………79

第四章　新零售时代的营销思维转化……………… 89

　第一节　创新新零售营销模式……………………89

　第二节　建立并巩固消费者忠诚度……………… 101

　第三节　实体零售向互联网营销转变…………… 108

第五章　新零售时代的社群营销…………………… 122

　第一节　社群的构建与运营……………………… 122

　第二节　加强社群运营团队建设………………… 135

　第三节　发散社群营销新思路…………………… 144

第六章　新零售时代的大数据营销…………………………153
第一节　大数据的价值和机遇…………………………153
第二节　数据的挖掘与应用……………………………161
第三节　大数据营销策略………………………………176
第七章　新零售时代的智慧物流…………………………181
第一节　智慧物流的技术基础…………………………181
第二节　智慧物流向智能供应链的发展………………190
第三节　新零售时代的智慧物流市场布局……………199
第八章　互联网时代的新零售发展趋势…………………214
第一节　发展 VR+ 零售 ………………………………214
第二节　发展无人零售…………………………………226
第三节　发展全渠道零售………………………………237
参 考 文 献………………………………………………250

第一章　零售业发展概述

据数据统计显示，“2017 年社零总额 17.24 万亿，同比增长 10.4%，较去年同期上升 0.1 个百分点。”[①]2018 年，政府工作报告中指出，在过去五年，我国“加快新旧发展动能接续转换。深入开展‘互联网 +’行动，实行包容、审慎、监管，推动大数据、云计算、物联网广泛应用，新兴产业蓬勃发展，传统产业深刻重塑。”[②]在这样的背景下，我国零售业发展迅猛，结合互联网技术实现了升级转型。想要深入探讨我国零售业的转型发展，首先需要从整体上把握零售的相关概念。

第一节　零售的概念及特征

一、零售的相关概念

（一）零售的概念

零售是一种基本交易活动，由商家直接向最终消费者销售商品和服务，在欧美等发达国家被理解为一个较为广泛的概念。美国零售专家迈克尔·利维与巴顿·韦茨教授在《零售学精要》一书中将零售定义为：零售是将产品和劳务出售给消费者，供其个人或家庭使用，从而增加产品和服务的价值的一种商业活动。人

① 2018 年中国零售业及新零售行业发展趋势分析 [EB/OL].http://www.chyxx.com/industry/201806/652180.html.

② 政府工作报告 [EB/OL].http://www.gov.cn/xinwen/2018-03/22/content_5276608.htm.

们通常认为,零售只是出售产品,其实零售也出售服务,如汽车旅馆提供的住宿,医生为病人进行的诊治,理发、租赁录像带或是将比萨饼送货上门。在此,零售对象主要是个人及家庭,零售的范围除了传统的商品销售之外,还包括饮食、服务、旅游等产业中的售卖,因而是一个广义的概念。在我国的实际工作中,零售往往采用更狭义的概念,主要是指商品的流通与销售及其附加服务。

菲利普·科特勒在其著作《市场营销管理》中提出,零售就是指商家将货物和服务直接出售给最终消费者的所有活动,最终消费者购买这些商品和服务是为了个人生活而非商业用途。从事这种销售活动的组织,无论具体主体是生产者、批发商还是零售商,都是在开展零售服务。在这一概念中,零售的职能是提供最终消费,最终消费被定义为个人生活消费,而不是商业用途消费。此外,提供零售服务的不止于零售商,也包括生产者和批发商。

罗伯特·卢斯对零售下了定义,他指出零售就是商品在流通过程中经历的最后一个环节。商品零售为消费者服务,零售商业的基本职能就是将社会生产出来的商品销售给消费者。无论是在商店出售,还是通过邮购方式、电话订购、送货上门、自动售货机出售,均包括在零售商业的业务范围之内。这一定义告诉我们,零售是商品流通过程的最后环节,然后商品与服务就进入了消费环节,零售既包括有店铺销售,也包括无店铺销售。

我国相关学者也对零售的概念进行了研究。肖怡提出,零售是向消费者个人或社会集团出售消费品或非生产性消费品及相关服务,以供其最终消费之用的全部活动。这一定义将社会集团消费者纳入零售对象,只要其所购买的商品是用于直接消费,不是生产或经营中的消费,也属于最终消费之列,如公司为员工购买的生活福利性商品和服务。在我国现行的宏观商品流通统计中,零售额实际是按个人消费者或社会集团消费者为其生活消费和附带服务所支付的价格计算的,我国社会集团的零售额占社会商品零售总额较大的比重(约10%),因而这样定义有一定的合理性。

通过以上对零售的分析我们可以看出,零售的概念主要包括以下几项内容。第一,零售的对象是最终消费者,包括个人、家庭及社会集团消费者,其中个人及家庭是主要零售对象;第二,零售的基本职责是提供最终消费,最终消费是个人、家庭及社会集团成员的生活性消费;第三,零售不仅包括有形的商品销售,也包括服务性劳动的销售,零售商通过提供多样化的商品与服务组合来增加零售的价值;第四,零售不限于在固定零售店铺进行,一些无店铺的销售也是零售。

（二）零售商的概念

零售商是有别于零售的概念,零售商是向消费者出售产品和服务的商业企业。

姚丽萍认为,零售商是一种介于制造商、批发商和消费者之间的商业企业,基本职能为零售活动,将产品和服务出售给消费者供其个人使用,零售商是一种通过零售活动获利的经济组织。肖怡认为,零售商是指以零售活动为基本职能的独立的中间商,介于制造商、批发商与消费者之间,以盈利为目的的从事零售活动的组织。批发商与零售商同属于中间商,但在流通环节中位于不同的地位,一些大型零售商往往能绕开批发商,直接从制造商处购进商品。

需要注意的是,并不是只有专门从事零售业务的专职零售商,同时还有其他企业会从事零售活动,如制造商、批发商等也会兼营零售业务。具体来说,制造商通过登门推销、邮售、自建门店等方式将产品直接送到消费者手中,或批发商将购进的大批量商品以零售的方式销售给消费者等,都属于零售业务范畴。典型的零售商应当是专职零售活动的商业企业,他们聚集来自不同渠道的商品和服务,大批量购进再小批量出售给最终消费者。一方面,他们要提供合适的商品供消费者选购,使其买到最满意的商品;另一方面,他们还要向消费者提供热情、周到、方便、舒适的购买条件,使其获得最满意的服务。简而言之,零售商的任务就是在合适的时间、地点,正确地向消费者提供其所需要的产品和服务。

（三）零售业务的概念

零售业务还可以称作“零售活动”，零售商在销售商品的过程中从事的基本活动就是零售业务。零售业务的本质是实现商品与服务价值的增值。具体来说，零售业务主要包括以下内容。

1. 提供商品组合

零售商从事商品销售活动，首先需要为消费者提供商品组合，以此为基础，根据商品组合的特征开展专业化经营。例如，超级市场提供食品、保健以及家居用品方面的产品组合；家电专卖店提供家用电器产品及其组合，这样使得消费者不必为准备一顿晚餐或置办新房家电时到不同商家去购买不同的商品。一些零售商也提供唯一的商品组合，但顾客购买商品时，能在品牌、设计、规格、色彩和价格等方面有充分的选择余地。例如，化妆品专卖店、自行车专卖店、饰品店、冰激凌店等。

2. 保有存货

保有存货是零售业务的重要组成部分，只有零售商保证存货，才可以使消费者在需要时获取相应的产品。作为顾客，一般只在家里保有少量存货，当其需要更多的产品时，零售商会提供适用的产品。零售商用保持存货的方式为顾客提供了许多好处，如降低顾客储存商品的成本，同时承担商品储存期间发生的质量风险、技术风险等。

3. 分装货物

制造商和批发商为了降低运输成本，会将产品整箱整盒地运输到零售商处，而零售商必须将这些整箱整盒的产品分装销售，以便满足单个顾客和家庭的消费习惯模式，再向顾客和家庭提供较小量的产品。将大批装运的货物拆装成适合顾客需求的较小量的产品就是分装货物。零售商按照顾客需求分装货物的过程，也是美化宣传与组合商品、增值商品价值的过程。

4. 提供服务

零售商不仅要销售产品,还需要为消费者提供相应的服务,以此为消费者购买和使用产品创造便利条件。零售商为顾客所提供的信贷,使顾客能够先拿到自己想要购买的产品,然后再付账;零售商陈列、展示产品,是为了让顾客能在购买之前查看和试用产品;零售商雇佣销售人员,让他们负责回答顾客提出的问题,并向顾客提供有关产品的其他信息;零售商改善店铺环境,是为了使顾客在购物时能保持心情愉快,得到必要的休息和延长挑选时间。

通过以上分析可以看出,零售商通过提供产品组合、保有存货、分装货物和为顾客提供各种服务等方式增加产品和服务的价值,顾客可以从他们所购买的产品和服务中得到这些价值。这些业务活动所形成的价值占顾客从零售商手中所购买商品最终成本的20%~50%,是零售商提供服务获取利润的主要来源。

(四)零售产业的概念

我国社会经济活动可以按照社会生产活动发展顺序划分为第一产业、第二产业和第三产业。其中,第三产业是最后出现的社会生产活动,包括流通产业和服务产业两大部门。流通产业是生产与消费之间的媒介,主要包括商业、物流业、仓储业、交通运输业、邮电通信业等。商业是流通产业中的支柱产业,担负着组织商品流通的主要任务,物流业、仓储业、交通运输业、邮电通信业是从商业中分离出去,与商品流通有关的辅助性产业。批发商业与零售商业是商业中的两大主要部门,其中零售商业是商品流通的最后一个环节,与消费领域紧密相连,关系到社会产品的最终实现,因而是一个非常重要的产业。

人们在实践中通常会采用零售业的概念。对于我国来说,始终是根据行业进行划分的,即向消费者提供所需商品及其相关服务为主的行业。在国外,并没有零售行业与零售产业之分,零售业即为零售产业，尤其现代零售业越来越多地具有工业产业的特征，已经超出了原有行业概念的局限，因而零售业概念的外延应当扩大，本书中的零售业意指零售产业。

（五）零售与批发的区别

批发和零售是一对相对的概念。可以说，批发是从零售中分离出来的具有独立特点的贸易形式。在实物商品的流通中，批发处于流通过程的中间环节，零售处于流通过程的最终环节。批发的交易对象多为生产者或商品经营者，而不涉及最终消费者；批发购买的目的是进行生产投入或商品转售以获取利润，因此批发活动一般是发生在生产者和经营者之间的大宗交易行为，与主要面向消费者个人和家庭的零售交易差别很大。零售与批发的区别主要体现在以下几个方面。

1. 提供服务存在差异

由于批发交易的对象是组织购买者，故批发交易场所一般不设在繁华热闹的市中心，而是设在租金低廉的郊区；营业场所也不像零售贸易那样注意装饰；服务项目也不如零售形式齐全、周到，相当一部分批发只提供有限服务，与零售提供的送货、包装、安装、停车、广告、陈列、餐厅等系统化、全方位、多功能的服务形成鲜明的对照。相对而言，批发服务不注重人与人之间的接触，而着重于通信、储运、信息、融资等方面，表现为组织对组织的服务。

2. 商圈范围存在差异

商圈是商业企业业务活动辐射和联系的地域范围。批发交易的服务对象主要是生产者、次层批发商、零售商等组织购买者。这些组织购买者的活动能力、活动范围远比零售交易的服务对象大，因此批发点设立的商圈范围要比零售点设立的商圈范围大得多。通常，中小型批发企业集中于地方性的中小城市，辐射周围地区；大型批发企业往往分布于全国性的大城市，涵盖国内市场，有些甚至突破了国界。

3. 交易批量存在差异

交易量是区别批发与零售的重要指标。批发交易一般要达到一定的交易规模才可以进行，通常有最低交易量的规定，叫作“批发起点”；零售交易对象众多且居住分散，这就决定了单次交易量小、交易次数频繁。从价格上看，批量交易的价格往往与交易量成反比，批量折扣是批发商给予批量采购者的价格优惠；零售交易的价格一般高于批量交易的价格，以弥补小额交易的经营风险。

4. 交易关系存在差异

零售主要以个人消费者为服务对象，购买复杂多变、冲动性强、可诱导性大，而批发主要以组织购买者为服务对象，交易关系易于稳定。组织购买者的特点表现为按规则行事，冲动购买少，有自己成熟的交易套路，不盲从宣传与导购，交易行为相对理性。因此，批发交易双方往往存在固定的交易关系，彼此相互熟悉，容易形成一致的商业习惯，达成默契和形成惯例。

5. 资金与劳动占用存在差异

零售交易分散零星，资金使用量较少，而批发交易次数虽少，但交易数额较大，需要大量的商品储备，直接导致交易中资金使用量大，并且用于仓储物流设施建设的投入增加，表明批发贸易具有资金密集使用的特点，资金问题甚至决定了批发贸易的成败。批发贸易的劳动投入相对较小，一般为零售贸易的 1/3 左右；零售贸易具有劳动密集使用的特点，并且劳动力流动频繁，非熟练员工多。

二、零售的特征和职能

（一）零售的特征

1. 周转速度是零售成功的关键

零售交易每次交易额小，因此必须注重提高成交率，提高资本的周转速度。我国零售企业的年平均资金周转率不到 10 次，而家乐福、沃尔玛的年平均资金周转率可以达到20～30次。零售企业资金周转率提高一倍，其利润率相应大约提高一倍，这对于小额零星交易而言具有决定性的意义。因此，勤进快销，提高零售资本的利用率是零售交易应当遵守的基本原则。

2. 消费者购买情绪和行为对零售交易影响较大

零售交易是零售商面向最终消费者开展的商业活动，而消费者的购买行为具有多种类型，大多数消费者在购买商品时表现为无计划的冲动型或情绪型。例如，消费者进入超级市场和商场前并不注意广告，也不事先准备购物清单，购买完全是无计划的。这种行为表明，现场展示、吸引人的商店布局、组织良好的商品和橱窗宣传具有重要价值。糖果、化妆品、快餐食品、杂志等商品如果放在商店里容易看得见、客流量高的地方，可以使顾客产生冲动购买。强调一线员工的仪表礼仪、服务态度和服务效率，增加感情投入，可以帮助维持顾客对商店的忠诚。由此可以看出，顾客购买情绪与行为的不确定性将导致零售商在商品采购、空间规划、人员使用等方面的预测难度加大。

3. 零售交易规模小，交易频率高

零售商面对最终消费者个体，通常零售的个体消费者购买量较小，并且为了满足生活需要，消费者会在一定时间内较高频率地购买某种商品，对于零售商而言，交易方式为批量购进、零星售出。据统计，美国百货公司每笔交易额约为54美元，专业店约为64美元，超市约为32美元。交易量低就需要严格控制与每笔交易有关的费用（如资信确认、商品发送、包装），增加商店的顾客数量，通过积极的店内销售增加购买冲动。零售商与众多不同顾客之间的小额交易，使得零售商很难确定当前存货水平以及各种品牌、规格和价格的受欢迎程度。基于此，零售商日渐使用计算机化的存货管理系统，以便及时了解销售动态和存货动态。

4. 零售商选址十分重要

虽然随着科学技术的发展,电话销售和网络销售等无店铺零售交易规模不断扩大,但是有店铺销售仍然是不可取代的,在消费者的购买选择中具有重要地位。原因在于人们的购买习惯难以在短期内改变,零售网点的大量发展又极大地方便了人们的购物,加上零售业态的创新使得光顾零售店铺已经远远超出了单纯购物的意义,休闲、娱乐与多方面比较选择使消费者感到兴趣盎然。因此,消费者一般会选择最有利的实体商店作为经常性的、主要的购物休闲场所。基于此,零售店位置的便利性、停车服务、营业时间,以及商品组合特征和竞争相似性将是零售商要考虑的因素。

(二)零售的职能

1. 刺激消费，引导消费发展

零售是零售商向最终消费者销售产品和服务的商业活动,零售在销售商品以外还可以刺激、引导消费。零售商通过对商品的艺术陈列、广告宣传、现场操作、销售促进等手段帮助消费者认识产品的价值和使用价值,激发潜在的消费需求,培养人们的消费爱好,从而引导消费者的消费倾向、消费方式和消费习惯。例如,通过宣传推广,引导人们对食品的绿色消费、健康消费;发展购物中心和步行街,使购物成为融合休闲、娱乐、旅游等于一体的新型消费方式;现场演示与操作,使购物成为学习烹饪、化妆、保健等的课堂。因此,零售业发展的程度关系到民众的消费水平和消费质量的提高。

2. 反馈信息，沟通生产与消费

零售商实际上是存在于制造商和最终消费者之间的商业业态,制造商通过零售商获取产品销售等信息,如消费者对制造商产品的意见、满足度、还可从哪些方面进行改进、重复购买的情况等，他可以此为据，调整生产的规模和结构，改进产品质量，开发新产品，从而促进生产者生产更多、更好的适销对路的商品。对于消费者而言，也需要及时、充分地了解出现了哪些新产品、产品质量规格的适用性如何、是否提供附加服务等。对于零售商而言，他通过服务消费，在售前、售中、售后环节积极与消费者沟通，一方面了解消费者需要，另一方面提供产品信息，从而连接生产与消费，成为沟通产销的重要桥梁。

3. 保证社会再生产顺利实现

制造商为了自身利益，最理想的销售状态是一次全部出售给某一消费者；消费者为了满足自身需要，最理想的状态是购买数量较少但品种较多的产品；而零售商就是处于二者之间解决产销矛盾的存在。零售商将制造商生产的不同品种的商品集合在一起，出售给不同的消费者，使生产最终转为消费，从而实现生产。生产越是发展，对零售业的依赖也就越大，只有零售商把产品销售出去，流通过程中的劳动消耗才能得到补偿，并获得必要的资金积累，制造商也才可能进行下一轮的生产，整个社会再生产和扩大再生产才得以继续。

4. 提供商业信用，加速商品流通

零售商在销售商品的过程中发挥了信用职能。零售商采用信用销售商品的方式，对消费者起到了融资的作用，这种信用销售商品的方式主要有赊销、分期付款等方法。信用销售方式对于消费者来说，可以避免每次购物都要支付现金的麻烦，即使在购物资金不足的情况下，也可以通过获得授信的方式购物。对于制造商与批发商，零售商也提供预付货款、延期付款等信用职能，从而使制造商和批发商的商品得到预先销售，加速整个社会商品的流通。

5. 满足消费者消费需要

零售是零售商向最终消费者销售商品的商业活动，最基本的职能就是满足消费者的实际需要。对于零售商而言，核心任务就是做好商品供应，不断扩大商品销售。零售商要积极组织商品货源，为此需要准确、及时地掌握市场供求趋势，按照市场需要采购适销对路的商品，扩大花色品种，保证商品质量，使消费者能够及时、充分地选购适合需要的商品。与此同时，需要实施正确的商品销售政策，不断研究和改进商品销售技术，提高零售服务水平，使消费者满意，从而提高消费效率和消费效益。所以，零售交易是满足消费者需要的主要途径，零售交易的发展状况及其工作质量直接影响消费需要的满足程度。

第二节　零售业态

一、零售商业业态的概念

流通产业的业态形式十分多样，包括批发、零售、住宿、餐饮等，不同的业态具有不同的性质和特征。零售业态是最主要的流通组织形式之一，通过掌握零售业态的一般规律有助于掌握流通产业其他业态的规律。

现代零售业态是零售企业针对特定消费者的特定需要，按照一定的战略目标，有选择地运用商品经营结构、店铺位置、店铺规模、店铺形态、价格政策、销售方式、销售服务等经营手段，提供销售和服务的类型化经营形态。

一般来说，零售业态的主要构成要素包括以下内容：选址，商圈，规模，商品策略，目标顾客，价格策略，店铺设施，销售方法（柜台售货、自选、通信销售、网络营销等），服务功能（提供信息、送货上门、自由退货、停车场等），有无固定营业场所。通过这些构成要素的变化会形成不同的流通产业商业业态，这些要素是商业业态的基础。

零售商业是指向个人消费者或最终消费者销售商品或服务的商业，在整个流通体系中，它是生产者与消费者或批发企业与消费者之间的中间环节。在商品流通过程中,零售是最后的流通环节,商品经过这一环节,就从流通领域进入消费领域。在此以前,消费品不管怎样被转卖,都没有离开流通领域。但是,零售商业并没有承担全部的零售贸易,它只是零售贸易主要的经营者,还有相当一部分消费品是通过生产者自己或生产组织所设立的流通机构直接供应给消费者的。

零售商业具有交易次数频繁、交易批量小的特点。零售商业对店铺选址及店铺设计有较高的依赖度,经营场所分散,经营受商圈的限制。

二、零售商业业态的类型

按照商业业态的形态,可以将零售商业划分为有店铺业态和无店铺业态。

(一)有店铺业态

有店铺业态是指具有固定的场所和空间进行商品陈列和销售,并在该场景内实现消费者购买行为的商业业态,这种零售商业业态的主要特征是具有具体场所和空间,是搭建在现实空间的零售业态。

按照不同特点可以将有店铺零售业态划分成很多种类,包括食杂店、便利店、折扣店、超市、大型综合超市、仓储会员店、百货店、专业店、专卖店、家具建材商店、购物中心、厂家直销中心等,下面对其中比较典型的几种业态形式进行研究。

1. 食杂店

食杂店是指以香烟、酒、饮料、休闲食品为主,独立的、传统的、无明显品牌形象的零售业态,其特点如图 1-1 所示。

选址	· 位于居民区内或传统商业区内
目标顾客	· 辐射半径0.3公里 · 目标顾客以相对固定的居民为主
规模	· 营业面积一般在100平方米以内
商品结构	· 以香烟、饮料、酒、休闲食品为主
经营方式	· 柜台式和自选式相结合
服务功能	· 营业时间12小时以上
MIS系统	· 初级或不设立

图 1-1 食杂店的特点

2. 便利店

便利店最主要的特征是便利，旨在为消费者提供满足其便利性需求的产品和服务，是比较常见的一种零售业态。一般选址于居民住宅区、主干线公路边以及车站、医院、娱乐场所、机关、团体、企事业所在地；营业面积在 100 平方米左右，营业面积利用率高；以速成食品、饮料、小百货为主，有即时消费性、小容量、应急性等特点；以开架自选货为主，结算在收银机处统一进行；营业时间长，一般在 10 小时以上，甚至 24 小时，终年无休。便利店的特点如图 1-2 所示。

选址	· 居民住宅区、主干线公路边 · 车站、娱乐场所、机关、企事业所在地等
目标顾客	· 以社区居民为主
规模	· 营业面积在100平方米左右 · 营业面积利用率高
商品结构	· 以速成食品、饮料、小百货为主 · 具有即时消费性、小容量、应急性等特点
经营方式	· 以开架自选货为主 · 结算在收银机处统一进行
服务功能	· 营业时间一般在10小时以上，甚至24小时 · 终年无休日
MIS系统	· 程度较高

图 1-2 便利店的特点

1945 年，美国南方公司推出了“7-11”店牌，这是世界上最早的便利店，我国直到 1990 年以后才出现一些具有便利店特征的商店，如 1990 年 12 月在东莞开业的美佳商店、1992 年在北京开业的幸福商店都具有一定便利店特征，但真正的便利店是1992年10月开业的深圳“7-11”。2003年，西班牙迪亚(DIA)集团的便民店(小型商品最优惠价格连锁店)、日本7-11便利店、德国欧倍德(特许零售体系)等便利店业态也陆续进入中国。

3. 折扣店

折扣店是一种小型超市业态，这种零售店业态的装修简单，商品价格比较低廉，并且只可以为消费者提供有限的服务。折扣店提供的商品通常不超过2 000种，也会经营一定数量的自有品牌商品。它相较于大型综合超市，折扣店将其经营产品中比较大众化使用的商品挑选出来进行集中经营，是一种大型自选店。折扣店以超级市场开发出来的销售技术和管理理论作为基础，发挥自身在价格上的优势，采用大型综合超市的商品供应方式，根据自身特点灵活选址，降低价格带，对各部门商品进行统一，从而形成了连锁店业态。一般情况下，折扣店的面积不超过1 000平方米，主要经营商品为非耐用消耗品，通常会将6～7折的全国知名品牌商品与自有品牌商品组合在一起。折扣店的特点如图1-3所示。

选址	• 居民区、交易要道等租金相对便宜的地区
目标顾客	• 辐射半径2公里左右 • 目标顾客主要为商圈内的居民
规模	• 营业面积300平方米～500平方米
商品结构	• 商品平均价格低于市场平均水平 • 自有品牌占有较大的比例
经营方式	• 开架自选 • 统一结算
服务功能	• 用工精简 • 为顾客提供有限的服务
MIS系统	• 一般

图1-3　折扣店的特点

4. 大型综合超市

大型综合超市还可以称为“综合超市”“大卖场”，英文为Hypermarket或General Merchandise Store，可以将其简称为GMS。GMS是采取自选销售方式，以销售大众化实用品为主，并将超市和折扣店的经营优势合为一体、满足顾客一次性购全的零售业态。这种业态可以充分地采用现代商业科技，较易采取连锁经营的方式。许多跨国零售商均采取这种业态，如法国的家乐福等。2014—2017年中国连锁百强前十排行榜见表1-1。

表1-1　2014—2017年中国连锁百强前十排行榜[①]

排名	2014年	2015年	2016年	2017年
1	国美	苏宁	苏宁	苏宁
2	苏宁	国美	国美	国美
3	华润万家	华润万家	华润万家	华润万家
4	康成投资（大润发）	高鑫零售	康成投资（大润发）	康成投资（大润发）
5	沃尔玛	沃尔玛	沃尔玛	沃尔玛
6	山东省商业集团	山东省商业集团	山东省商业集团	永辉超市
7	联华超市	联华超市	联华超市	重庆商社
8	重庆商社	重庆商社	重庆商社	联华超市
9	上海友谊集团	百胜餐饮集团	百胜餐饮集团	中石化易捷销售
10	百胜餐饮集团	永辉超市	永辉超市	家乐福

大型综合超市通常会选择城乡结合部、住宅区、交通要道等地建设，营业面积在2 500平方米以上；衣、食、用品齐全，重视本企业的品牌开发；采取自选销售方式；设与商店营业面积相适应的停车场。大型综合超市的特点见图1-4。

5. 专业店

专业店通常将某一大类商品作为主要销售产品，店内配备具有丰富专业知识的销售人员，消费者可以向销售人员进行专业性咨询并可以获得一定售后服务，是一种比较常见的零售业态。专业店的选址比较多样化，大部分专业店设立在繁华商业区、商业街或百货店、购物中心内；营业面积也比较灵活，会根据主营商

① 中国连锁百强[EB/OL].http://www.ccfa.org.cn/portal/cn/hangybzhun.jsp?lt=31&pn=5&pg=1.

品的特点确定。专业店的一个显著特征就是具有很强的专业性、深度性，在产品方面品种繁多，但是大部分为主营商品，占全部商品的90%左右，并且专业店经营的商品、品牌都比较具有自身特色。在经营方式上，专业店采取了定价销售和开架面售结合的方式。此外，为了保证专业店的专业性，其从业人员通常都具备较为丰富的专业知识，其特点见图1-5。

图1-4　大型综合超市的特点

图1-5　专业店的特点

根据经营商品的种类可以将专业店划分为办公用品专业店（Office Supply）、玩具专业店（Toy Stores）、药品专业店（Drug Stores）、服饰专业店（Apparel Shop）等形式。

6. 专卖店

专卖店是专门经营或授权经营制造商品牌和中间商品牌的零售业态。专卖店通常会将店铺设立在繁华商业区、商业街，有些专卖店会根据商品特点选择开设在百货店、购物中心内，营业面积不固定，通常会根据商品特点确定。专卖店大多为著名品牌或大众品牌，这些专卖店拥有比较固定的客户群。专卖店在销售方面主要以量小、质优、高毛利等为特点；通常会采取定价销售和开架面售的经营方式。对于专卖店来说，塑造和维护品牌形象十分重要，因此其从业人员都具备比较丰富的专业知识，可以为消费者提供专业性较强的服务。专卖店的主要特点如图 1-6 所示。

选址	· 繁华商业区、商业街或百货店、购物中心内
目标顾客	· 中青年消费者
规模	· 营业面积根据经营商品特点而定
商品结构	· 以著名品牌、大众品牌为主 · 销售体现量小、质优、高毛利等特点
经营方式	· 定价销售 · 开架面售
服务功能	· 注重品牌名声 · 从业人员需具备丰富的专业知识

图 1-6 专卖店的特点

7. 购物中心

购物中心（Shopping Mall）是一个集多重功能为一体的综合性商业场所，同时具有购物、休闲、餐饮、娱乐等多种功能。也就是说，购物中心是指企业有计划地开发、管理、运营的各类零售业态、服务设施的集合体，是一种新型商业组织群体，从广义层面来说，购物中心属于新型集散经济组织。购物中心的选址比较灵活，但大部分购物中心设立于中心商业区或城乡结合部的交通要道。购物中心相较于之前提到的几种零售业态，具有更为复杂的内部结构，购物中心通常是由百货店或超级市场作为核心店，此外还包含各种专业店、快餐店等商业形式，是一种多层次的组合式零售业态。一般来说，购物中心中核心店的面积不超过总体面积的80%；发起者会根据实际情况制订店铺选取、布局等计划，在统一布局的基础上不同店铺进行独立经营，构成一个有机整体。由于购物中心包括多种店铺形式，因此具有比较齐全的服务功能，消费者可以在购物中心享受零售、餐饮、娱乐为一体的服务。此外，购物中心通常会根据面积设立停车场，使消费者更好地享受购物。购物中心的特点如图 1-7 所示。

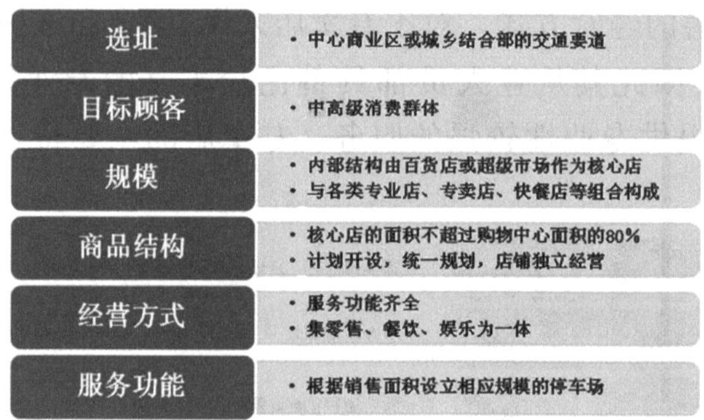

图 1-7　购物中心的特点

按照经营类型的不同，可以将购物中心分为近邻型购物中心（Neighborhood Shopping Center）、社区型购物中心（Community Shopping Center）、区域型购物中心（Regional Shopping Center）、跨区域型购物中心（Cross-regional Shopping Center）、大型封闭式购物中心（Shopping Mall）等。

1956 年，美国建立了第一个信贷购物中心，该购物中心位于美国明尼阿波利斯的郊外，20 世纪 80 年代后期兴起了购物中心建筑高潮，到了 20 世纪 90 年代中期这一势头开始减弱。在高峰时期，美国平均每年有 60 座大型 Mall 拔地而起，最多的一年建了 100 多座。20 世纪 90 年代引入我国一些发达大城市。近几年来，随着我国传统百货衰退，零售界掀起了建造购物中心的热潮。从 2000 年开始，购物中心迅速在中国发展起来，甚至堪称引发了一场中国城市商业地产运动。据统计，我国现有各类购物中心 3 100 多家，但是购物中心同质化十分严重。购物中心通常具有以下几个重要特点。

第一，具有比较先进的商业管理与技术。这是购物中心得以顺利运营的技术基础，目前的购物中心需要运用计算机技术和网络信息技术进行内部管理,有些购物中心还建立了相应的网上商店。

第二,具有比较便捷的交通和地理位置。按区位而言,分为城市中心型、社区型、城郊型等多种类型,城市中心型具有较好的交通和地理位置,城郊型则具有较便捷的交通和地理位置,城市的轿车拥有量较高。

第三,具有以人为本的舒适购物环境。一般购物中心有20万~30万平方米,大的在40万~50万平方米,一般有1~3家主力店,主力店的面积不小于总购物面积的1/4,专业店、专卖店、餐饮店不少于200家,以满足消费者购物、休闲、娱乐、旅游、餐饮于一体的需要。

(二)无店铺业态

零售商业业态除了有店铺业态外,还有无店铺业态,这种商业业态没有具体的商品陈列和销售场所和空间,如自动售货、电话购物、电视购物、邮购、网上商店等均属于无商铺零售。

1. 自动售货

自动售货是指通过自动售货机销售商品的零售业态,在这种零售业态中,消费者只需要在自动售货机上完成几个简单操作就可以完成购买活动,是一种十分方便快捷的零售模式。自动售货机是科技发展的产物,其集聚了声、光、机电等技术,具有技术含量,这种零售业态销售方式新颖简单,获得了广大消费者的喜爱,并且一般自动售货机的占地面积小,具有很大的市场潜力,对于商场、超市等商业业态来说,自动售货可以帮助它们实现迅速向外扩张的目的,自动售货的管理成本低廉,还具有利民、便民的特征,可以帮助商家有效地提升自身的知名度和品牌形象。有机结合自动售货和电子购物等新型消费方式,可以为其创造更多商业价值。随着科学技术的发展,目前可以直接使用手机二维码等方式完成自动售货机的商品支付活动,这样就可以使没有携带现金的消费者也可以购买商品，十分便捷。现在自动售货机出售的商品和服务无所不包，从咖啡、茶、热巧克力等各种热饮到冷饮、面巾、卫生纸、邮票、电话卡、停车票、银行服务、报纸、药物等，都可以从自动售货机上购得。

2. 电话购物

电话购物是一种比较传统的无店铺零售方式，在电视、网络等没有普及使用前就已经出现，这是一种通过电话媒体进行销售或购买的零售活动，通过厂方、经营商或者第三方物流实现货物的转移。

3. 电视购物

电视购物结合电视业、企业和消费者，是随着电视行业发展形成的营销传播模式。在电视购物模式中，电视购物频道和电视直销广告之间存在竞争关系，相互抢夺市场资源，在一段时间内两种电视购物形态共同存在、共同发展。但是，随着我国广播电视总局发布了“禁播令”，传统电视购物受到重创，“禁播令”可以说是电视购物行业的重要分水岭，在此之后，家庭电视购物才真正开始健康发展，进入黄金期。

据统计，我国电视购物行业经过20余年的发展已经形成相对成熟的产业链，行业进入了快速发展期。2017年，全国获得电视购物经营许可的企业共有34家，实现销售额达363亿元，同比小幅下降0.8%，降幅比上年收窄7.5个百分点，市场规模相对趋于稳定。2017年，整体电视购物企业的平均利润率为10.7%，相比于2016年的10.1%增加了0.6个百分点，利润总额同比增长5%。其中，播出范围覆盖全国的企业表现良好，销售额占比达81.8%，较上年提高0.7个百分点，销售额增速比行业整体高出3个百分点。[①]

① 2017年中国电视购物行业发展现状及行业发展趋势分析[EB/OL].https://www.chyxx.com/industry/201807/655027.html.

4. 邮购

邮购是指通过邮局发行广告宣传品，引起或激起消费者的购买热情，实现商品的销售活动。邮购的历史可追溯至中世纪的欧洲。18 世纪时，美国的本杰明 · 富兰克林开创了运用邮寄的方式来销售书籍。

改革开放后，外资邮购商进入中国，其中比较具有影响力的邮购公司包括上海麦考林国际邮购有限公司、贝塔斯曼书店等。2008 年，贝塔斯曼书店倒闭；成立于 1996 年的麦考林，2010 年以 B2C 第一股登陆美国纳斯达克市场，转型 4 年来并不成功。

5. 网上商店

随着计算机技术和网络信息技术的发展、普及与应用，网上商店应运而生，这是一种通过计算机和网络进行商品买卖活动的业态，即通过计算机和网络技术向消费者宣传展示商品，消费者订购商品，商品直接送达消费者手中的零售业态。当前，网上商店已经成为主要的零售商业业态之一，网络改变了人们的消费理念和消费行为，为网上商店的发展提供了重要条件。

第三节 互联网对零售业的影响

一、互联网改变了传统零售思维

随着社会经济的发展，消费者的地位越来越重要，尤其是在互联网时代，已经形成了“以消费者为中心”的思维模式。互联网社会是一个更加扁平化、更加透明、更加平等的社会。对于消费者而言，还意味着多元化的选择。以前，企业或组织的思维模式通常是这样：我生产什么你就用什么，我卖什么你就买什么，我提供什么服务你就用什么服务，这是“以我为中心”的思维模式，对消费者的需求、感受、消费体验关注得并不多。消费者喜不喜欢这个产品,用得是否顺手,感受好不好,企业并不知道。消费者面对的选择有限,只能被动无奈地接受。即使不喜欢产品,体验不好,感受也不好,也没有什么办法。

随着信息技术的发展,消费者和零售商之间的关系发生了变化,二者之间存在的信息不对称情况几乎消失,并且随着市场经济的发展,商品和服务极为丰富,购物渠道多元化,消费者面临空前多的选择。例如,小王在一幢5A级写字楼上班,他有多种午餐选择:可以去楼下吃麻辣烫、酸辣粉,还可以吃炒菜米饭、面食等。同时,他还可以通过手机APP或计算机在线订餐,这之间的转换成本几乎为零。吃完饭以后,他还可以就饭菜质量等在线发表评价,从而影响其他消费者,并促使餐馆改进饭菜质量。如果某些餐馆提供的饭菜质量不好,就可能被消费者彻底抛弃。总之,在互联网时代,消费者在整个产业链中的影响力越来越大,地位也越来越高,换而言之,消费者主权时代真正到来了。

在当前以消费者为中心的环境下,企业或组织想要生存和发展,就必须转变传统观念,改变过去那种“以我为中心”的思维模式,建立“以消费者为中心”的思维模式,并将其贯彻落实到日常的生产、经营和管理实践中去。

随着移动互联网时代的到来,一大批优质的带有互联网基因的企业在市场上涌现,我们发现它们都有一个显著的共同点,即无一例外都是真正以消费者为中心。它们了解消费者,尊重消费者,倾听消费者的声音,根据消费者反馈的意见和建议,不停地改进产品、服务和消费者体验,以期满足并且超出消费者的预期。

例如,雕爷牛腩的发展十分红火,作为传统餐饮产业可以在当前这个时代获得很好的发展,就是因为善于利用互联网。雕爷牛腩的团队每天都花很多时间盯着微信、微博、大众点评等网站,倾听和了解消费者的声音。只要消费者有任何意见和建议,公司都会迅速地做出改进。比如,如果消费者认为哪道菜不好吃,这道菜就可能会被新菜取代;消费者在就餐过程中如果有不满,则可以凭官微回复获得赠菜或者免单等。这样的案例在移动互联网时代太多了,如大家再熟悉不过的小米,它把互联网思维中的迭代思维用到了极致,每周都会根据用户的反馈意见更新软硬件服务。

总之,在互联网时代,消费者成为市场的主导,只有消费者才可以决定商品、服务和体验好不好,企业需要做的是了解消费者需求、满足消费者需求。对于企业来说,你做了什么固然重要,但更重要的是你让消费者感受到了什么。

二、互联网改变了人们的生活方式

随着网络信息技术的发展,网络已经成为人们生活的一部分,尤其是在移动互联网发达的今天,网络与人类生活已经密不可分,我们只需要轻轻地点触指尖,就能够随时随地地获取想要的信息、服务和体验。我们的生活方式也正被移动互联网所改变着,而“衣、食、住、行”依旧是最让人关注的主题。

随着网络进入人们的生活,人们的生活方式发生了巨大的改变。在过去,人们的常规联系方式主要是打电话、发短信,现在人们则主要是通过 QQ、微信等工具联系;过去人们获取资讯的方式主要是通过看电视、读报,现在则主要是通过手机新闻 APP 等移动客户端;以前人们每天晚上 8 点会准时坐在电视机前等着收看电视剧,现在人们可以拿起手机或打开计算机随时随地地观看电视剧、电影;过去人们只有去实体店才可以购物,现在人们坐在家里、走在路上都能实时地购物;过去人们在周末去电影院看电影,必须要去现场买票,现在人们可提前通过计算机、手机在线预订座位、在线支付;过去人们只可以去路边打车,等待时间不确定,而现在人们可以利用打车软件根据需要提前预订出租车,这提高了人们消费的确定性,同时极大地节省了时间,提高了效率;过去人们出去逛街需要到处找饭馆,而现在人们只需要登录手机 APP 客户端,就能知道附近有哪些饭馆,不但选择多,还能提前预订、在线支付。

可以看出，互联网的出现改变了人们的传统生活方式，可以说当前人们生活的各个方面都受到了互联网的影响。例如，清晨，网络音乐盒播出美妙的乐曲。上班后，从各类网站可检索到工作所需的任何帮助信息。快到午休时间，人们可以通过订餐APP上网预定一份即时送的快餐。下班回家，人们可以到视频站转转，看看最新的大片、热片。可以看出，互联网日益渗透到我们生活的方方面面，生活就在这真实与虚拟的交织中变得精彩。

三、互联网提高了产品、服务和体验的人性化

互联网时代诞生了互联网思维，而这种思维的本质就是“以人为本”，这投射到零售业就是“以消费者为中心”的思维。也就是说，一切商业行为的出发点和归宿都是为了更好地满足消费者，为消费者提供更人性化的产品、服务和体验。因此，在互联网时代，诞生了一批更具有人性化的产品、服务和体验。

例如，小米手机就十分重视人性化，这也是该品牌的主要特征。在产品的设计开发阶段，技术部就通过社交网站广泛地采集消费者的意见和建议，并将其融入产品的设计和开发中去，这让冷冰冰的手机具有了人性化的色彩和人文关怀的温度。

随着消费者在市场中越来越重要，未来一定会出现越来越多的产品和服务，在产品和服务的设计、开发和生产过程中都会体现人性化特征，会融入消费者的主观意见和建议，就像小米做的那样。未来产品、服务、体验的生产原点是消费者。企业可通过对消费者大数据的采集、挖掘和分析，开发出符合目标消费者期待的真正的人性化产品、服务和体验。

随着消费者地位的提升，零售商也意识到转变思维的重要性，越来越重视消费者的需求，以此为基础争取为消费者提供更好的购买体验。商家力图通过对消费者数据的采集、挖掘和分析，提供更具针对性和个性化的服务。例如亚马逊，与其说它是一家电商公司，不如说它是一家数据公司。会员在亚马逊购物时，所

有的浏览行为都被跟踪记录，如在页面停留多久，是否加载页面查看详细信息，浏览了同类商品中的哪几个商品等。亚马逊的突出之处在于，不管会员在浏览什么商品，系统都能根据已有数据记录进行快速分析，在页面实时呈现出最有可能被会员购买的商品。

在这样的背景下，全渠道零售模式应运而生，这是一种现代先进的零售模式。从本质上说，全渠道零售模式是真正以消费者为中心的零售模式，它能通过整合线上线下多种渠道，为消费者提供无差别、一致性的购买体验。

四、互联网带来了效率、公平和便利

对于企业而言，互联网可以在很大程度上提升生产经营管理的效率，这是互联网特性所决定的。以信息化的手段改造传统企业，可以让传统企业和组织的运行效率得到大幅度的提升。据推测，未来企业不再有线上线下企业之分，所有的企业都将变为互联网企业，因为互联网在提高企业运营效率、降低运营成本方面具有无可比拟的价值。例如，得益于英特尔软硬结合的大数据解决方案，浙江省某市交管部门可保存的历史违法数据储存期从 3 个月延长到 24 个月，要从 24 亿条过车数据中完成机动车的号牌精确查询和行车轨迹查询仅需不到 1 秒的时间。

随着互联网时代的到来，信息的开放、共享和透明成为必然趋势，在这样的环境下，人与人、人与组织之间的距离也拉进了，关系变得更透明了，这就意味着企业和消费者之间由过去的单向传播和互动关系进化到互联网时代的双向平等关系，组织和个人关系无限趋于公平。互联网给普通消费者带来了很多生活上的便利，消费者足不出户就能解决很多生活问题。沟通便利了，购买便利了，出行便利了。总之，由于互联网，人们的生活越来越便利了。

五、互联网促使消费者成为市场主导力量

互联网的出现不仅改变了人们的生活方式，对于市场而言，

互联网还提升了消费者的地位，由于消费者的力量空前强大，社会格局也发生了改变。在过去，从总体而言消费者处于弱势地位，企业相对强势。然而在互联网时代，消费者的力量开始崛起并逐渐在市场经济中占据主导地位。面对市场上越来越多的商品和服务，消费者拥有了空前的决定权和选择权。谁能提供更好的商品和服务，谁能更“懂”消费者，谁就能“俘获”消费者的心。在互联网时代，消费者的忠诚度逐渐降低，没有什么是永远的，消费者要换一个商铺往往只需轻轻点击一下鼠标即可。只追求更好的商品、服务和体验，这是不变的人性。

互联网是一个开放的虚拟空间，在这样的环境下，消费者可以利用社交媒体影响企业的潜在消费者，也就是说潜在消费者会在一定程度上考虑已经消费的人群对产品或服务的评价。他们借助社交媒体网络对厂商优质的商品、服务、体验“点赞”，从而为上游的厂商带来积极正面的互联网口碑。对于不好的商品、服务和体验，他们也会借助网络媒体发表“差评”，从而影响商家口碑，促使他们改进产品，改善服务和体验。

开放、透明是互联网的特点，这改变了企业和消费者之间信息不对称的情况。在网络上，任何信息都有可能被其他人看到并在更大范围内传播，进而形成一股不容忽视的力量，这股力量对企业的声誉和形象会产生相当大的影响，也使得在互联网时代，任何一家企业都不能不重视来自普通消费者的声音。

六、互联网改变了资讯获取方式

过去，人们只可以通过报纸、电视、收音机等传统渠道获取资讯；现在，随着网络的出现，人们开始通过网络媒体获取资讯。今天，人们获取资讯的方式和渠道更加多元化，这些渠道不仅有传统媒介、网络媒介，还有自媒体平台、微信朋友圈、QQ 空间、微博等。值得一提的是，今天的人们更倾向于通过自媒体平台和移动新闻客户端获取资讯。总之，在互联网时代，社交媒体如微博、微信、QQ 空间和论坛等已成为消费者获取商品和服务资讯的某个优先途径。由于信息越来越透明，网络口碑已成为消费者做出购买决定的重要参考依据。

七、互联网改变了传统产业的经营模式

在互联网时代，网络信息技术已经与人们的生活和工作密不可分，人们生活方式的改变为传统行业经营模式的改变带来了契机，O2O 模式成为传统行业转型发展的必然选择。互联网不是独立存在的东西，最终它会像蒸汽机、电力等工业化时代的产物一样，应用到所有行业。各行各业只有把移动互联网有机地使用起来，才能发挥移动互联网的最大威力。在此基础上，互联网将会更大范围地连接用户更深层的智能化、社交化需求。

实际上，随着网络的发展，移动互联网的出现进一步改变了人们的生活，尤其是对于当前来说，移动互联网从某种意义上说才是真正的互联网，这里的连接和延伸将会从点到面，不断放大。“互联网 +”开始不断涌现，如“互联网 + 餐饮”“互联网 + 教育”“互联网 + 旅游”“互联网 + 零售”等。

（1）互联网 + 餐饮。餐饮业是最传统的行业之一，但是可以从产品定位到营销传播的各个环节结合互联网技术，通过这种方式为餐饮业发展谋求更好的发展，通过互联网手段增强餐饮业营销效果。例如雕爷牛腩和黄太吉，都把互联网的玩法嫁接到了餐厅的经营中，开始了 O2O 餐饮的经营。

（2）互联网 + 教育。发展教育业需要较高的成本和门槛，而利用互联网平台开展在线教育工作可以有效地降低受教育者的成本，同时还可以降低他们获取教育内容的门槛。因此，在线教育被普遍认为具有广阔的发展空间。随着网络的发展，近年来在线教育行业获得了不错的发展。例如，百度和阿里巴巴分别推出百度教育和淘宝大学，腾讯推出 QQ 教育和腾讯大学，网易、新浪、360、金山等互联网企业也推出了自己的在线教育产品；此

外，还有好未来1.5亿元投资宝宝树，复星集团1亿元投资慧科教育。在线教育题材股也在证券市场上市——全通教育被视为打通教育、互联网的第一只标杆股票，于2014年1月21日在中国创业板上市。互联网对传统教育产业的改造正在加速进行，互联网+教育正在蓬勃地发展和兴起。

（3） 互联网+旅游。旅游业与互联网的结合有效地促进了行业发展，互联网在很早以前就开始了对旅游业的改造，旅行社借助互联网可以对旅游产品进行更有效的分销和推广。从最早的携程旅行网到今天各种各样OTA网站的出现，都是互联网成功改造传统旅游业的典型案例。

（4） 互联网+零售。传统零售业在互联网环境中面临着转型升级的问题，只有充分利用网络实现自身改造，才可以保证行业的健康持续发展。互联网对传统零售业的改造十分明显，早期是出现了电子商务这种新形势，而随着网络与零售业的深入融合，当前已经形成了全渠道无缝零售模式，可以看出这些都是线上线下相结合的产物，是互联网+零售的发展成果。

未来，互联网将会改造更多的行业，“互联网+”会在每一个传统产业里产生，进而通过线上线下结合的O2O模式，让线下企业插上互联网腾飞的翅膀，增强市场竞争力。

八、互联网改变了企业的经营理念和组织结构

随着互联网渗入人们的生活，“以用户为中心”的思维已经代替传统经营思维，成为互联网时代企业经营和发展的核心理念。互联网带给大家的不是冲击而是机会，如果对抗它有可能被冲击，如果懂得把握，善用互联网思维，即从“以我为中心”转变成“以他人为中心”，强调体验，强调开放，强调透明，强调分享，那么今天的行动和心态将决定明天的未来。

对于零售业而言，在传统零售业中，商品与服务的销售是企业经营的本质，而对于互联网时代的零售业来说，“经营人”才是

零售的本质。也就是说，互联网时代的零售业的核心是“经营客户/顾客关系”，并基于此为消费者提供更好的线下体验。这也是以消费者为中心的全渠道零售模式大行其道的原因。很多传统零售企业都在加快建立全渠道零售模式的脚步，说到底还是为了迎合以消费者为中心的消费者主权时代的到来。

互联网时代的零售业转变了经营理念，“以用户为中心”的经营思维对企业的组织结构也造成了影响，经营思维是贯穿在企业的整个生产经营过程中的，这就导致企业开始塑造真正的用户导向的组织结构。企业只有建立真正的市场和用户导向的扁平化的组织结构，才能对市场保持更灵敏的感知反应以及做出更加及时的决策调整。大家对小米公司的创新商业模式比较了解，但是可能不太关注它的“以用户为中心”的组织结构。小米采取的扁平化的组织结构基本上是三级制：7个核心创始人—部门经理—员工。小米不会让团队太大，稍微大一点的团队就会被拆分成小团队。从小米的办公布局就能看出这种组织结构：一层产品、一层营销、一层硬件、一层电商，每层由一名创始人坐镇，能实现一竿子插到底的执行状态。大家互不干涉，都希望能够在各自分管的领域做到最好，一起把事情做好。除7个创始人有职位，其他人都没有职位，都是工程师，唯一的奖励就是涨薪。作为员工，不需要考虑太多杂事，大家也没有什么利益冲突，一心用在工作上。组织结构扁平化的好处就是能对市场做出快速反应，即保证消费者的意见能够被及时快速地反映到相关部门并做出及时的反应。

通过以上分析可以看出，互联网对人们的生活和企业的发展都产生了影响，对于零售业来说，这种影响十分显著，并且涉及范围十分广泛。除了以上提到的方面外，互联网还在更多方面对零售业产生了影响。例如，企业利用互联网大数据可以更精准地满足消费者的个性化需求，实现精准营销；更好地改善供应链管理，提高企业的精细化运营等。只有把握变化，善于适应变化，才可以使企业健康持续地生存和发展。

第二章　我国传统零售企业转型实践

在世界范围内，全球零售商业经历了两次大的革命。第一次是百货商店的兴起，各种商店利用店面、橱窗、招聘等吸引顾客购买商品。第二次是超市的出现，不但扩大了规模，而且价格低、周转快，不仅适合大众生产，而且方便了消费者。随着互联网的快速发展，零售业已经面临第三次大革命，即从传统零售业转变为电商零售。本章主要研究我国传统零售企业转型实践的相关内容。

第一节　构建全渠道电商零售生态

消费者的购物生命周期可以分为“知道—找到—买到—得到”四个阶段，在全渠道零售模式下，商家需要了解每一个环节消费者的具体需求并给予满足。全渠道零售模式的根本在于经营好消费者，即围绕一个消费者建立一个统一的、360度的“顾客视图”，使消费者在任何一个渠道都能获得无差别性的服务。消费者在购物过程中关心的仍然是“服务六要素”，即随时、随地、随意、方便、快捷、便宜。

一般而言，无论是单渠道、多渠道还是跨渠道零售，都是站在零售商自己的角度，在这些渠道中，消费者是被割裂的，即同一个消费者在同一个零售商的不同终端购物，仍然可能被企业识别为不同顾客。全渠道零售模式是让每一个消费者在购物体验的全周期里都能做到“可视化”，保证在顾客购物体验的全周期里，即在调研、选择、购买、使用/服务、演变/回馈的过程中，顾客都能获得无差别的购买体验，如价格统一、积分统一、服务品质统一等。因此，全渠道零售模式是真正以消费者为中心的，消费者在任何一个渠道都能获得无差别的服务，这是一个质的变化。

在实体店购物的时候，消费者经常会碰到缺货或者断码的情况，这极大地影响了消费者的消费体验，零售商也要为此付出销售额损失，如果实体店能和线上结合起来，则能够极大地改善消费者的购买体验。2011 年，阿迪达斯开始在门店里安装数字鞋架，它就像一个放大了的 iPad 被挂在墙上。消费者可在数字货架上选择产品，并从任何角度查看产品，从而得到更多鞋的产品信息。一家阿迪达斯实体店可能只能容纳 500 双鞋，但这个数字货架能容纳 10 万双鞋。数字货架极大地改善了消费者的体验，减少了实体店缺货断码的烦恼。

在梅西百货里面，如果顾客在其实体店里或者官网上看中了一件商品，但这家店里没有合适的颜色或尺码，或者根本不卖这件商品，此时销售人员可以帮助顾客从网上搜索合适的商品并下订单，之后把商品直接送到顾客家里。企业通过在实体店配置终端数字货架，可将线下的客流量转化为线上的客流量和订单，实现“线下至线上”。

同样，实体零售店也可以通过线上发起线下活动，以提供优惠券、参加主题活动等方式，邀请顾客到线下实体店体验、消费，实现“线上至线下”，并将网上的客流量转化为实体店的客流量和订单。例如，亚马逊、1 号店等纯电商在内的许多企业已经开始开设线下体验店，这就意味着未来线上和线下渠道的边界将会越来越模糊。

零售商可以将目前各个独立运作的渠道终端有机地整合起来，给顾客提供有独特体验的卓越服务。全渠道零售的关键不在于某一个渠道做到最强，它的终极目标是实现线上线下各个渠道之间的高度协同，做到你中有我、我中有你，最终为消费者提供极致的购买体验。

另外,供应链上的所有库存也都是为全渠道顾客准备的,所有库存为所有顾客共享,店员可卖其他店的商品,线上商店或移动商店也可卖门店和物流中心仓库的商品。消费者最关心的“全渠道”能力IBM在2014年最新发布的一项针对3万名全球消费者的调查报告显示,消费者最关心的5项全渠道能力如下(从高到低排序)。

(1) 跨渠道商品价格保持一致性。这一点在国内是个有争议的问题,有专家指出苏宁业绩滑坡就是因为线上线下同价。但这在北美是个常识性问题,如果消费者看到同样一件梅西百货的商品,在网上、实体店或移动终端上的价格不一样,第一反应会是梅西百货的系统出错了。美国百货企业也会为了营销目的设定一些专供某个渠道的商品,但一定会避免同一商品不同价格情况的出现。

(2) 在实体店铺,如果发生顾客所需商品“缺码断货”情况,实体店能够从异店或者从仓库直接将商品快递至指定地址。当消费者发现了一款心仪的商品却遭遇了缺码断货时,通常会非常沮丧,而这又是在百货企业中最常见的现象。在全渠道背景下,消费者可以通过自己的智能终端或者在店终端查询到在何地有库存,然后通过快递方式完成购物。虽然这个业务环节从消费者角度来看需求很大,但在过去大多数美国百货企业做不到,原因主要是成本问题。不过,在全渠道模式下,由于虚拟渠道已经存在,使得配送调拨环节的成本得到了优化,因此部分百货商已经开始支持这项服务。我国的百货企业绝大多数没有实现单品管理,连起码的库存实时查询都做不到,也就无法完成后续的过程了。

(3) 保证消费者对各渠道订单进行实时跟踪。在这方面,国内的电子商务企业做得非常好,但百货企业相对滞后,尤其在O2O背景下,跨渠道的业务更加复杂,这对企业的技术开发和系统支持能力带来极大的考验。

（4） 在不同渠道拥有稳定的商品分类。美国百货企业多数已经处于成熟阶段，定位清晰，在品类管理方面非常谨慎，不会轻易拓展品类。即使面对互联网和移动互联网这样的新渠道，它们仍然会坚持自己的经营特点，往“深”做，而不是往“宽”做。

（5） 消费者能够在实体店完成虚拟渠道订单的退货。美国百货企业的连锁规模相对大，因此可以很好地支持这个顾客体验。国内百货区域性特征比较明显，但在门店集中的区域可以实现这样的体验。

当前，消费者的选择范围非常大，购物忠诚度越来越低。人们永远只会追求更好的产品、更低的价格、更好的服务和购买体验。在购物的过程中，消费者到底在追求什么？他们真正关心的是哪些因素？总结下来，主要有随时、随地、随意、方便、快捷、便宜，人们称为“服务六要素”。任何时期，零售企业只要能在这六个方面更好地满足消费者，就能赢得更多消费者的青睐。

其实，对于消费者而言，任何一次购物体验都可以分割成“知道—找到—买到—得到”四步骤。作为商家而言，需要了解消费者在每一个环节的具体需求，从而更好、更具针对性地满足他。

（1） 在“知道”环节，要如何确保第一时间送达商品信息、变价信息、促销信息、推荐信息、会员活动等任何需要顾客知道的信息？

（2） 在“找到”环节，要如何帮助顾客找到最近的门店、找到他想要的商品或促销品？

（3） 在“买到”环节，要如何做到不缺货不断货，如何优化仓储配送和供应链，如何做到安全、便捷、快速地支付？

（4） 在“得到”环节，如何做才能将商品在顾客规定的时间和地点安全地送到顾客手中？

IBM所倡导的新观念是：首席执行客户（GEG）在今天虽置身于企业外，但对企业的战略方向和市场路径无形中发挥着越来越重要的影响。因此，首席执行客户也应成为企业不可忽视的一员。

IBM同样预言,在首席执行客户时代,企业应将消费者的参与融入自己传统的价值链中,以技术为核心平台,收集、分析、挖掘消费者数据,并构建一个以客户为中心的全接触系统,在深度洞察消费者特征及需求的基础上重塑客户体验。企业要深入了解每一名顾客,而不是笼统的一个"目标顾客群",这样企业就可以针对消费者个体进行精准营销,提供最有价值的产品服务。

亚马逊每次召开董事会总会留一把空椅子,那是留给它们的顾客的,这样做的理念是:顾客是董事会的一员,我们要主动邀请他们参与到我们的创新和供应链上游的活动中来(包括设计、制造甚至招商)。

可以看到,消费者主权时代的标志就是SoLoMo消费群的兴起。消费者正越来越强大,这驱动着零售企业走上了与传统迥然不同的路径。要针对消费者个体进行精准营销,采用传统的营销方式显然很难实现。市场经济发展到今天,它所体现的是以消费者为中心的互联网经济。对于零售企业而言,建立全渠道零售模式就是回归商业本质。"以消费者为中心"就是从单纯的销售产品转到以消费者为中心去创新,从而经营好消费者。

一、术语解读:O2O与全渠道

全渠道零售模式是指一种融合线上线下多种渠道,为消费者提供无差别一致性服务的零售模式。例如,零售企业在引流阶段可以综合利用线上线下多种渠道引流;在销售阶段,零售企业可以整合线上线下多种渠道提供服务。

O2O是指将线下的商务机会与互联网结合。这个概念相当广泛,只要产业链既可涉及线上,又可涉及线下,就可通称为O2O。

全渠道是充分整合线上线下渠道,为消费者提供极致的购买体验。

（一）全渠道电商零售，多样化的线上线下引流手段

“引流”是指商家通过各种手段和方式，针对目标消费人群进行宣传推广，让他们知晓、了解产品并前来消费。常规的线下推广手段主要有影视广告、平面广告、单页广告等，线上推广手段有网页广告、搜索引擎推广、淘宝直通车等。在移动互联网时代，消费者的媒体偏好发生了很大的变化，人们倾向于通过线上社交媒体网络（如 QQ 空间、微博、微信、社区论坛等）接收信息。

为了适应当前消费者接收信息的习惯，企业可通过微信、微博、QQ 空间、社区论坛等在线社交化媒体平台引流。很多企业都非常注重利用社交媒体平台推广商品和服务，如优衣库的 O2O 模式。优衣库的 O2O 模式主要用于为线下门店导流、提高线下门店销量。例如，在线上发放优惠券，让顾客在线下使用，增加门店销量；在线上发布新品预告和相关搭配，吸引用户到店试穿，刺激用户的购买欲望；收集门店用户数据，用于精准营销；通过地理位置定位功能帮助用户快速找到门店位置，为线下门店导流等。

优衣库在线下店积极向用户“推销”自家的 APP，这种导流方式成本低，而且直接有效。在一年中，优衣库的实体店大致会有 3 ～ 4 次大型促销活动，从店员到店长，以及店内广播都在不遗余力地推荐 APP 的安装，这是一种全员目标。在 2014 年 4 月 15 日到 5 月 1 日的优衣库 APP 首次上线活动中，每 100 位到店用户中会有 30 ～ 50 位用户选择下载 APP 并完成购买，效果非常明显。

在移动互联网时代，与消费者的对话要由填鸭式转变为互动式，传统的硬性广告宣传效果已经越来越弱，社会化营销、新媒体营销、口碑营销、病毒营销等概念异军突起，如果运用得当，的确能成倍地放大品牌影响力。在 SoLoMo 族群大规模崛起的今天，基于位置服务的蓬勃发展，引流手段突然增多。依据这一信息技术，商家可以通过微信、手机淘宝、百度手机搜索、地图、浏览器、

手机新闻客户端等主流流量入口让自己的企业和产品直面终端消费者。

（二）全渠道电商零售，购买环节实现双线融合

全渠道电商零售可以把购买阶段进一步细分为下单、支付、配送、售后四个环节。

1. 下单环节

全渠道零售模式本身就是指零售企业通过实体店、售货亭、网站、电话、网店、移动终端店、社交商店等线上线下全渠道终端向目标消费者进行销售。因此，消费者可自由选择线上线下多渠道下单。

2. 支付环节

在全渠道零售模式下，由于销售渠道增多，为确保给消费者提供无差别的购买体验，完善支付环节是很重要的。在当前的技术条件下，线下实体店消费者可采取现金结算；在线上，消费者可以通过支付宝、网银等在线支付工具结算，还可以采用货到付款；在移动终端购物，消费者可以通过移动支付手段完成支付。

3. 配送环节

线上线下渠道的融合使消费者有了更多的自由选择，如线上下单、线下配送，线上下单、线下去实体店取货等。还有的消费者在实体店挑选了一件商品，但是她不愿意提着商品继续逛街，那么她此时可以登录线上客户端下单，完成后续购买。

4. 售后环节

售后环节主要体现在维修服务、退换货服务上。顾客在线下实体店购物，如果有什么售后问题可以直接去实体店解决。但是，在线上购物，产品一旦出现问题，维修、退换货等环节会极大地影响消费者的购买体验。因此，很多商家承诺并实现了线上购物、线下门店提供维修及退换货服务。

以上四个环节实现了O2O闭环。O2O闭环是指线上线下要实现对接和循环。例如,线上营销是为了吸引消费者去线下消费,但这只是一次O2O模式的交易,要做到闭环,就要使消费者从线下再返回线上去。用户只有将线下体验反馈到线上用于交流,才能实现真正的闭环。

二、全渠道1+N+n

零售企业围绕消费者整合线上线下各种资源,打通和他接触的N种触点,为他提供n种无差别一致性服务,这就是"全渠道1+N+n"。零售企业通过建立全渠道零售模式,一方面可以为消费者提供更好的购买体验(消费者在购物过程中会感受到便利性、快捷性、经济性等,购物成为一种乐趣);另一方面可以大幅度提高自身的服务质量水准,保持并增加对消费者的吸引力,从而提升客流量,提高消费者购买的转化率,增强消费者的满意度及忠诚度,进而提高消费者的回头购买率。

从零售市场竞争角度而言,建立全渠道零售模式极大地提高了商家的市场竞争力。无论是对消费者而言,还是对零售企业自身而言,在移动互联网时代建立全渠道零售模式都是最明智的选择。

(一)打通N种触点

所谓N种触点,主要包括两个方面:一是消费者购物的渠道触点;二是消费者接触信息和媒介的触点。在传统互联网时代,消费者主要通过个人电脑端和线下渠道接触商品和服务,计算机的不可移动特征决定了消费者和厂商之间接触的时间、空间相对有限。然而,在移动互联网时代,由于移动智能终端的全民普及,消费者和厂商接触的触点空前增多:一方面,消费者可以通过多种信息渠道、零售渠道接触到厂商的商品和服务;另一方面,消费者参与的程度越来越深入,可通过社交媒体平台影响厂商,对厂商的商品和服务评头论足。

消费者当前的购买渠道空前增多，包括三种类型：实体渠道、电子商务渠道和移动商务渠道。

（1） 实体渠道的类型包括实体自营店、实体加盟店、电子货架、异业联盟等。

（2） 电子商务渠道的类型包括自建官方B2C商城、进驻电子商务平台（如淘宝店、天猫店、拍拍店、QQ商城店、京东店、苏宁店、亚马逊店）等。

（3） 移动商务渠道的类型包括自建官方手机商城、APP商城、微商城以及进驻移动商务平台，如微淘店等。

消费者了解商品和企业的信息通道也空前增多，除了已有的传统媒体渠道以外，还有微信、微博、垂直社区论坛等社交媒体平台。

在面对消费者的这些变化时，作为零售企业，要打通和消费者接触和联系的N种触点：一是打通多种购买渠道，把产品推送给消费者；二是打通多种媒介通道，把信息推送到消费者面前。

打通多种购买渠道，根据消费者全天候、全渠道、个性化的购买习惯为他们打造各种购物的路径，包括实体店、网店、移动终端、社交商店等，让消费者只要有购物的需求，就能够随时随地进行购买，让商家的商品把消费者“包围”。

2014年的年末，天虹商场对外发布上线“天虹微品”。公告显示，公司根据发展战略打造了一款基于手机终端的电子商务交易软件——天虹微品。天虹微品将精选商品传送至手机端，“店主”可根据需要在自己开设的“网店”编辑商品，再利用微信、微博、QQ等社交工具将商品分享至自己的社交圈，提供服务，形成销售。

天虹公司主要负责商品采购和库存管理、营销图文制作、订单处理、物流配送和统一客服等工作，并对“店主”的销售和服务行为进行严格管控。随着天虹微品的上线，公司已形成“天虹微信、天虹微店、天虹微品”的全渠道移动端口布局。打通多种媒介通道，在消费者获取信息的路径上建立全方位的媒介或信息触点。

现在的消费者更偏好于通过搜索引擎、社交媒体网络了解产品和商家的信息,他们大量聚集在社交网络平台上。作为零售企业,要注重通过社交媒体平台(如 QQ 空间、微博、微信、社区论坛等)推广自己的产品与服务,珍惜自己在社交网络上的口碑。

国内某个专做高端茶油的品牌,利用社交媒体作为传播的主体。该企业一方面在线上通过微信朋友圈等进行品牌传播;另一方面在线下借助会员的实体资源落地,以活动的形式分享产品,满足了会员的社交需求,对活动场所也是一种推广。

现实表明,基于社交的口碑传播成本最低,效果却很好,这种小圈子社交带来的转化率很高,一旦高端消费群体认可你的品牌,就会具有较高的忠诚度。这点在“乡土乡亲”已经得以验证,社交传播一直是其核心的品牌传播方式。

(二)提供 n 种服务

与消费者建立 N 种触点,把商品呈现在他们面前,把信息推送到他们眼前,这只是第一步,更重要的是后续为他们提供高品质无差别的 n 种服务。零售的关键是服务,无论多么强调服务的品质都不为过。

在下单服务上,如何能让消费者方便快速地下单是关键。另外,对于消费者在线上下单的时候,商品是不是真的有货,以及线上描述和线下消费体验是不是一致等,都需要商家进行有效的管理。

在线下到线上的转化层面,消费者在线下实体门店购物的时候,如果看中的商品断码或商家没有备货,对此零售商一般的做法是在实体门店配置在线工具,对于实体门店缺货断码这种情况,可以登录线上客户端,调度其他仓库或门店的商品,以满足消费者的实时需求;或者帮助消费者在网上下单,然后由零售商将商品配送到消费者家里。

在支付方面,零售商要为消费者提供方便快捷的支付手段,同时要保证支付手段的多样化。在全渠道零售模式下,针对不同的购买渠道,零售商还要针对消费者的需求制定不同的支付方案。

配送服务主要针对线上。消费者对商品配送服务的要求因商品而异,对于那些用户急用的商品,或者对保鲜度有要求的生鲜商品等,作为零售企业应该支持快速配送服务。在配送过程中,应确保商品的完好无损。对于用户在实体店购买的商品,如大型家电,如果消费者有需要,作为零售商也应该做到配送到家。

售后服务主要体现在退换货上。不同于在实体店购物的可感知、可触摸、可试穿,消费者进行在线购物,往往是在下单以后半天、一天或更长时间才能拿到商品,对于消费者不满意的商品,商家需要支持退换货服务。这时商家的服务能否做到快速响应变得非常重要。作为商家,应该及时响应消费者的退换货要求,耐心为他们服务。对于电子类商品,很多消费者担心在线购物会影响售后维修和退换货服务。很多商家支持线上购物线下门店维修及退换货服务,为消费者提供一致的服务体验。

在会员营销方面,商家应实现线上线下会员管理体系的一体化,让会员只使用一个会员号就可以在所有的渠道内享受积分累计、增值优惠等服务。

在全渠道零售模式下,上述服务不是独立的,需要商家整合线上线下资源,为消费者在整个购物体验流程中提供无差别的服务。在未来会出现这样的场景:线上线下的入口、体验、支付、交付、售后等所有环节被打通,消费者可在其中自由变换;消费者进店选购不必亲自试穿,3D 投影技术会展现穿衣效果,消费者用手机支付,货品由商家配送到家。

第二节　打造线上线下渠道闭环

在全渠道零售这一革命浪潮下,国内许多实体零售企业都在努力寻求转型,努力从建立零售 O2O 体系开始形成竞争优势。

目前，零售 O2O 的趋势和方向已经获得了普遍认可，然而具体应该如何操作、如何才能玩转零售 O2O，不同的企业有着不同的认识。这是因为他们各自所选择的战略目标不同、操作想法不同，行业资源也不同，所以做法自然各不相同。即使同样都是以超市为主业，沃尔玛选择进行收购整合，大润发做自建商城，步步高推出的是商务平台，永辉选择以支付环节为突破口……更多的零售企业在不同方向加以投入，虽然敢于创新，却不得不承受大量的错误。这样的试错既没有停止，在短期内也不会终结，零售 O2O 项目依旧会不断推出。

2014 年，京东、淘宝等电商领军企业纷纷涉足线下实体店，目标在于将线上的销售和支付同线下的实体售后服务相互融合。上述巨头企业的战略改变恰恰证明了零售业进行 O2O 纵深化发展已经势在必行。截至目前，并没有一家企业能够真正将零售 O2O 做到极致，这其中的原因是复杂的，也是值得思考的。

很多传统零售企业的领导者大多在零售行业中浸染已久，具备丰富经验，但作为 60 后、70 后的他们，或者对互联网理解不深，或者没有时间去捕捉最快的互联网发展变化信息；同样，很多互联网企业的高管虽然具备信息和技术优势，却对传统零售行业缺乏了解。这样的瓶颈导致很多零售企业在向 O2O 方向转化时犹如盲人骑瞎马，仅仅依靠勇敢的决策和大胆的尝试反而有可能导致项目失策，致使整个企业走不必要的弯路。零售企业打造线上线下渠道闭环，需要重点从以下几个角度进行努力。

一、找准方向，内功深厚

零售企业的 O2O 项目必须得到准确的审核，项目审核者要做到既深入互联网行业，又能对所在的细分零售行业有根本的理解。同时，他们还应该有丰富的行业经验，具备相当的理论作为操作基础。可以由企业安排能力相互补充的人进行配合，组成项目策略审核小组，同时确保将互联网行业的资深领导引入决策层,预防O2O项目的盲目和片面。也就是说,零售行业进入O2O要做好准备,如图2-1所示。

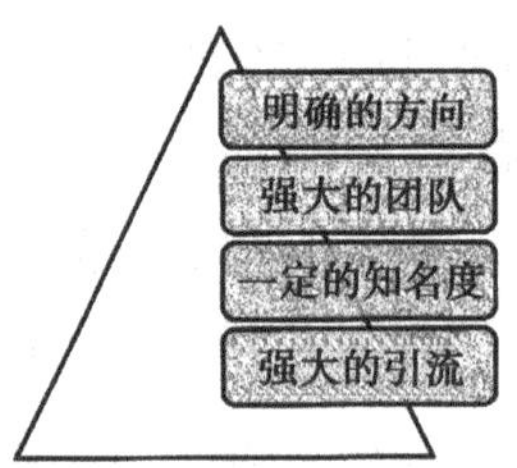

图2-1　零售行业进入O2O要做的四项准备工作

显然,只有明确的方向,没有足够强大的团队,还不足以形成决定性的成功力量。不少零售实体店虽然有了电商平台,但这些平台的知名度不足,吸引客户流量的能力有限,通过线上所达成的交易量更少,进入电商平台对于这些企业而言只是一种"时髦"。传统零售店想要结合线上线下,必须要注重电商营销团队的建设,学会从运营电商平台做起,积极配置专业人才,实现线上营销目标。

二、形成O2O闭环

传统零售业走上O2O应该紧密结合自身的优势,尤其是地段优势,打造对周围居民提供便利服务的能力。这样传统零售业才能逐渐拥有可以和电商抗衡的优势,并赢得更多实体店附近区域消费者的青睐。拥有了消费者的线下美誉度和忠诚度,只是打造O2O模式的第一步,在随后打好物流基础的前提下,通过对线上下单、支付结算、线下提货和消费者满意度信息反馈等流程的补充,有效实现O2O的闭环服务,如图2-2所示。

目前,大部分致力于打造O2O服务的零售店仅仅做到了线上下单和线下配送,但整个购物流程的各个环节没有形成有机组合,也缺少对质量的管控和评估,更缺少对服务链条有机运行的强化。

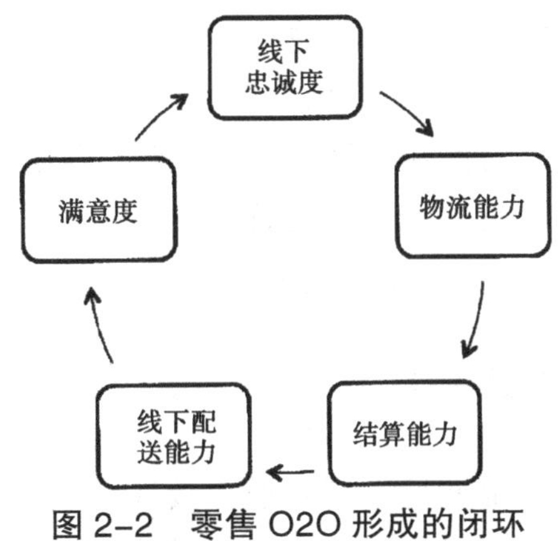

图 2-2 零售 O2O 形成的闭环

三、打造 O2O 极致体验

超过预期，打造粉丝，形成口碑传播，是每一个零售企业都期待获得的市场认可。零售 O2O 是否能够在客户体验上打造出突破口呢？答案是肯定的。例如，客户线上购物后获得的第一次线下配送是实现极致体验的重要环节。企业可以将订单中的商品放在透明牢固的塑料盒包装中，在包装盒上印制网购平台的二维码，还可以提示客户下次购物时可以回收塑料盒，这本身就能吸引客户进行下一次购物。在配送人员登门时须热情礼貌，轻声敲门或者电话联系，主动打开包装，对商品进行清点，报出收付金额。

抓住客户购买产品的特点，围绕商品介绍注意事项，如生活用品使用方法、食品的特点等，或针对客户购买商品赠送一些低价物品等，让客户感觉到自己被充分重视，超过其预期。

在和客户进行初次接触时，需要简单介绍企业的主要特点，如送货速度、优惠价格以及下期优惠活动商品等。在聊天中，还应该利用合适机会了解客户家庭情况，一旦发现老人、孩子和孕妇，就可以针对其具体需求额外提供优惠券。当配送人员离开时，可以问问是否需要帮助，如帮助带走垃圾袋等。如果气氛融洽，也可以加客户的微信，通过朋友圈加深联系等。可以利用小区配送站进行推广，如小区传单、横幅、临时展示等，目的是让客户对身边的信息源产生兴趣，并尝试购物行为。

通过种种线下的接触方法，零售企业可以通过配送方的合伙人同客户之间形成情感关系。这样，企业和客户之间的联系就难以割舍，O2O 的闭环也会更加扎实可靠。

四、客户关系是重点

商品和服务的质量是零售企业需要关注的内容，但互联网时代的竞争重点并不在于此，而在于客户关系。如果有良好的客户关系管理能力，企业挑选商品的空间就会更大，选择服务类型的自由就会更丰富，因为当客户对于零售企业有充分的情感联系、强烈的品牌意识、忠诚的归属感觉时，他们就不会过多在意和挑剔商品，而是会选择相信企业、依赖企业。如何建立如此良好的客户关系？答案在于客户关系管理（Customer Relationship Management，CRM）。

客户关系管理是指企业从不同的角度对客户的需求进行了解，开发出能够满足客户需要的产品或服务，这是企业利用程序和信息技术相互结合而开发的管理程式。通俗而言，客户关系管理决定了一家企业能够拥有多大的稳定客户群体，正如同现代营销大师菲利普·科特勒的研究成果那样："吸引一个新客户的成本，通常是成功保留一个老客户的五倍。"更不用说在信息爆炸的年代，老客户流动性更强，更容易因为价格的微小变化，或者一个根本未经证实的消息而选择新的购买目标。

企业不仅要学会通过不同的策略吸引新客户，还要通过不同的手段提高客户满意度、忠诚度，从而保留老客户。在这样的大背景下，老客户成为零售企业的重要资源。其实，客户信息经过整合之后再进行集中管理，这样的过程本身就体现出老客户的重要性。在很多零售企业中，客户的完整档案或者数据库是企业最具有价值的资产。通过对这些资料进行深入分析，以此制定个性化的管理方案，能够显著提升企业的营销业绩。

具体而言，企业对客户关系的管理就是对客户和企业之间各种关系的管理，包括销售过程中的业务关系、售后服务过程中的各种关系，还可以拓展到客户和客户之间的关系等。对这些关系进行全面的管理能够显著提升零售企业的营销能力，进一步降低成本，将客户可能产生反感和抱怨的行为消灭在萌芽状态。

德国麦德龙集团是目前全世界第五、欧洲第三的贸易和零售集团，整个企业拥有六大独立的销售业态。其中，麦德龙的现购自运公司具有最大的竞争力，每年其零售额占据集团整体销售业绩的一半以上，成为全球各大现购自运企业的首位，拥有绝对的优势。在中国，这家企业的现购自运公司进入市场才仅仅十余年，就吸收了300多万会员，这个数字还在不断地增长。为了便于进行客户关系管理，麦德龙面对的消费群不是客户和家庭，而是会员。

通过锁定具有大批购买能力的机关事业单位、自由创业者和个体商户，麦德龙成功地推行了会员制度，在此基础上建立起强大的客户关系管理系统。在面对客户关系进行管理的过程中，麦德龙拥有对数据扎实到位的分析能力，这让他们远远超过了其他竞争对手，而客户管理系统同客户开发、商品查询乃至整个商场其他业务的整合也在很大程度上促成了企业的成功。

全球所有麦德龙现购自运商场都采用了简称为GMs的客户管理和商品查询系统。在这一系统中，企业计算机能够对客户的数据进行管理和控制，能够根据历史资料对销售进行自动预测，为开展全面客户关系管理提供了强有力的支持。系统中包括客户单位编号、名称、地址、电话、传真、持卡人姓名、开卡日期、客户所述种类、购买不同商品金额的年度统计、详细购买记录等。之所以如此详细，是因为客户每次购买行为都能通过POS机扫码而被自动记录在系统中，方便企业相关部门对客户的购买数据进行统计。

除了麦德龙之外，还有很多零售企业也在采用会员卡管理方式对客户关系进行管理。例如，英国的特易购集团除了采用信息技术统计之外，还积极针对不同群体提供不同的活动计划，如促成店内几个有竞争关系的品牌联合推出客户忠诚度计划、针对家庭妇女客户推出“我的时间我做主”活动、家庭妇女利用购物点换取当地美容店体验服务等。特易购的会员卡不再只是单纯的打折计划，而是以会员卡为载体，根据客户偏好划分更加细致的群体来进行客户管理。例如，根据购买习惯、行为模式细分的目标客户群体就达到 5 000 多组。这些大企业的成功案例说明，仅重视商品是不够的，零售企业必须重视客户关系管理。抓好客户关系管理的平台，首要在于制定和履行良好的会员卡制度。

零售企业打造良好客户关系管理的核心流程如下所述。

首先，让客户乐于申请不同形式的会员卡，通过企业的柜台、呼叫中心、公司网站、微信、APP 等渠道进行查询、申请和服务；通过调查了解，收集客户家庭、工作、社交和个人的相关信息；鼓励客户在购买商品时使用会员卡。

其次，利用一定的时间周期将会员卡销售数据上传，进入企业的客户关系管理系统，进行数据建模和分析；了解客户群的行为方式，并设计相应的服务策略，进行对应营销，建立更为良好的客户关系。

只有通过会员卡系统，才能更为准确地了解客户和产品之间的联系。在未能建立这种联系之前，企业难以从纷繁复杂的信息中梳理出客户的消费情况，也无从管理客户关系。因此，零售企业创造利润、打造差异化营销和提升竞争力的重点集中在如何利用会员去巩固老客户关系，落实他们的实际利益。如何通过具体的营销措施做好客户关系管理呢？以下是具体的对策和建议。

（一）让供应商参加到客户关系管理中

零售企业需要获得有用的信息来促进销售，这些信息对于供应商而言也是相当重要的。企业完全可以和供应商进行合作，进行有代价的信息提供，由双方合作共同分享客户关系管理的经验，如图 2-3 所示。

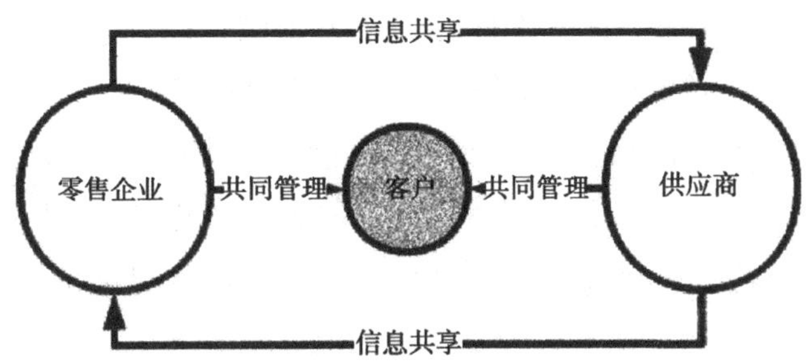

图 2-3　让供应商参与到客户关系管理中

供应商需要从客户关系管理工作中获得消费信息，转变其企业内部的生产经营方式，他们大都愿意为此付出努力。

（二）建立双向渠道管理客户关系

企业成功对客户关系进行管理，可能只是单方面地对客户进行“管理”般的接触。生硬直接地和客户联系，即使动机和内容很好，也会让客户感到生活被打扰而厌烦甚至离开。想要让客户接受对客户关系的管理，就要将这种关系的延伸和发展变成企业和客户的双向沟通。

企业可以要求客户提供信息，允诺只要提供信息就能够获得与众不同的优惠。这种优惠可以是较为低廉的价格，也可以是更多有意思的特权，包括及时通知客户他们喜欢的新款服装已经到货，或者为注重养生保健的客户推荐新到的果汁产品等。只要建立积极的双向沟通，企业就不仅仅能从客户那里获取利润，还能够和客户建立牢固的关系。

（三）降低企业经营成本

在会员制的基础上，做到对客户关系的成功管理，主要的因素还离不开价格实惠。在零售行业中，企业即使在很多方面打造出一定特色，但如果不能在商品价格上让会员制客户感受到优惠，甚至价格高于其他企业，就很难吸引客户加入会员，更谈不上形成互动、加强客户关系管理。

作为零售企业,通过不同途径积极调整建立企业内部管理体制,扩大商品的销售,降低企业同类商品的成本和经营费用。这样可以在商品的价格方面获得竞争优势,能够让会员在本企业获得更低的价格。还应该加强对商品价格差异化的管理,确保那些成为会员的老客户能够比新客户获得更加优惠的价格。

第三节　构建一体化供应链

一、供应链的内涵以及对零售业的价值

供应链是什么?供应链管理对企业而言又有怎样的价值呢?供应链关系到产品的生产、流通等所有环节,包括原料供应商、生产商、分销商、零售商以及最终的消费者。产品或其要素将这些成员组合起来,形成的网络结构就是供应链。

在传统物流管理系统中,企业自身利益是最大的,库存管理和物流管理相对滞后,整条供应链很容易产生“鞭子效应”,即终端消费者需求的细微变化,让前端生产商订单量发生巨大变化,造成不必要的浪费。为了避免这种低效率和低效益的商业行为,供应链管理概念应运而生。一条完整的供应链往往涉及物流、商流、信息流、资金流四大块。所有供应链上的企业只有经过这四大流程,才能使产品、资金、信息、交易等要素顺利地实现供应链节点之间的流动,使整条供应链成为一个不断变化的整体;同时,企业才能随时根据流通要素进行自身调整,实现整体的高效与优化。

在商业竞争日益激烈的今天,互联网的兴起使商业环境复杂多变,无论哪种商业模式,都会随时随地地面临被革新和颠覆的风险。在这样复杂多变的商业环境中,只有坚持“以顾客为中心”的经营理念,灵活、敏捷、快速、协调地满足顾客多变的需求,才能制胜。企业供应链管理作为当前企业的核心竞争力之一,不仅可

以让企业满足用户的要求，还能让企业实现成本的最小化和供应链整体利润最大化。因此，一定要重视供应链管理。

二、零售业转型期供应链的经营

目前，我国的零售企业普遍存在供应链管理观念落后、技术支撑不足、专业人才缺乏、物流系统效率低下等问题；同时，还没有与供应链上各成员建立良好的伙伴关系。可是，在零售业转型期，要想从根本上提升自己的竞争力，就要先经营好自己的供应链。下面就从影响消费者购买行为的价格、商品、购物体验三方面来浅析一下。

（一）价格

电商之所以能够在瞬间抢走传统零售业的蛋糕，其杀手锏就是低价。凭借每年超千亿元的采购规模，国美具备了提升价格的能力。虽然不是每个零售企业都具备这种能力，但这种做法依然值得我们学习。其转变的关键在于差异化采购，以差异化包销定制、“一步到位价”等多种采购方式降低采购成本，掌握零售商品控制权，提高竞争力。

（二）商品

为了满足喜欢网购的年轻消费者的需要，除了坚持低价，关键的是要为他人提供丰富的品类供其挑选，满足年轻群体的差异化需求。为了满足年轻群体的差异化需求，永辉超市确保了商品的丰富度。比如，为了加强中高端商品和进口商品的资源组织，永辉超市与牛奶国际等公司积极合作，整合供应链资源。在生鲜品类的采购上，永辉超市还把生鲜采购范围扩展到全球，包括海鲜、水果等。

（三）购物体验

大众买东西主要为了开心，对于零售商来讲，一方面要保证消费者消费得开心；另一方面还要保证消费者满意售后，愿意再次购买。

在家电销售领域，传统家电零售业依然存在基础优势，大量门店依然有自己的价值空间。将自己的门店看作一个仓储、物流据点，服务能力和水平就会大大提高，只要稍微改变一下，就能大幅度提升服务水平。

为了满足客户的需要，国美一方面借鉴国外企业经验，另一方面充分考虑国情，不仅在店内建立起专门的消费体验区，确保消费者在售中保持较高的满意度，在售后方面也采用了颇具价值的模式——“自建＋第三方物流”。这种方式不仅有效解决了一线市场小件商品的物流速度问题，也同步为顾客提供了便利体验。不可否认，国美的这种策略是非常有效的，可是要想成功实施这种策略，就要提前洞察消费者的需求和行为。为了解这一点，零售企业就要创建一套强大的 IT 系统，这也是很多零售企业接触性系统的关键原因。

作为商业通路，物流的营销和数据价值巨大，是互联网时代唯一可以面对顾客的载体。在确保信息安全的基础上，零售企业要通过自建或掌控第三方物流体系，挖掘出数据分析和精准营销的价值。国美正是通过“自建＋第三方物流”模式实现了信息溢价。得益于深耕供应链，国美和永辉超市在行业低迷的大格局下都成了零售业的转型范例。

三、选择供应链战略合作伙伴的原则以及影响因素

对于零售企业而言，只有尽快提高自身竞争力，才能应对白热化的市场竞争，而供应链及其管理就是零售业提高竞争力的关键，是零售业稳步向前的重要力量。那么，如何选择适合自己的

供应链战略伙伴呢？选择供应链战略合作伙伴受到什么因素的影响呢？

（一）选择供应链战略合作伙伴的原则

选择供应链战略合作伙伴的时候，通常要遵守下面五个原则。

第一，合作伙伴必须各有核心竞争力。只有合作双方各自拥有核心竞争力并能相互结合起来，供应链整体的运作效率才能提高，企业才有可观的收益。只有合作伙伴努力实现各自的核心价值，企业才能让整条供应链保持良好运作，从而获得相应利益。

第二，合作伙伴应具有相同的企业价值观和战略思想。各企业若秉持不同的价值观和战略思想，合作必然不会成功。要想合作成功，就要秉持相同的价值观和战略思想。企业的价值观不仅要积极向上，还要有良好的战略目标，企业经营形象更应广受好评。

第三，合作伙伴间的工艺技术要具备连贯性。供应链上的合作伙伴的技术标准要保持一致，产品设计、制造工艺都要具有连贯性。工艺上的差异、供应商制造力的发展局限都会影响供应链上其他战略合作伙伴先进生产技术的引进，不利于整个供应链的运作。

第四，深入了解合作企业的业绩和经营状况。企业过去的经营状况是选择长期合作伙伴的重要参考因素。通常情况下，只有业绩好的企业才容易被接纳，也更容易实现合作。

第五，合作伙伴间应实现信息共享和有效交流。既然是合作，双方只有提供更多的战略信息，进行有效的交流，才能使评价过程和结果的可信度更高、更具参考价值。

（二）选择供应链战略合作伙伴的影响因素

任何事物的存在都不是孤立的，战略合作伙伴的选择也是如此。在选择战略合作伙伴的时候，一定要关注对其造成影响的因素，具体如下所述。

第一,工业与技术的相似性。要展开供应链合作关系,先要保持技术标准一致,否则会给整个供应链的运作带来影响。如果合作企业在技术上存在差异,双方应在平等互利的前提下进行协商,共同改进技术工艺的适应性;同时,供应方还要考虑新原则和操作的适用性。

第二,企业历史业绩的好坏。企业产品的质量、价格、交货状况都影响着其在供应商市场的名声和信誉。历史业绩好的企业更容易被选择方考虑在内,能更快地进入合作状态。但是,这并不意味着历史业绩差一定会被拒之门外。在选择合作伙伴时,可能会遇到供应商业绩差但企业潜力强的情况。这时候,双方就要积极寻找解决问题的办法。

第三,企业运营状况。在选择供应链合作伙伴时,企业运营状况是一个重要因素。供应链企业要想进行长期合作,各企业就要在战略经营上保持一致。此外,供应商在选择合作伙伴时还要综合考虑企业经营的各个方面。

第四,信息共享、交流效率。要想提高供应链效率,需要所有参与者的积极配合,因此合作双方要保持信息的交流和共享。

四、选择供应链战略合作伙伴的步骤

在流通领域,零售业和供应商仅凭自己的规模和实力难以应对当下的国际化竞争。因此,一定要选择适合自己的合作伙伴。当然,在选择合作伙伴时通常要经过以下步骤。

(一)分析市场环境

企业一切活动的驱动力都是市场需求,长期的供应链合作伙伴关系需要建立在信任、合作、开放性交流的基础上。要先分析清楚市场竞争环境,找到适合产品市场开发的供应链合作关系。在此之前,必须知道当下的产品需求、产品类型和产品特征,明确用户需求,确定是否需要建立供应链合作关系。

（二）建立选择目标

企业必须先明确合作伙伴的评价程序及执行方案。比如，信息流程怎样进行？由谁负责？必须确立实际的、有实质性的目标。评价合作伙伴是一个复杂的过程，包含了企业自身以及与合作企业之间的业务流程重组，实施得好，就可以给企业带来一系列利益。

（三）制定评价标准

制定合作伙伴的综合评价指标体系，要以科学简明、系统全面、稳定可比、灵活可操作为原则，在集成化供应链管理环境下进行。不同行业、不同企业、不同产品需求、不同环境，对合作伙伴的评价是不同的。但基本内容不外乎企业业绩、技术开发度、用户满意度、交换协议等。

（四）成立评价小组

为了更好地控制和实施合作伙伴评价，企业必须建立一个评价小组。组员要来自与供应链合作关系较密切的部门，如采购部、质检部、生产部、工程部等；同时，组员的团队合作精神必须够强，必须具备一定的专业技能，必须得到合作双方最高领导的一致支持。

（五）邀请合作伙伴参与

评价一旦开始实施，评价小组必须第一时间联系初步选定的合作企业，以确认对方建立供应链合作关系的意向，确认对方是否有获得更好业绩的愿望。企业应尽快让合作伙伴参与设计评价流程，但参与评价设计的合作伙伴不能太多。

（六）评价合作伙伴

评价合作伙伴过程中最主要的工作是全方位地调查、收集合作伙伴的相关信息。一边收集这些信息，另一边就可以利用相关技术方法和工具对合作伙伴进行评价了。在评价过程的最后会有一个决策点，需要依照一定的技术方法选择合作伙伴。如果最终选择成功，就可以实施供应链合作关系；如果没能选出合适的合作伙伴，则应返回第二步，重新评价选择。

（七）实施合作关系

为了适应市场需求的不断变化，在实施供应链合作关系的过程中，可以依照实际情况，适时修改对合作伙伴的评价标准，或者重新对合作伙伴进行评价选择。如果要重新选择合作伙伴，就要给旧的合作伙伴充足的时间来适应变化。科学重组业务流程，跨部门、跨职能、跨企业进行管理及协调。

第四节　实体零售向智慧零售的转型

互联网改变了人类社会的生产和生活，冲击乃至颠覆了不同的产业。在通信行业中，诞生了微信这样的社交通信平台软件，冲击着电信业的市场利益；在金融行业中，作为新生力量的互联网金融，让传统银行业的蛋糕被分食；而旅游业同互联网的结合，更是催生了不同品种、不同类型的旅游电商……毋庸讳言，同样被颠覆的还包括传统零售行业。

互联网下的传统零售行业正在进行着深刻的转变。过去，零售企业的营销主要利用品牌的传播力量，包括实体店、平面媒体、户外广告、电视和传统网络媒体，打造一致的形象推动零售业绩上升。在零售 4.0 时代，企业需要基于互联网、实体店、消费者个人社交圈和传统广告媒体等多方面，整合手中资源，围绕消费者对产品、价格、渠道和服务的需求，不断变化，点燃推动企业升腾的火把。如果说在传统零售时代中，企业相互之间比拼的有产品、服务和广告，那么在当下，零售企业比拼的重点在于他们自我改变的意识。

一、零售4.0时代，传统零售必须改变

对于传统零售企业而言，为什么需要追求积极的自我改变？这是因为改变将意味着把握互联网带来的更多机会，无论零售企业经营现状如何，确立了改变方向，将会让经营变得更加高效。

（一）网络零售企业的必然改变

与实体零售企业相比，网络零售企业之间的竞争或许更加激烈，这注定了它们也需要积极改变自身，应对未来挑战。不久之后，很多网络零售企业将会因为资金、渠道的匮乏而消失在网络市场中，另外一些能够积极整合资源的零售企业将会因为对自身结构缺陷的积极弥补获得规模效益，打造出良好的配送网络、库存体系，并减少相应的成本，让手中的资源充分互补，进而获得竞争的优势。

（二）线上和线下的结合

在零售4.0时代背景下，更大的变化将集中体现在零售业线上和线下结合的经营形态上。在竞争中，一些实力较为雄厚的线上零售网站能够在客户规模较大、市场较为成熟、配送体系正规化的地区建立线下的分销店面，实现经营模式的多样化，并降低风险。同样，线下的零售门店，无论是大型的购物中心，还是品牌门店，甚至只是一家个体商户零售店，都可以开办自己的线上门店，并将实体店的资源和特色引入线上。

想要实现不同的形态结合，必须引入新的模式，迎接新的变

化。无疑，线上和线下的结合能够为企业带来不同的活力和机遇。一方面，网络销售能够为实体门店带来新的客源、新的拓展方式；另一方面，传统的零售业又能够提供一般电商不具备的优势，能够弥补电商缺陷。两者结合，必然相得益彰。

作为国内零售业界的领军企业，银泰集团如此迎接互联网化的变革：从 2015 年 6 月开始，银泰集团从战略思维、运营模式、业务形态等多个领域全面进入“互联网 + 零售”时代。为此，他们和阿里集团进行了全面融合，主动成为阿里集团打通线上和线下商业的重要合作伙伴。

2015 年的“双十一”，银泰创新推出“银泰天猫价，天猫银泰货”的活动，在零售企业中实现线上线下的同时、同款、同价。在这次活动中，客户在银泰实体门店直接购买产品，就能够享受到天猫“双十一”的优惠价格；在线上，客户则能够直接从银泰天猫旗舰店享受到实体零售门店的优质产品。为了确保这样的效果，银泰做出承诺，如果客户在购物活动期间购买商品高于天猫旗舰店同款价格，就会赔付差价，并通过太平洋保险进行承保。

银泰高层表示，企业并非一时的跟风，而是要做零售行业的颠覆者，在变化中打破传统的思维，提高供应的效率，对线上线下的商品和价格进行融合，以便更高效率地缩小从商品到客户的成本与距离。银泰集团董事长张勇，也是阿里集团 CEO，他表示银泰将会扮演阿里集团陆军部队的重要角色。利用网络大数据的资源，银泰将会从传统零售形态转变成为互联网上的“行商”，做到人力、产品和空间等资源的高度结合，在全渠道的广大市场中进行充分流通，全面获得线上和线下的用户关系，实现互联网、实体店和虚拟空间营销的整体融合。

这已不是银泰第一次改变自身拥抱互联网零售。近年来，银泰强调数字化、平台化、全渠道和娱乐化等，借此形成合力，加速跨越。在平台化方面，银泰向整个零售行业建议进行线上线下同步进行的中国购物节活动；在全渠道方面，银泰旗下的多个线上线下的渠道如喵货、喵街、喵客、西选等同时进行营销；在娱乐化方面，银泰举办了杭州大巡游，3 万人甜蜜占据杭州市中心共同大狂欢、变身小怪兽等活动，以期争取更多关注，形成更大的本地品牌号召力；在数字化方面，银泰打造了企业内部数据罗盘等管理系统，形成新的商品和客户管理思维。

除了选择学习银泰在互联网时代对零售商业模式做出的战略性调整之外，零售行业中不同规模的企业更有必要进行个性化改变，为用户提供不同的购物体验，引导他们形成新的消费行为习惯，借此打造领先良机。

二、实体零售向智慧零售转型的措施

下面的做法（见图 2-4）有助于帮助零售企业更好地适应零售 4.0 时代——全渠道营销时代。

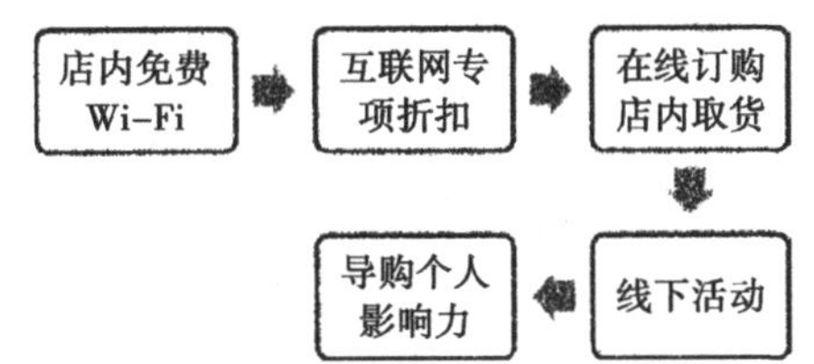

图 2-4　传统零售企业进行全渠道营销的策略

（一）店内免费 Wi-Fi

超市、门店等都可以提供覆盖面积广泛的免费 Wi-Fi，这样客户就能在店内访问移动互联网或 APP。如果利用好微信公众号的相关功能，能够鼓励所有进店的客户都选择关注零售商。

（二）向客户提供基于互联网访问的专项折扣

零售商通过提供专门折扣给那些通过访问网站或访问智能手机移动网站、APP 的客户，方便他们获得关于本店和有关商品的打折或服务。客户的线上和线下行为将有效联系，其消费心态和习惯也会积极变化。

（三）推出在线订购店内取货服务

只需对服务流程和人员配置进行一定改变，零售企业就能实现这种服务，其特点在于：客户能够通过智能手机或者计算机进行下单、支付，并享受折扣和会员积分。随后他们可以去离自己最近的实体店提货。这种体验会给客户带来完全不同的服务感，并因此持续消费。

第三章　新零售时代的支付升级

随着网络支付的不断发展，移动支付已经成为人们生活中的一部分，不论是家门口的便利店、早餐店、菜市场，还是大型超市、商场等场所，都可以选择电子支付手段结算。一些购物场所会使用扫码器进行无现金结算，还有一些则直接张贴一张收款二维码，消费者自己扫码就能自助结算，人们出门再不需要装现金。

随着各种网络支付手段在我国的普及使用，中国正在变成一个无现金的社会，并在这个进程中跳过了信用卡。但是，并非所有场所都实现了无现金支付。

2018 年，我国零售支付市场规模持续扩大，支付产品与服务更加丰富，为推动我国金融创新和经济持续快速发展发挥了重要作用。尤其是随着网络信息技术的发展，网络支付和移动网络支付成为零售支付市场的创新排头兵。随着零售业发展，零售企业和消费者都对支付提出了更高的要求，支付升级是推动新零售发展的关键环节。显然，新零售时代的支付方式在逐渐升级，本章就对这些支付手段展开详细探讨，并分析新零售支付一体化的趋势。

第一节　网络支付的发展现状

随着电子商务的快速发展，网络支付也越来越重要。网络支付方式与传统支付方式相比更为快捷，成本也更为低廉，而且实现了对网上交易者而言的随时随地的支付，这是金融电子化的一大趋势。当前,基于网络平台的网络支付方式在不断地发挥作用,有些技术也趋于成熟,有的还在试验阶段。随着技术的进步,日益迫切的电子商务要求人们不断革新,越来越多的更加方便、安全的网络支付手段被研发出来。那么,当前网络支付的发展现状如何？本节就对其展开分析和探讨。

一、网络支付的概念

网络支付的定义可以从狭义和广义两个层面来考量。

美国《统一商法典》中关于网络支付的定义即狭义层面的定义,该《统一商法典》指出,网络支付是支付命令发送方将存放于商业银行的资金通过传输线路划入收益方开户银行,以支付收益方的一系列过程。2005 年 10 月 26 日,中国人民银行公布的《网络支付指引(第一号)》第 2 条第 1 款规定,网络支付是指单位、个人(以下简称“客户”)直接或授权他人通过电子终端发出支付指令,实现货币支付与资金转移的行为。可以看出,狭义层面的网络支付定义主要指电子资金划拨业务。

从广义层面来讲,网络支付不仅包括电子资金划拨,而且包括网上银行所开展的各种新型电子货币业务,如电子现金、电子钱包、电子信用卡等。随着网络支付行业的不断发展,网络支付的概念范围也在不断拓宽。网络支付实质上是以数字化信息替代货币的存储与流通,从而完成交易的支付。它是网络技术、信息技术及通信技术综合运用的产物,将伴随科学技术的发展和银行业务的拓宽而发展。

二、网络支付的形式

对于商务活动而言,我国的传统支付方式主要包括三种:一是现金,常用于企业对个体消费者的商品零售过程;二是票据,多用于企业的商贸过程;三是信用卡,即银行或金融公司发行的,授权持卡人在指定的商店或场所进行记账消费的信用凭证。

但随着网络信息技术的发展、普及与应用，电子商务成为必然趋势，传统的支付方式已不适应商务活动电子化的要求，而必须由全新的网络支付方式来替代。随着计算机技术的发展，网络支付的方式越来越多。这些支付方式可以分为三大类：第一类是电子信用卡类，包括智能卡、借记卡、电话卡等；第二类是电子货币类，如电子现金、电子钱包等；第三类是电子支票类，如电子支票、电子汇款（Electronic Fund Transfer，EFT）、电子划款等。这些方式有各自的特点和运作模式，适用于不同的交易过程。

（一）智能卡

智能卡是一种内部嵌入集成电路芯片、能独立进行信息处理与交换的卡片式现代信息工具，也可以称为IC卡。

大体上可以将智能卡划分为两类，即存储型智能卡和带中央处理器型智能卡。存储型智能卡中有硬件的逻辑保护，以密码加密的形式来保护其存储内容不被非法更改，较先进的存储卡中有读写的安全模块作算法的加密认证等。智能CPU型卡内安装了嵌入式微型控制器芯片，可存储并处理相关数据。卡上的价值受用户的个人识别码（Personal Identification Number，PIN）的保护，只有用户才能合法访问它。另外，带中央处理器型智能卡不仅内嵌入高性能的CPU及相关硬件，而且配备独自的基本软件，能够如同计算机那样自由地增加和改变功能。这种智能卡还设有“自爆”装置，如果犯罪分子想打开智能卡非法获取信息，卡内软件上的内容将立即自动消失。

智能卡中可以存储和解释私人密钥与证书，消费者利用智能卡可以便捷、快速地进行支付，便携性是其主要优点之一。智能卡是目前最常用的电子货币，可在商场、饭店、车站、互联网等许多场所使用，可采用刷卡记账、POS结账、ATM提取现金、网上结算等方式进行支付。

（二）电子现金

电子现金是一种虚拟货币，还被称为“电子货币”或“数字货币”。从本质上说，电子现金就是现实货币的电子或数字模拟，也就是将现金数值通过数字技术转换成为一系列的加密序列数，通过这些序列数来表示现实中各种金额的币值。电子现金以数字信息形式存在，存储于银行服务器和用户计算机终端上，通过因特网流通。

因为电子现金的本质是对现实货币的电子化处理，因此其具备现实货币的基本特点，同时由于电子货币和网络结合而具有互通性、多用途、快速简便等特点，因此其已经在国内外的网上支付中广泛使用。数字签字技术的推广应用又使得电子现金的安全性大大提高。在网上交易中，电子现金主要用于小额零星的支付业务，使用起来要比借记卡、信用卡更为方便和节省。不同类型的电子现金都有其自己的协议，每个协议由后端服务器软件（电子现金支付系统）和客户端软件（电子现金软件）执行。

（三）电子钱包

在电子商务活动中，电子钱包是一种常用的支付工具。电子钱包实际上是一种存放电子现金和电子信用卡的客户端式小数据库，同时电子钱包还包含诸如信用卡账号、数字签字及身份验证等信息。目前，世界上常用的电子钱包有 Visa Cash 和 Mondex 两大软件，其他电子钱包软件还有 MasterCard Cash，Europay 的 Clip 和比利时的 Proton 等。一些软件公司正在创建电子钱包的应用程序接口，以便多种电子现金都可以使用一个钱包。

需要注意的是，一般情况下只有在电子钱包服务系统中才可以进行支付活动。电子钱包软件通常免费提供，顾客可以直接使用与自己银行账号相连接的电子商务系统服务器上的电子钱包软件，也可以采用各种保密方式调用因特网上的电子钱包软件。

（四）电子支票

电子支票是传统纸质支票的电子化形式，其借鉴了传统纸质支票转移支付的优点，可以在数字环境下实现钱款在账户之间的转移。这种电子支票的支付主要是通过专用网络及一套完整的用户识别、标准报文、数据验证等规范化协议完成数据传输，用电子支票支付时，事务处理费用较低，并且银行也能为参与电子商务的客户提供标准化的资金信息，因此可能是目前最有效率的支付手段之一。

电子支票根据其支票处理方式的不同，可以分为借记支票（Credit Check）和贷记支票（Debit Check）两种类型。使用借记支票，债权人向银行发出支付指令，以向债务人收款的划拨；使用贷记支票，债务人向银行发出支付指令，以向债权人付款的划拨。

（五）电子资金划拨

电子资金划拨是电子商务活动中的一种常用的支付方式。1978 年，美国颁布了《电子资金划拨法》，其中明确指出电子资金划拨是指不以支票、期票或其他类似票据的凭证，而是通过电子终端、电话、电传设施、计算机、磁盘等命令、指示或委托金融机构向某个账户付款或从某个账户提款，或通过零售商店的电子销售、银行的自动提款机等电子设施进行的直接消费、存款或提款等。

三、网络支付的发展情况

网络支付随着互联网的发展而逐渐发展起来。互联网支付最早起源于美国，1998 年，贝宝（PayPal）公司的成立标志着互联网支付的诞生。2000 年之前，美国电子商务主要使用支票支付，贝宝公司利用互联网优势，采用电子邮件地址标识客户身份的创新方式，绕开支票邮寄和银行汇款的传统方式，实现了便捷的在线资金转移，大大提高了互联网用户的交易与支付效率。目前，贝宝公司为全球1.9亿网络买家提供支付服务，业务覆盖全球203个国家和地区。

中国互联网支付业务紧跟世界潮流，首创于1999年北京首信股份有限公司提供的多种银行卡在线交易网上支付服务。在其后十余年的发展历程中，中国的网络支付逐步适应本土化的需求，创新性地采取了融合信用担保的支付托管模式，市场规模飞速增长，已经成为中国支付体系不可或缺的重要组成部分，成为中国互联网经济高速发展的底层技术支撑和深化发展的基础动力。总体来看，中国网络支付（仅指互联网支付与移动支付）的发展可以划分为以下三个主要阶段。

（一）第一阶段

2004年以前是支付网关建立期。这一时期，中国网络支付发展的主要模式是网关支付，可以区分为早期的互联网网关支付（2002年以前）和银联网关支付（2002—2004年）两个阶段。早期的网关支付是由投资机构与各商业银行签订合作协议，构建统一的支付网关平台，集成有着不同业务规范和技术标准的商业银行支付系统接口，为特约商户提供同行与跨行收付款的有偿服务，避免特约商户与各商业银行逐一签订协议和建立销售终端支付系统而出现的低效率和高成本。早期网关支付首创于北京地区的首信易支付。1998年11月，北京市政府与中国人民银行、信息产业部等中央部委共同发起首都电子商务工程，确定首都电子商城（首信易支付的前身）作为网上交易与支付中介的示范平台。1999年3月，首信易支付开始运行，成为中国首家实现跨银行在线交易的网上支付服务平台。2002年以后，为解决商业银行支付接口技术标准与业务规范不统一以及商业银行内部支付清算系统多级结构给商家和消费者带来的诸多不便，经国务院同意，中国人民银行批准设立了中国银行卡联合组织（简称“银联”），解决了多银行接口继承问题，地方银联有条件向商家提供多银行卡在线支付接口，使异地跨行的互联网支付成为可能，消费者只需通过计算机电脑终端在 Web 网页输入银行卡号和密码即可实现网上支付。

（二）第二阶段

2004—2009 年是网络支付的飞跃发展期。2004 年，中国互联网支付龙头企业支付宝网络科技有限公司在前期发展的基础上，结合中国电子商务发展的实际需要，推出了支付账户模式的互联网支付服务，标志着中国网络支付发展进入了一个新阶段。这一新模式的创生最初只是为了解决买卖双方在缺乏信用保障或法律保护的情况下提供安全的资金支付服务，由“第三方”担当“中间人”角色，在收/付款人之间设立虚拟的中间过渡账户，并凭借其自身的实力和信誉提供“货到付款”的信用担保服务，只有在买卖双方意见达成一致的情况下才能决定资金最终去向，实质是一种支付托管行为。支付账户模式的诞生不仅意味着中国网络支付发展进入新时期，而且意味着基于互联网虚拟账户的电子货币的诞生，它有别于早期基于预付卡形式的特约商户购物卡、交通充值卡、手机充值卡等卡基电子货币，对中国中央银行与商业银行货币发行、流通和政策体系的变革带来深远的影响。

随着互联网的加速普及、电子商务的飞速发展以及有关政策体系的日益完善，中国网络支付有了飞跃式增长。2005—2009 年，中国网络支付出现了一个阶段性发展高潮，国内相继成立了 50 多家第三方支付公司。但是，由于同质化恶性竞争，不少实力偏弱的公司迅速消失或被并购。2005 年，中国网络支付规模达到 152 亿元人民币，到 2010 年，互联网支付规模突破 1 万亿元大关，成为中国零售支付服务领域的柱石。但是，规模迅速成长的互联网支付也暴露出一些问题和风险，行业规制亟待推出。

（三）第三阶段

2010—2017 年是网络支付的规范发展期。2010 年 6 月，中国人民银行颁布了《非金融机构支付服务管理办法》,标志着网络支付规范发展的新时期到来。2011 年,为促进支付服务市场健康发展,规范非金融机构支付服务行为,防范支付风险,中国人民银行依据《非金融机构支付服务管理办法》等相关政策法规开始发放支付业务许可证。业务许可证的发放有效提升了网络支付。

随着机构的规范化管理和社会信誉,网络支付应用在全社会得到进一步推广。有别于传统手机银行的第三方移动支付在这一时期快速成长,引领行业发展趋势。特别是随着第三方支付服务市场竞争的加剧,支付平台已经深刻认识到单纯的支付中介服务已经无法获得持续的竞争优势,必须向客户资金配置、风险管理等领域拓展,实现支付金融服务的多元化发展。以余额宝为代表的互联网货币市场基金销售、以汇付天下为代表的支付金融托管等个人和行业金融服务相继推出,网络支付产业整体呈现出纵深化发展趋势,支付服务的金融化属性愈加明显。2015 年前 3 个季度,支付机构累计处理网络支付业务 562.50 亿笔,金额 32.97 万亿元,同比分别增长 128.95%和 98.80%。

2015 年 12 月,中国人民银行为规范网络支付业务,防范支付风险,保护客户合法权益,尤其是为解决以支付账户为基础的跨市场业务快速发展带来的大量客户沉淀资金问题以及由此形成的资金流动性管理压力和跨市场交易风险,颁布了《非银行网络支付服务管理办法》。该办法明确规定,“支付机构不得为金融机构以及从事信贷、融资、理财、担保、信托、货币兑换等金融业务的其他机构开立支付账户”“支付机构不得经营或者变相经营证券、保险、信贷、融资、理财、担保、信托、货币兑换、现金存取等业务”,并采取了支付账户实名制、个人支付账户分类管理、支付账户交易限额管理、支付机构分类监管等监管措施,在很大程度上限制了第三方网络支付平台业务创新发展的空间。

2017 年 1 月,为贯彻落实党中央、国务院关于互联网金融风险专项整治工作总体部署,根据《国务院办公厅关于印发互联网金融风险专项整治工作实施方案的通知》(国办发[2016]21号)提出的"非银行支付机构不得挪用、占用客户备付金,客户备付金账户应开立在人民银行或符合要求的商业银行。人民银行或商业银行不得向非银行支付机构备付金账户计付利息"相关要求,人民银行印发《关于实施支付机构客户备付金集中存管有关事项的通知》,决定对支付机构的客户备付金实施集中存管。

面对日益收紧的产业发展政策环境,大部分中小支付平台如果不能通过银行账户与现有金融从业机构开展业务合作与创新,未来可能在持续竞争中落败,第三方网络支付产业正在经历一次大的行业分化和并购整合期。

第二节　网络支付存在的问题

在网络支付过程中,无论对于非金融机构而言,还是对于支付用户而言,都面临着一些风险,因此要求人们应该正视这些风险,并逐步加强电子商务安全,对网络支付的风险加以控制。本节就对这些问题展开分析。

一、非金融机构面临的风险

(一)用户道德风险

第三方支付与传统银行支付不同,实际上第三方支付将传统的银行转账汇款程序进行了分割,原来的支付程序为"资金转出方—中央银行支付清算系统—资金转入方",第三方支付程序为"资金转出方—第三方支付机构—商业银行/中央银行支付清算系统—资金转入方"。由于第三方支付机构的介入,传统资金链的完整性破裂,无法追查某笔款项的源头,这可能导致用户道德风险。有的用户会利用第三方支付业务来进行洗钱、套现等非法活动。

（二）安全技术风险

与传统支付方式相比，第三方支付更便捷，为人们提供了良好的支付体验，但这种支付方式存在一定的安全技术隐患。相较于传统商业银行转账汇款，第三方支付减少了许多操作步骤，每次只需完成支付密码的输入即可完成转账。甚至在用户设置了“小额免密”后，在某个金额以内不需要输入支付密码即可完成支付。因此，第三方支付机构面临的首要风险就是安全技术风险。第三方支付机构的技术软件和支付逻辑、程序是否能够维持所有用户安全支付成功是关键问题。

（三）法律滞后风险

基于网络平台形成和发展的互联网金融是金融行业的巨大创新，但相较于金融行业的发展，我国的金融监管框架存在一定的滞后性，缺乏适应的监管体制，严重阻碍了我国互联网金融的健康发展。我国相关法律法规滞后，没有一部单独且完整的监管第三方支付的法律，从而使得许多第三方支付机构行走在灰色地带和法律边界，其行为无法得到有效约束。

在保护电子商务交易的同时，从支付认证、支付标准和交易公开性的角度看，我国必须考虑建立一些标准，为工商管理、税收管理和政府的行业管理做技术上和政策上的准备。

如何规范电子支付业务、防范支付风险、保证资金安全、维护广大商户和用户在电子支付活动中的合法权益，已成为影响我国电子支付产业健康发展的关键问题。《支付清算组织管理办法》和《电子支付指引（第二号）》的颁布，将在一定程度上解决这些问题。

（四）流动性风险

第三方支付平台的出现无疑促进了我国电子商务的发展，这类非金融支付平台具有很强的资金流动性，这是其优点，但也为其带来了一定的风险。传统的货币基金并不能像余额宝一样做到T+0赎回，而余额宝类产品能够让用户的余额（实际是货币基金净值）当天内转换成现金或银行账户余额，依靠的是期限错配和流动性错配。一旦有突发金融新闻引起大量用户集中赎回，余额宝等将被迫卖出所持的金融产品来应对巨额赎回，导致流动性风险。

客户通过第三方支付平台开展支付活动，就必然导致其资金滞留于第三方支付平台，这就会出现所谓的资金沉淀，如果缺乏有效的流动性管理，则可能存在资金安全和支付风险。同时，第三方支付机构开立支付结算账户，先代收买家的款项，然后付款给卖家，这实际上已突破了现有的诸多特许经营的限制，可能会为非法转移资金和套现提供便利，因此形成潜在的金融风险。

二、支付用户面临的风险

（一）操作风险

结合操作风险诱因，中国第三方网络支付存在的操作风险主要表现在以下四个方面。

1. 违规经营风险

违规经营风险主要是指网络支付机构违反现行相关法律规定开展经营活动的风险，包括大量违规挪用客户备付金，造成资金链断裂，客户权益严重受损；伪造、变造支付业务、财务报表和资料，欺骗、掩饰资金流向；超范围违规发行网络支付产品。

2. 网络安全风险

网络安全风险是第三方网络支付机构面临的首要风险，尽管目前第三方支付机构均强调已经构建了多层安全防护系统，并不断开发和应用更高安全级别的技术及方案，以保护网络用户的信息和资金安全。但是，网络安全漏洞以及由此造成的损失始终无法根本杜绝，主要包括未经授权的支付风险和平台系统稳定运营风险。未经授权的支付风险主要是指内部工作人员泄露客户账户信息,或者黑客利用客户身份安全认证机制存在的漏洞远程攻击网上支付平台的安全系统和客户端应用程序,植入计算机病毒,窃取客户账户信息,利用账户信息发送未经授权的支付指令,违法转移客户资金。平台系统稳定运营风险是指平台网络遭受外部持续大量攻击,致使支付系统拥堵瘫痪;或者因工作人员操作错误误删程序代码,导致服务器宕机,无法正常开展业务。互联网支付行业是黑客攻击的主要目标之一,黑客利用互联网支付系统在基础设施和数据管理等方面可能存在的缺陷,窃取用户的敏感信息。例如,黑客窃取用户的支付账号和身份证号码等信息,并将信息出售给其他机构,这不仅会给用户造成巨大损失,而且还会造成互联网支付机构的信任危机。

黑客攻击第三方支付机构最常见的手段就是分布式拒绝服务(DDoS)攻击。一种是利用合理的服务请求来占用过多的服务资源,使得服务器运作超负荷,从而使合法用户无法得到系统的正常响应;另一种是流量攻击,就是在同一时间频繁访问网络接口,导致服务间歇性地出现中断,使用户无法正常访问业务。虽然第三方支付公司都严格按照中国人民银行的监管要求进行了网络安全建设,很大程度上防止了黑客直接入侵业务系统,但无法阻止其成为黑客攻击和勒索的理想目标。

2015 年 8 月,某第三方支付机构遭到黑客攻击,巨大的流量攻击导致电信主干网临时关闭第三方支付平台的三个互联网协议地址(IP),导致部分地区用户无法正常登录。类似情况也出现在另一家支付公司,其经常遭到 DDoS 大流量攻击,导致互联网数据中心(IDC 机房)网络带宽出口被堵,用户登录访问速度变慢。事实上,很多第三方支付公司都遭受过类似攻击。

为了抵御 DDoS 攻击,不论研发安全产品,还是购买安全服务,对于互联网支付机构都是非常大的开支。此外,流量攻击无法从根本上解决,只能通过流量清洗、加大带宽来应对。有的互联网支付机构会选择租用内容分发网络(Content Delivery

Network，CDN）和电信运营商的流量清洗服务，但是高额的服务费会让很多中小型互联网支付机构望而却步。

3. 支付瑕疵风险

第三方支付机构发生支付错误、支付延迟或未支付等事件，造成客户损失而产生的赔偿责任。根据风险诱因的不同，支付瑕疵风险可分为以下四种具体情形。

其一，由于支付机构内部工作人员的过错而造成支付中断或延迟。

其二，支付机构因必要的系统维护停机造成的支付服务终止。

其三，第三方原因造成的支付服务中断或延迟。

其四，不可抗力因素导致的支付中断或延迟。例如，台风、海啸、地震、洪灾等。

4. 法律风险

法律风险是指违反或不遵从法律、法规、规章、规则、伦理标准，或因各方在法律上的权利和义务规定存在瑕疵而使网络支付平台导致的损失。法律风险使支付平台面临民事罚款、损害赔偿和合同失效等风险，并导致平台声誉降低、业务机会受限、拓展潜力下降等。目前，第三方网络支付平台的法律风险主要来自客户备付金利息的收益权和处分权的法律纠纷。中国《物权法》《合同法》明确规定，保管人在返还保管物时，除应返还原物外，若在保管期间产生孳息的，应一并返还。但从操作层面看，由支付账户持有人享有利息收入并不现实。例如，支付宝的日交易笔数达到500多万笔，每秒交易笔数多达50笔，如果让支付宝或者支付宝所委托的金融机构分别针对每个客户的每笔消费金额进行利息的分配和返还，操作成本较高，甚至超过利息收入总额。因此，《非金融机构支付管理办法》等相关法规政策没有就此问题做出明确规定。然而，绝大多数网络支付平台在其《支付服务协议》中却排除了客户对于沉淀资金利息的请求权，如支付宝《支付服务协议》中规定“您（客户）完全承担您使用本服务期间由本公司保管或代收或代付的款项的货币贬值风险及可能的孳息损失”。显然，支付机构与客户签订的支付服务协议明显违反相关法律规定，这就为日后客户备付金孳息的收益权和处分权的法律纠纷埋下了隐患。

总体来说，相比市场风险、信用风险，操作风险存在一些明显特点。

其一，操作风险中的风险因素很大比例上源于金融机构的业务操作，属于机构可控范围内的内生风险，而信用风险和市场风险更多属于外生风险。

其二，操作风险覆盖金融机构运营管理的所有方面。既包括发生频率高但损失相对较小的日常业务流程中的小瑕疵，也包括发生频率较低但损失极大甚至威胁机构生存的自然灾害、内部欺诈等事件。

其三，操作风险不同于市场风险和信用风险，一般不存在风险与报酬之间较明确的对应关系。

（二）信用风险

第三方网络支付的信用风险主要表现在两个方面：一是交易双方的违约；二是支付平台自身的违约。

1. 交易双方的违约

由于电子交易是交易双方在虚拟网络中达成的，无须面对面，因此信息不对称与信用缺失问题相对于线下的面对面交易更为严重。第三方网络支付平台的出现，尤其是在有担保的支付模式下，在一定程度上解决了交易双方的信用缺失问题。但是，目前支付平台同时提供的快捷支付、网银支付等支付模式属于即时到账模式，在这些模式下，买家发出支付指令通常先于卖家发货或买家收货，而且不可撤销。因此，仍然存在卖家收到货款而不发货的违约可能。即使在担保支付账户模式下，也仍存在买家收货后点击退货，而卖家发货凭证丢失或者没有及时出示给第三方支付平台，卖家损失货物而得不到货款的可能。

2. 支付平台自身的违约

目前，很多第三方网络支付公司都采用担保支付的二次清算模式，这使得客户出现了在第三方支付公司的资金沉淀。为了保证交易更为安全，第三方支付平台要求只有买家收到产品并给予反馈之后，系统才能将货款给卖家，这就导致了在途资金的出现。另外，买家或者卖家在交易前后会在自己的账户中预存资金，而且数量在不断剧增，这也会导致资金沉淀。这些资金沉淀的安全性必然需要第三方支付平台自身具有可靠性。虽然《非金融机构支付服务管理办法》规定“备付金存管银行应当对存放在本机构的客户备付金的使用情况进行监督”。但是，由于备付金通常是以支付机构名义存放在备付金银行，备付金银行完全依据支付机构的支付指令划转客户的银行账户资金。因此，支付机构可以通过发出未经授权的虚假支付指令挪用客户备付金而出现服务违约、失去公信力的可能。尤为值得关注的是，中国人民银行在对《支付机构客户备付金存管办法》进行解释时，明确客户备付金不属于银行存款，不在存款保险机制的保障范围内。因此，一旦客户备付金发生异常损失，只能用支付机构的自有资产进行清偿，或者通过第三方保险增信机制得到赔偿。此外，支付机构经营失败也可能导致支付服务终止，引发客户的直接和间接损失。

（三）宏观政策风险

第三方网络支付机构面临的宏观政策风险主要表现在两方面。

其一，第三方支付机构作为货币服务机构创造了电子货币，对传统货币的发行与流通以及货币政策的制定和执行带来了深远的影响，货币形势调控更为复杂，不确定因素增加。

其二，第三方支付服务机构的金融化发展对传统金融监管带来挑战，稳定与发展成为监督管理部门棘手的抉择。监管政策的取向与变化也会深刻影响第三方支付机构的市场行为，对机构的经营发展带来不确定因素。

1. 电子货币与货币政策风险

第三方支付机构作为货币服务机构，介于电子商户与银行之间，通过设立虚拟账户，为客户提供便捷的电子支付服务。虚拟账户的设立创造了电子货币，客户通过交易前后充值预存或暂存货款的方式获得支付机构发行的“电子货币”。根据2004年国际清算组织的定义，电子货币是在电子设备上记录并存储的、消费者持有且可使用其中金额或价值进行多种用途的预存金额或预付产品。在这一定义下，电子货币包括储值卡（也称“电子钱包”）和预付软件产品（也称“数字现金”，Digital Cash）。依据电子货币载体的不同，电子货币可分为两类：卡基产品和软件基础产品，前者也称“多用途储值卡”或“电子钱包”，后者以网络或软件为基础进行数据传输并进行电子支付。中国第三方支付服务机构通常同时提供以上两种电子支付方式，但后者用户较多，使用频率更高。电子货币在电子商务零售支付领域完全替代了传统的现金支付工具（支票、纸币和硬币），发挥着传统货币所具备的支付手段、交易媒介、价值尺度和价值贮藏功能。支付平台为客户提供以电子货币为支付手段、电子支付指令为凭据的债权债务清算，在事实上发挥着电子商务领域的商业银行和中央银行功能。

随着电子商务规模的急剧增长，电子货币的使用也日益广泛，电子货币对央行货币（通货与存款货币）的替代也越为显著。这种替代效应主要体现在两个方面：一是电子货币的普及提高了支付效率和货币流通速度，减少了全社会对通货（流通中的现金，即支票、纸币和硬币等）的需求；二是随着通货需求的减少，商业银行的存款创造能力下降，存款准备金需求减少。

全社会对央行货币需求的减少，意味着央行铸币税收入的下降以及央行资产负债规模的缩减。铸币税收入的减少可能迫使央行为满足正常运营需要而不得不开辟新的筹资渠道，进而影响了央行的独立性。央行资产负债规模的减少意味着央行可能缺少足够的资产去实施公开市场操作，削弱了货币政策的调控能力、时效性和灵活性。电子货币的发行也使得通货与活期、定期储蓄及有价证券之间的交易变现转移更为便捷、迅速，金融资产之间的替代性增强，但各层次货币的定义和计量变得十分困难和复杂。此外，分散的电子货币发行机制以及难以预测的货币流通速度也使得央行货币供应量的可测性和可控性受到严重影响。

2. 支付平台金融化发展与监管政策风险

虽然自 2010 年以来，人民银行发布了一系列针对第三方支付机构的监督管理办法，这么做的目的在于对非银行支付机构进行规范，保证其服务的本质，对第三方支付结构的清算情况、账户管理等加以限制，同时对身份验证、支付限额等加以强化，这是为了最大限度地降低风险。但是，这些监管会大大增加交易成本、降低交易效率，因此也会深刻影响着第三方网络支付。

三、加强电子商务安全管理，控制网络支付风险

（一）完善第三方支付监管环境

1. 支付业务许可证

2010 年 6 月 21 日，中国人民银行发布《非金融机构支付服务管理办法》，标志着第三方支付正式被纳入监管范围，第三方支付机构开始有较为明确的法律规范。《非金融机构支付服务管理办法》还规定没有获得支付业务许可证的非金融机构不得经营支付业务。2016 年 4 月，中国人民银行发布《非银行支付机构分类评级管理办法》，表示在一般情况下不再受理新支付牌照申请，并将加大现有牌照清理和无证经营支付业务整治。

《支付业务许可证》是第三方支付机构从事支付业务的准入门槛。通过设立准入门槛，监管机构能够过滤掉不合规的支付机构，降低支付行业中不合规机构的比例，从而减少“跑路”事件的

发生，提升支付行业的整体质量。另外，中国人民银行不再受理新的支付牌照，支付业务许可证不可以倒买倒卖，其他企业只能通过直接收购第三方支付机构的方式获取支付业务许可证，这便提高了其他企业进入支付领域的门槛。

2. 备付金

2010 年 12 月 1 日，为配合《非金融机构支付服务管理办法》的实施，中国人民银行制定了《非金融机构支付服务管理办法实施细则》，该细则明确规定了支付机构不得挪用备付金。2013 年 6 月 7 日，中国人民银行发布《支付机构客户备付金存管办法》，弥补了《非金融机构支付服务管理办法实施细则》在备付金孳息所有权方面的空白，规定支付机构沉淀资金所产生的利息在计提 10%的风险准备金后，其余部分归第三方支付机构所有。2016 年 10 月 13 日，国务院办公厅发布的《互联网金融风险专项整治工作实施方案》补充了对第三方支付的相关规定，首次明确第三方支付机构备付金账户计付利息归中国人民银行或商业银行所有，防止支付机构以“吃利差”为主要盈利模式。

备付金孳息所有权从第三方支付机构转移到中国人民银行或商业银行，从短期的角度考虑，第三方支付机构的盈利能力会受到影响，从而导致第三方支付机构之间的竞争加剧，在这个过程中会有一批第三方支付机构被淘汰；从长期的角度考虑，竞争加剧会迫使第三方支付机构寻求业务升级，促进第三方支付行业的创新发展。

3. 实名制

2015 年 12 月 25 日，中国人民银行发布《中国人民银行关于改进个人银行账户服务加强账户管理的通知》，规定银行业金融机构为开户申请人开立个人银行账户时，应核验其身份信息，对开户申请人提供身份证件的有效性、开户申请人与身份证件的一致性和开户申请人开户意愿进行核实，不得为身份不明的开户申请人开立银行账户并提供服务，不得开立匿名或假名银行账户。

另外,通知还根据开户方式的差异将个人银行账户划分成Ⅰ类银行账户、Ⅱ类银行账户和Ⅲ类银行账户,并给每一类账户设置不同的权限,从而保证用户资金安全。

支付账户实行实名制管理能够带来诸多益处。对于监管机构来说,实名制有助于切实落实反洗钱、反恐怖融资要求,防范和遏制违法犯罪活动。对于互联网支付机构来说,实名制有助于更好地打击冒名顶替、加强网络安全和惩处网络诈骗。对于消费者来说,实名制有助于减少“转错”等操作失误,也能提升账户的安全性。

4. 网联

2017年3月31日,中国支付清算协会发布公告,宣布即日起非银行支付机构网络支付清算平台(以下简称“网联”)启动试运行,首批接入部分银行和第三方支付机构。2017年6月30日,网联宣布正式上线并启动业务切量,第三方支付机构将旗下支付业务切至网联平台。此外,中国人民银行还规定了业务迁移的期限,即第三方支付机构及银行要在2017年10月31日前完成接入网联的相关准备工作,至2018年6月30日第三方支付机构受理且涉及银行账户的网络支付业务全部通过网联处理。

网联成立具有重大意义。在网联成立前,第三方支付机构在多个银行开设账户(伞形),实现“跨行清算”,但这并非真正意义上的清算,而是绕开了清算,使商业银行、中国人民银行无法掌握具体交易信息,无法掌握准确的资金流向。这给反洗钱、货币政策调节、金融数据分析等中国人民银行的各项金融工作带来了很大困难。在网联成立后,第三方支付机构的账户信息和资金流向公开透明,中国人民银行不仅能更好地开展线上支付市场的整顿工作,而且能更好地制定货币政策。

（二）加强网络支付的监管

1. 构建第三方网络支付监管框架

机构监管遵循的基本理念是特定类型机构的所有监管事项由特定的监管者统一负责，而不论其涉及何种业务。功能监管遵循的基本理念是具有相似金融功能的金融服务应该受到统一、公平监管，并且不论该服务是由何种类型的特定机构提供。两种监管模式各有利弊，机构监管更有利于实施微观审慎性监管，控制个体机构风险；功能监管将把所有市场参与者置于公平竞争的监管环境下，对所有提供相似服务的机构实施统一监管，尤其是对于跨机构、跨市场的金融创新服务可以实现有效监管，有利于维护公平竞争环境，防范跨市场系统风险。鉴于中国第三方网络支付业务的发展现状以及未来发展前景，借鉴欧美经验，构建功能性监管与机构监管相融合的第三方网络支付监管框架。可以考虑借鉴欧盟模式，立法明确第三方支付机构作为货币服务提供者的金融企业合法身份，避免相关法律法规的不一致或相抵触，为金融执法提供可靠依据。

2. 适度放宽监管，实现安全与发展相平衡

美国作为互联网和第三方支付创新的发源地，对第三方支付一直持鼓励创新的监管态度，为第三方支付创造了一个既相对宽松又风险可控的良好监管环境，美国第三方支付的创新发展正是得益于这种张弛有度的监管氛围。欧盟经过十多年的监管实践和探索后指出，电子货币机构和支付机构本质上只是创新支付服务的提供者，并不吸收公众存款和利用公众存款发放信贷，风险主要来源经营风险，而非信用风险。因此，若对小额零售支付设置过高的准入门槛，不仅阻碍创新，也并不一定能够实现对风险的最佳控制。中国监管部门应借鉴欧美经验，适当放松对第三方支付服务的监管，采取轻准入、严业务（重点是安全认证和备付金管理，而非支付额度限制和账户管理控制）的监管思路，确保风险

可控与创新发展相平衡，避免监管政策成为支付创新的壁垒。

3. 进一步完善消费者权益保护制度

一方面，借鉴美国经验，实行存款延伸保险制度。在客户备付金利息收入返还难以具体操作，而客户备付金又不受存款保险保护的前提下，以客户备付金利息作为保费，向存款保险基金管理机构（目前由央行下属金融稳定局管理）购买存款保险服务，或者购买商业保险，防范客户备付金存在的操作风险、信用风险。

另一方面，借鉴美国经验，进一步明确消费者免责条件与损失限额。对利用消费者支付账户从事未经授权支付交易，立法明确消费者在通知支付机构前后所具有的免责条件和损失限额。

4. 加强跨境电子支付金融消费者权益保护

进一步完善跨境电子支付金融消费者权益保护立法，明确跨境电子支付消费者属于“金融消费者”范畴。设立跨境消费者权益保护协会，组建专业的跨境法律咨询团队，为其提供专业的法律咨询意见和维权途径，畅通投诉渠道，提升维权效率。建立专门的跨境电子支付金融消费者权益保护机构或部门，专门负责跨境电子支付中金融消费者权益保护的理论研究和实务操作，牵头制定有关保护条例和监管措施。加强跨境电子支付金融消费者权益保护的国际协作，促进各国消费者权益保护制度与技术协调。

第三节　新零售支付一体化趋势

当前，无论是一线城市还是小县城，排队结账的问题频发出现，尤其是一些大型超市，往往会在节假日推出一些优惠活动，这些优惠活动必然会吸引顾客前来选购，虽然增加了效益，但是排队结账的问题会让很多人厌烦。因此，缩短排队结账的时间是任何一家零售企业必须要关注的问题，他们不得不正视这一问题，启用最高效的方案，解决支付出现的问题。这就是新零售支付一体化现象的到来。具体而言,可以采用以下几种方式。

一、线上线下支付一体化

(一)完善支付系统与配套系统

对于当前客户素质、商品特点这些客观因素的存在,零售企业可以基于合法层面,对自身的支付系统进行打造,如图 3-1 所示。

从 2014 年 10 月开始,美国很多零售商宣布,将要运用一个新颖的支付工具 CurrentC。这一工具是由多家企业组成的行业联盟 Merchant Customer Exchange Group(MCX)开发而成的,沃尔玛、百思买等都是其中的成员。运用这一工具,零售企业可以直接从消费者的银行账户中获得资金,而不需要再从银行的信用卡中划拨,从而被拿走 2%的手续费。

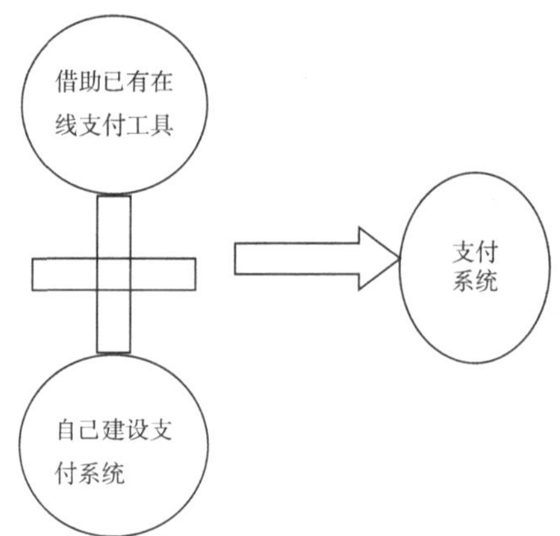

图 3-1 打造完善的支付系统

同时,CurrentC 的操作较为简单,客户不需要在收银台排队刷卡,只需要运用智能手机就可以结账,从而使支付的效率和速度更为提高。

当然,中国零售企业也可以采取类似方法。例如,使用会员卡对支付终端进行读取,这样就可以直接实现快捷买单;或者利用企业自身附带的消费 APP,允许客户进入超市之后,一边移动一边读取二维码,显示自身所拿的物品的价格,在选购完毕之后,即可利用关联 APP 的银行卡进行支付。这样就能够解放企业的人力资源,优化消费流程。同时,运用企业自身的 APP 软件,用户还能享受多种优惠服务,这对于用户来说也是乐见其成的。

对于提升支付速度,传统卖场在国内已有成功案例:著名的北京华联超市推出的 KOSO 这一款手机应用,运用超市的无线局域网置于客户手机上,客户进行注册之后,就成为收银员,在手机上就可以完成付款。支付完成之后,客户可以自提,也可以要求送货,从而使客户得到很好的体验。这一支付手段是值得其他商家学习的,但是还需要完善一些细节。

首先,客户虽然用手机结账了,但如何保证准确无误,还需要在技术上不断创新。其次,很多零售企业还未建立完善的物流配送系统,但如果客户选择了这种支付方式,很可能会出现送货需求扩大的局面,因此就要求企业完善配送队伍,形成快捷高效的配送团队,如图 3-2 所示。

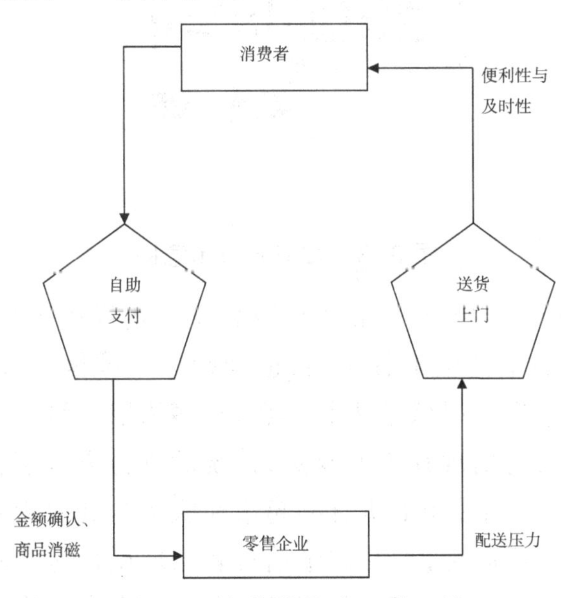

图 3-2 完善的物流配送系统

当前,零售企业面临着严重的支付排队问题,其实这属于一种相当微妙的瓶颈现象。从一方面来说,线下实体企业担心客户流量下降、客单价减少,因此对人多引起的排队现象并未给予过多注意;但从另一方面来说,一旦业绩上升,又很有可能使这一局面更加困难,甚至会妨碍企业进一步的经营水准。因此,零售企业的领导者必须审时度势,即使短期内牺牲少量业绩空间,也要解决好支付排队问题,从而站在更高的角度,平衡好长远矛盾,为企业发展铺平道路。

(二)使用微信二维码扫码,连接零售线上线下渠道

近年来,零售业打通了线上线下,开辟了新的发展道路,而扫码支付(见图 3-3)则成为实现线上线下支付一体化的重要工具。其中,支付宝和微信的二维码支付十分具有代表性。

图 3-3 扫码支付示意图

从 2014 年开始,阿里旗下的支付宝大规模进军线下支付,而作为老对手的微信也不甘示弱,也开始进入零售业,进一步丰富了零售支付渠道。以微信为领军者,众多采取二维码为载体的零售支付方式纷纷出现在人们身边,传统的支付方式正在被二维码支付取代。在北京,几乎所有的超市在服务台和收银台前面都放上了醒目的二维码标识,并鼓励消费者采取微信等各种移动支付手段进行支付。例如,家乐福微信支付能够打折;物美允许使用公交卡支付,中国移动钱包也都能够刷二维码,翼支付最高还能打五折。对那些不熟悉智能手机操作的中老年人,超市专门安

排了工作人员帮忙，许多中老年客户在学会之后都会主动将方法传播给其他人。

实际上，2014 年 3 月，支付宝就开始支持利用手机识别二维码的业务，以此帮助消费者更便捷地完成线下即时支付。当时，通过支付宝提供的方案，零售企业能够将账户、价格等不同的交易信息进行编码形成支付宝二维码，并印刷在不同的平台上进行发布，从而方便用户即时实现支付结算。虽然这样的支付手段曾经一度被监管部门叫停，但随着技术成熟、安全性能加强、标准明确，到 2014 年 9 月，二维码支付最终返回零售行业，并得以开花结果。

二维码支付对于零售行业来说具有很大优势。二维码能够进行移动网络传输，客户用来支付的费用低廉到可以忽略不计，而且二维码便于复制，能够大范围应用。此外，对于客户手中用来扫码的终端要求较低，客户只能被动扫码，不可能对二维码内容重置。采取这样的支付方案，受众门槛低，管理方便。虽然近年来二维码支付已经得到了不错的发展，但不可否认的是其还具有一定的提升空间，如信息读取速度还能够进一步提高，改善扫描容易受到网络状况影响的问题等。但这无法否定其未来应用的巨大前景，从 20 世纪 80 年代诞生，到日韩零售市场的成功，再到 2010 年二维码升温，以及 2014 年开始零售业二维码的推广应用，其零售市场规模不可限量。此外，2018 年还开始实行《条码支付业务规范》，进一步规范了扫码支付市场。

通过二维码扫描，能够将客户的移动特点和支付的稳定特点相互融合，这意味着线上线下能够随时切换和交易。当这两大特点融合起来时，就能帮助零售商获取更大的潜能。除了线下支付，零售电商企业也可以选择支付宝之外的付款工具来为客户提供便利。

1. 申请微信支付流程

首先，商家需要按照规则申请企业服务号，并申请微信认证。

最初，微信官方平台的支付功能仅仅开放给那些已经通过微信认证的服务号，如果零售企业已经通过相关认证，而且已经是服务号，就可以跳过这一步骤。值得注意的是，如果企业的微信公众号为订阅号，可以先通过后台操作，升级成为服务号，实现这个步骤只需要 1 个工作日。没有经过认证的商户，则应该先申请微信认证。虽然目前微信扫码支付的限制减少，但是申请成为服务号对于零售企业的发展具有重要意义，通过推送文章、提供帮助等拉进企业与客户的关系。图 3-4 为微信支付申请流程。

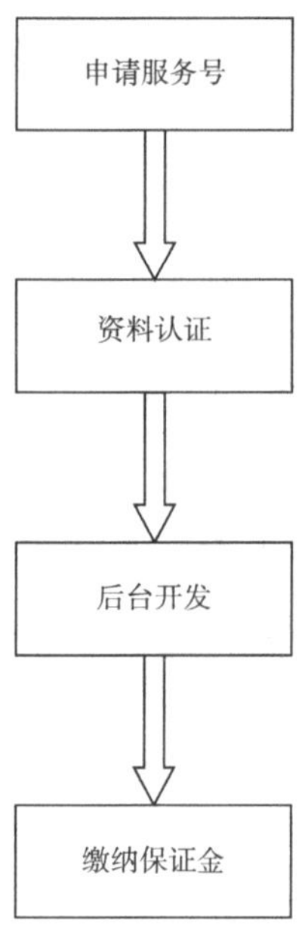

图 3-4　微信支付申请流程

其次，零售企业需要按照要求填写相关材料，其中需要填写的内容主要包括企业或商户的基本资料、业务审核资料或财务审核资料等。在 5 个工作日后，微信官方会完成审核，并将结果提交给零售商。

再次，进入开发工作并签订合同。凡是通过审核的商户，可以自行进行开发工作，由微信官方提供开发接口文档，从而帮助和指导在线零售商完成开发工作。在通过审核之后，零售企业还需要一次性签署两份合同，分别是《微信公众平台商户功能服务协议》和《微信支付协议》。

最后，零售企业需要登录自己的财付通账户缴纳微信保证金，这是微信衡量企业是否具有开通支付功能的重要依据。如果企业不缴纳微信保证金，就有可能影响到正常结算财付通账户中的款项。

2. 利用扫码支付加强沟通和服务

支付始终是联系客户与消费者之间的桥梁，即使零售业从线下转移至线上，或是零售实现了线上与线下的联通，支付都是客户和企业之间沟通、服务的重要途径。在扫码支付时代，支付更可以看作沟通和服务的基础。零售企业完全能够通过微信支付来积累用户、建立会员体系，并进行精准用户触达和服务。例如，零售企业可以用虚拟货架、虚拟会员卡的方式，既充分获取支付资源，又能够借助支付环节来对客户体系进行智能化管理。其中包括用虚拟货品墙、微信商城等方式，对门店商品种类进行扩充，从而满足零售商的生鲜商品的库存调配需要，还可以围绕微信会员卡体系积累相关用户数据，提升用户忠诚度。

需要注意的是，零售企业只可以从微信支付中获得基础解决方案，如果零售企业想要从这一扫码类型的支付中受益，还需要一定程度上同本行业的第三方服务商进行合作，由他们来进行推动，最终打造出适应不同零售分支行业的支付服务。

二、营销到支付一体化

（一）支付系统一体化

随着网络信息技术的发展，第三方支付成为满足人们基本交易需要的重要模式。具体来说，这种支付模式为：消费者结账—通过支付器具刷卡消费—支付器具上传交易信息—第三方支付平台把交易信息传送给银联—银联抄送到发卡行并实施扣款—扣款信息依次通过银联、第三方支付平台反馈到商户所在的支付器具—支付器具打印签购单—交易完成。但随着零售业的不断发展，新零售时代对支付模式提出了更高要求，单一的支付模式已经无法满足日益增加的支付需求。

尤其是随着经济全球化推进以及我国改革开放程度的不断加深，跨境零售的发展对于支付模式提出了新要求。对于传统第三方支付模式来说，要把货物发到国外客户手中，首先要找到物流公司和支付结算的第三方支付平台，支付结算要在发货前即一个交易进行时解决，或者在买家收到货后再进行支付结算。紧接着通过国内物流送到海关，经过报关报检等手续后，通过国外物流运往客户所在的国家，在这期间物流的情况往往是很难查到的。经过十多天到一个月的漫长等待，货物抵达目标国家，可能需要在当地停留，这中间免不了仓储的环节，这时候可能需要联系相关的海外仓、保税仓。经过当地边检部门的审核后，再经过当地快递公司把货送到客户手中。在这个案例中，物流、仓储、报关、支付这四大环节是彼此分离的。

网络的一个特征就是化繁为简，以网络为基础，我们也可以将支付问题从复杂逐渐变得简单。物流、仓储、报关与支付应该紧密相连，因为在跨境电商交易中经常出现交易周期长、信息不流通、费用繁杂等弊端，这些弊端是萦绕在商家身边的挥之不去的阴影。出口作为国民经济的“三驾马车”之一，其重要性不言而喻。现在，这种服务雏形已经浮现，如智付实现了将保税仓、海外仓、物流、报关、支付结合在一起的跨境支付一体化。

当然，新零售时代的支付升级并不仅仅表现在跨境支付方面，其他第三方支付方式也需要根据时代要求做出转变。目前的B2B 支付解决方案相对于承兑、汇款等传统金融手段，解决方案还是相对单一，如在线担保交易，依然局限于某个行业或产业链的单个环节。未来新零售时代，B2B 支付需要和 ERP、财务、业务系统结合，实现支付一体化。

（二）小满科技——打通营销到支付的通道

支付始终是商业交易流程中的重要环节，对于新零售而言也是如此，支付的安全性、便捷性直接对零售企业的经营效率和营销效果产生影响。在国内移动支付的大爆发下，人们对支付便捷性的诉求也越来越强烈，而跨境支付长期以来由于费率高、资金回收极慢、安全性较低成为外贸企业面临的一大痛点。基于此，小满科技为了解决外贸企业这一痛点，联合全球知名支付收汇平台贝宝，通过第三方支付平台的接入，聚合优质的服务商为外贸企业提供了更好的支付体验。

1. 实现营销到支付一体化

以 CRM 起家的小满科技在 2017 年发布了多款产品，走向外贸全流程服务。从销售管理到客户挖掘、海外营销，到目前接入第三方支付平台贝宝，意味着小满科技的外贸全流程解决方案进一步完善，将为企业带来更大的利润空间。

随着外贸交易量增加，解决跨境收款痛点成为外贸企业的重点课题，小满科技则在这样的背景下成为首个接入支付平台的国际贸易解决方案提供商，对于外贸 CRM 市场而言，小满科技此举是创新行为，通过引入第三方支付平台贝宝的方式打通从营销到支付的通道，这将引领未来外贸 CRM 的发展方向。对于零售企业而言，小满科技此举提供了新思路，对于打造新零售的营销到支付一体化具有指导意义，尤其是对于那些从事跨境零售的企业来说更是如此。

2. 为外贸企业提供更好的跨境支付体验

就目前全球支付市场来说，贝宝是全球使用最广泛的网上交易工具，当前贝宝遍布全球 190 个国家和地区，其拥有的客户规模超过 2.2 亿，利用贝宝可以在 24 种外币间进行交易。通过帮助中国的产品提供商或者服务提供商安全便捷地把资金收回来，贝宝已逐渐成为国内出口企业不可缺少的跨境收款平台，其安全性受到全球消费者的公认，能满足外贸企业面对全球客户的收付款需求。

小满科技通过与贝宝建立合作关系，有效地提升了外贸企业的业务效率。具体来说，在小满科技接入贝宝后，用户可以通过小满 CRM 一键绑定其企业贝宝账号，无须二次登录。在业务交流过程中，用户只要在邮件中直接嵌入相应的收款信息，就可以保证营销与收款的同时完成，在很大程度上提升了支付效率和便捷性。

3. 完善国际贸易整体解决方案

小满科技在接入贝宝后表示，他们的行动还会继续，还会接入更多的全球顶级支付机构，以此更充分地满足全球用户不同的支付习惯，以此为基础，为外贸企业带来经济、快速、安全的支付解决方案，实现新背景下的支付再次升级。

随着小满科技接入更多第三方支付，其会进一步丰富自己的业务，包括提供低费率、实时收款、支持多币种收款、支持外汇申报与退税等，通过提供多样化的服务，更好地满足客户实际需要。小满科技跨境收款解决方案的提出进一步完善了小满科技的国际贸易整体解决方案，为外贸企业提供了销售、营销、管理、交易的全流程服务。这一举措也意味着小满科技正式开放平台，未来可能接入更多的第三方，帮助企业完成报关、保险、货运、退税的整个业务流程。

第四章　新零售时代的营销思维转化

在新零售时代，实体商家和电商都需要转变营销思维，利用创新的营销模式来实现利润的增长。换而言之，零售需要以消费者为中心，从实体零售转向互联网营销，由此才能在瞬息万变的商场中站稳脚跟，获得长久发展。本章主要研究新零售时代的营销思维转化。

第一节　创新新零售营销模式

零售 4.0 时代是消费者主权崛起的时代。市场供应远远大于消费者需求，使得消费者在市场中的地位上升，并成为稀缺资源。在这种市场环境中，争夺消费者的竞争日益白热化，商家要如何才能赢得消费者的忠诚，并且赢得更多的市场份额呢？

对于零售企业来说，重点在于争夺家庭入口和个人入口。在家庭人口争夺方面，社区 O2O 是一个非常难得的切入点。在近几年的城市发展中，城市商业中心的边界已经慢慢模糊，“去中心化”的趋势已经愈加明朗，在未来的 3 ～ 5 年内，社区 O2O 服务将会迎来黄金发展时期。据艾瑞咨询发布的《2014 年中国综合类本地生活服务电商市场行业发展研究报告》显示：2013 年本地生活服务 O2O 市场规模超过了 1 700 亿元，同比增速 45%；未来 3 ～ 5 年内，本地生活服务市场仍会保持稳步增长，并有望成为下一个过万亿级的线上市场。

要赢得家庭入口争夺战，必须服务好 50 后和 60 后。很多商家所不知道的是,50后和60后的财务实力和消费潜力远不是人们能想象的。就消费力而言,这还是一个有待于深度挖掘的市场。在个人入口争夺方面,需要重点服务好80后、90后甚至00后人群,他们是互联网的原住民,具有巨大的消费能力和潜力,因此作为零售商,必须深入了解他们的需求,为他们提供极致的购买体验。

另外,在互联网环境下,信息扁平且透明,好的商品和服务能够赢得好的口碑效应,使企业获得更多的品牌粉丝;反之,如果企业不能提供让消费者满意的商品和服务,那么网络也会使负面效应得到快速的放大和扩散。因此,无论是谁,无论提供什么产品和服务,都要十分重视并经营好自己的口碑。

然而,要想真正地赢得消费者,不断地扩大市场份额,作为商家必须要采取积极进攻的竞争策略,那就是为目标消费者提供超预期的商品、服务或体验。其中,能否给消费者提供超预期的购物体验是商家能否经营成功的关键。作为商家,需要更多考虑的是如何在消费者进行一次购买或体验以后,能通过一些手段吸引他们进行持续消费。

一、利用社区O2O建立家庭需求生态圈

所谓社区O2O,是指通过互联网/移动互联网连接小区业主、物流、周边商超、小店以及用户的服务,是将物业社区服务深入到每户家庭中去的新商业模式。把线下做深做透,提高资源密度,提升用户体验,做出用户黏性,形成交易闭环,这才是做好社区O2O服务的关键。尤其值得一提的是,社区O2O服务要充分建立起物流(或服务流)速度方面的优势。

(一)社区O2O的定义及其业务范围

在2014年,社区O2O被视为下一个万亿级市场,吸引了无数物业管理企业和互联网创业团队,其中既有主打小区便民服务

的无忧小区、叮咚小区等，主打社区零售服务的社区 001、拉卡拉等，也有顺丰嘿客、银行、运营商、网络平台等各种各样的社区店，更有众多地产商构建的社区 O2O 生活服务平台。就像阿里不断上线新业务一样，社区服务 O2O 平台可发展的业务也多种多样，包括社区电商零售、电商物流配送、周边生活服务、社区广告营销、社区商旅出游、不动产经营、社区商业运营、家庭设备维护、家政服务、管理咨询、地产开发、长者服务、在线学习、线下活动、投资理财、装修服务、闲置租售、租房售房、物品托管、汽车洗修等各式各样的增值服务。

以社区洗衣服务为例，传统线下洗衣行业正面临着门店租金高、投资额度大、劳动力成本上升等问题，而且传统洗衣店的营业时间已无法适应目前人们的生活节奏。北京荣昌科技服务有限责任公司推出了一个基于移动互联网应用的 O2O 洗衣服务产品——荣昌“e 袋洗”。区别于传统洗衣按件计费的模式，顾客只需将待洗衣物装进指定洗衣袋里（按袋计费），预约上门取件时间，2 小时内就会有专门的取送人员上门取件。取件时，取送人员当面对装好衣物的 e 袋进行铅封，在现场不做衣物检查，待回到清洗中心后，在高清监控条件下去掉铅封，对衣物进行洗前检查和分类，全程有视频监控。

e 袋洗作为一种全新概念的洗衣方式，通过移动终端下单，按袋计费，全天候上门服务，为消费者节省了大量时间和金钱。商家对每袋衣服只收 99 元（原价 158 元），相当于以 3 ～ 7 折清洗；每件衣服都会经过精心的熨烫，并且会在 72 小时内送回。e 袋洗的创新点之一是将难以量化的服务进行标准化处理。荣昌洗衣发明了一个小袋子，这个袋子里无论装多少东西清洗费都是 99 元，这样就解决了定价和标准化的问题。创新点之二是用价格颠覆传统，e 袋洗现在的洗衣价格是传统洗衣店的一半。

我们可以通过以下几个数据展示社区服务 O2O 的市场发展前景。

数据一：有关资料表明，我国人均 GDP 已超过 3 000 美元，人们的生活方式将发生很大的变化,商业业态也将随之逐渐从商业中心转变为各种类型的社区商业。

数据二:欧美国家的社区商业占据社会商业总值的60%以上,而在中国,目前整体水平不足30%。

数据三:截至2012年,我国各大城市的社区数以万计,500户以上的社区具有商业开发价值;500户以上的社区全国约有5万个,约2 500万户,人口约7 500万;这些人都是中产阶级或以上的富裕阶层,按照人年均消费10 000元计算,一年消费额约为7 500亿元人民币。

数据四:截至2013年,全国物业公司在管和可管的物业面积已超过了200亿平方米。

(二)电商和快递纷纷开展社区O2O业务

正是看到了社区O2O市场的巨大发展潜力,那些大型的电商企业(甚至包括物流企业)开始利用自身的商品、物流以及服务规模优势,纷纷试水社区O2O业务,如京东商城、1号店、顺丰嘿客等,都在社区O2O方面进行了很多有益的探索。

2014年4月1日,网上超市1号店在上海的首家社区服务中心——位于普陀区的大型社区中远两湾城正式开通。作为1号店O2O模式的一次重要创新和尝试,该社区服务中心致力于服务社区内和附近的居民,为居民提供基于定位服务的C2B定制采购、固定周期性移动社区团购、移动社区购物互动展示与试用、移动社区电子商务购物咨询与导购服务、门到门配送、订单自提以及手推车、雨伞借用等便民服务。

中心所售商品的种类、品质和售后与1号店官网一致,但不少商品的价格会比官网更便宜。现在,该社区居民通过手机扫一扫就可以在短短几分钟内完成下单、收货,买到放心的各类粮油、食品、日用品,还能享受定期特价。不懂上网的老年人也可以在1号店服务中心得到指导和帮助,这些都受到了居民们的普遍欢迎,让社区居民近距离感受到了知名互联网企业的创新魅力,并享受到了现代化移动生活的便捷。

据了解,1号店选择在中远两湾城社区建立社区服务中心,主要是因为该社区规模比较大,订单量比较密集。这也有利于1号店实现更为高效的精准化营销,增加现有顾客的活跃度和吸引新的消费者,提高订单量密度以及重复购买率。以社区服务中心作为试点来探索未来布局,对于1号店在未来抢占O2O市场和整体大平台的发展具有标志性意义。社区服务中心也有利于1号店的供应链成本优化,在未来的电商竞争中它会成为不可忽视的优势。

京东也在社区O2O上进行了布局。2014年9月,京东上线了一款基于微信公众号的名为"京东快点"的新产品,定位于社区外送,并承诺2小时送达。在货物供应上,"京东快点"上的生鲜果蔬、奶品冻品、休闲零食、酒水饮料、米面粮油和护理用品等货物,基本都来自周边的超市。在物流配送上,由京东和第三方物流共同完成。

不仅大型的电商企业在社区O2O方面有很多的布局,快递行业如顺丰也在尝试布局社区O2O。2014年5月18日,顺丰首批的518家"嘿客"正式亮相,引起业内轰动。顺丰嘿客除了收发快递,更重要的是推出了"二维码"消费。消费者可以通过店内商品海报和计算机终端选购各类商品,还可选择店内试用或送货到家。此外,嘿客还涉及话费充值、机票预订、水电费缴纳等大量便民服务。

社区O2O服务的真正核心竞争力在于方便快捷,即物流、服务流和信息流的快速响应。由于社区O2O服务贴近社区,离目标消费者最近,因此社区居民最看重的因素无疑就是社区O2O服务的速度。

从市场竞争角度来说,社区O2O也只是在物流或服务流的速度上具有天然的优势。目前,电商有淘宝、天猫、京东这样的大平台,他们在线上有巨大的流量支撑,在线下有稳定的物流团队,这是社区电商所不能比的；另外，线下还有很多大型连锁超市，如家乐福、华联、物美等，他们紧贴社区，定位于社区居民日用品消费服务，距离用户较近，对于像生鲜类易损耗产品可以实现线下体验，并且超市的购物气氛也是社区电商所没有的，因此社区O2O服务所能切入的差异化优势就只剩物流速度和营业时间的延长了。

社区电商基于时间和地理位置上的绝对优势，可以实现1小时甚至更短时间的物流送达；在营业时间的延长方面，由于线下实体店一般都在晚上8点或者9点关门，一些下班晚的居民想要买什么东西只有等到第二天，此时社区电商可以发挥优势，实现更晚时间的货物送达。

总之，社区O2O服务比拼的最大利器就是物流（或服务流）速度，解决服务最后1千米。从理论上说，全国有很多城市，每个城市又有很多社区，社区电商如能以社区为单位逐步覆盖一个城市到整个省乃至全国，以整合社区周边各个门店为手段，把物流限定在当地社区范围内，实现1小时甚至更短时间送达，除了传递日常生活用品，还有像家政维修类服务，那么这便是实实在在的接地气服务。

二、争夺个人消费者，紧紧抓住年轻人

据了解，年轻消费者群体占据全球总消费人口的1/3。在中国，80后、90后甚至00后人群规模庞大，他们强大的消费能力和巨大的消费潜力让中国的商家不能不高度重视。面对年轻、挑剔、个性化和24小时在线的他们，商家如何才能赢得他们的青睐？

美国著名消费者行为学家所罗门认为：“改变消费者行为的许多生活方式都是由年轻消费者所推动的，他们不断地重新定义什么是最热门的而什么又不是。”今天的营销界普遍认为：要想顺应下一次浪潮，必须比竞争对手先想到消费者心里去。那么，年轻一代是怎样的消费群体？有着怎样的消费观念呢？成长在

互联网时代的个性化消费者,从数量上看,目前80后、90后年龄段的消费人群已达到3亿多,其消费潜力巨大;从能力上来看,这个年龄段的消费者消费能力旺盛,他们是推进当今中国消费潮流的主力军,而且他们的消费力、消费观念正在影响着许多企业的营销战略。他们是个性化的消费者,缺乏忠诚度。从消费心理来看,无论是80后、90后还是00后,他们都喜欢有个性、有独特风格的产品,最好还不贵,如果产品有优惠活动,就再好不过了。他们喜欢更换自己的手机,如果没有钱买新的,就更换手机的外壳,总之只要新鲜就好。最新的研究表明:他们讨厌墨守成规,喜欢多变、刺激和新颖的生活方式。他们喜欢新产品,但忠诚度一般不高,习惯将各种品牌换来换去。他们相信自己的感觉和判断,也容易受到他人(特别是偶像或意见领袖)的影响。他们是在海量信息的浸泡中长大的,遭受着各种信息的轮番轰炸。但是,他们更相信自己的感觉和判断,也擅用互联网搜索工具寻找答案。

他们擅用互联网,热爱高科技以及新鲜事物,常流连于各社交媒体平台。他们对高科技产品及新事物的兴趣及接受度都异常高,对于各种新媒体没有抵抗力。他们每天都在用各种方式上网,上网技术已炉火纯青。他们会支持各种网上活动,会追捧各类偶像,重点在于这些偶像是他们选出来的。他们追求娱乐消费,"玩"是他们生活的主体。某调研结果指出:"玩"的花费可达他们日常消费的1/3。

那么作为零售企业,如何才能更好地了解他们、读懂他们,并且抓住他们的心呢?关键是依据年轻消费者的生活轨迹,建立以个体消费为核心的大数据,深度挖掘他们的潜在需求。抓住年轻消费者的生活轨迹,建立大数据,挖掘潜在需求,提供个性化服务。无论是实体店、电商零售企业,还是正在寻求线上线下融合的企业,都应抓住年轻消费者的需求,分析其生活消费轨迹(通过社交账号或通过关键字搜索特定顾客的生活轨迹,在每天他/她晒出的图片、文字中找到顾客的喜好和他/她所关心的事情,据此提炼关键点，建立大数据），从而定义不同渠道在消费者购物地图中的角色，消除渠道壁垒；同时，构建信息化系统，实现无障碍的购物体验与支付体系；在个性化互动营销方面，利用消费者的碎片时间进行碎片式的分享营销，包括晒分享、抢红包、晒产品、晒评价等，以此来有效促进顾客购买，并建立强粉丝关系。

（1） 抓住年轻消费者的需求，分析其生活消费轨迹，建立大数据，据此大致判断他们的购买偏好。例如，根据其经常浏览的网站，如体育类网站，就能知道他们爱好体育运动，商家可据此有针对性地推荐商品。

（2） 定义不同渠道在消费者购物地图中的角色，包括社交媒体、广告、计算机平台、移动端、实体店铺、客服中心等，消除渠道壁垒。商家通过对消费者的购物生命周期全过程的数据分析，可绘制出消费者购物地图，围绕这个地图，商家可规划不同渠道在消费者购物地图中的角色，消除线上线下不同渠道间的壁垒，为消费者打造无缝化的购物体验。

（3） 构建无障碍的购物体验和支付体系。商家应保证消费者无论经由何种渠道皆能享受一致的购物体验以及灵活的订单处理和退换货手续。

（4） 为消费者提供个性化的服务。79%的消费者表示，只要有助于商家提供真正的个性化服务，他们不介意向零售商提供个人信息；80%的消费者表示，如果有人提供个性化的订购/配送计划，他们会增加购买量。研究发现，最能够影响消费者购买决策的促销方式是个性化的店内折扣和通过电子邮件发送的优惠券，而通过APP进行的个性化促销的作用也越来越大。

因此，零售商只有与消费者进行多维度、多方式的个性化互动，才能有效地促进消费者的购买行为。个性化服务具有“定制性”特点，如何为每位消费者“量体裁衣”，提供消费者所想要的互动，这不仅考验零售商的数据收集能力，更考验其数据分析能力。

三、经营好自己的口碑

（一）口碑为王

口碑的传播主体为消费者，口碑的客体可以是企业的产品、服务、组织、员工以及事件等，而传播的内容通常包括介绍、体验、判断、评价、建议等。口碑的内容可以是正面的，也可以是负面的，而网络时代口碑传播的一大特征就是将这种口碑效应进行放大，有时候这股力量会大到瞬间摧毁企业的地步。因此，网络时代所有面向消费者的企业必须十分重视口碑传播，研究其要素、特点，扬长避短，做好与消费者接触的每一个层面的工作，包括产品、服务等各个环节。

口碑为王时代已到来。一名普通的消费者通过线上线下结合的全渠道零售模式完成一次购买行为以后，如果他对这次购买体验感到满意，那么他极有可能会到该购物网站给商家点赞，或者通过自媒体平台（如微信、微博）表达对商家的满意。在开放的网络环境下，这种对商家的好评就有可能被放大，从而有利于提高商家的网络口碑，这就是所谓的消费者口碑传播。

口碑传播是一种自传播，顾名思义是用户自发对一件事物进行社交圈内的分享传播。相对于大众传媒，它利用的是人际传播渠道。人际传播不仅可信性强，而且富有活力、便于记忆，对消费者的影响力很大。由于这种传播出自用户身边的亲人或朋友，因而其传播效果要远胜于机构传播。同样，在今天的移动互联网时代，如果一名消费者在某一次购物体验中感到不满意，他极有可能通过微信、微博等自媒体平台表达自己的不满。口碑传播的威力从没有像今天这么大，现在整个社交化媒体就像一个巨型的口碑放大器，瞬间就可能在一个小时内将负面消息传递给上百万、上千万人，从而极大地影响商家在市场上的商誉。这就是移动互联网时代口碑爆发出来的巨大威力。因此，对于商家来说，要竭尽全力提升自己的服务水平，提高消费者的购买体验，经营好自己的口碑。

网络口碑如此重要，不仅在于消费者能够利用网络发表对商品、服务和体验的评价，还在于今天的消费者在购物之前，越来越倾向于通过网络口碑来做出是否购买的决定。他们会选择相信其他消费者对商家和商品的客观评价，他们会选择通过微信朋友圈、社区论坛、微博等社交媒体了解产品和商家的信息。

换而言之，消费者对于是否做出购买决策不再仅依赖于广告信息，在社交化、互动化的传播环境中，消费者越来越容易获取他人的体验经验，这些体验经验正在成为其决定是否购买的重要因素。这也给商家和商品的快速并大范围的口碑传播提供了良好土壤，从这一方面来看，口碑变得越来越重要，也就是商家给消费者带来的购买体验正在变得越来越重要。通过“他人的购物体验经验”来决定是否购买，本质上属于借助口碑传播，而口碑传播的实质其实是“去广告化”。

可见，今天的消费者在购物之前，他们会了解其他消费者对商品和商家的评价，如果商家的网络口碑不佳(即好评率不高或者负面评价太多)，他们可能会放弃购买；另外，他们在购物行为结束以后，会去网络上发表评价和看法，点赞或者点差评，从而影响商家的网络口碑。既然在移动互联网时代口碑如此重要，那么作为商家而言，如何才能经营好自己的口碑呢？我们结合小米、海底捞等口碑经营成功的企业来探讨一下。

好的商品、好的服务、好的购买体验才是驱动口碑传播的发动机。好的口碑从何而来？任何好的口碑一定是由好的产品、好的服务带来的。好的产品、好的服务、好的购买体验才是好的口碑的真正来源。

对于小米来说，它们力求把每款产品都做到极致，做到拥有极高的性价比，做到能让用户尖叫，这才是根本。只有最优质的产品才不需要刻意营销，产品生产出来，只要告诉用户，他们就想去买，至于如何把这样的购买欲望传播到更多的用户心中，这要靠口碑的力量。

同样优秀的还有海底捞。海底捞为什么那么火？从根本上说还是因为服务做得极致，给消费者提供了超预期的消费体验，从而产生了强大的正面口碑。

要形成好的口碑，还要想方设法地改善消费者的购买体验。俗话说“好事不出门，坏事传千里”，如果你的服务不够好，购买体验不够好，在互联网和移动互联网极度发达、社交网络崛起的今天，即使只有少数消费者发现了你的服务和产品不够好，也会通过这些网络平台迅速地把这些信息传播到其他潜在消费者的耳朵里。相反，如果你的购物体验足够好，服务足够到位，价格便宜，让消费者真心喜欢，那么消费者就愿意主动地把这样的好体验传递给他身边的朋友，他的朋友也会同样传递下去。

三只松鼠就把口碑做到了极致。我们看看三只松鼠的创始人章燎原是怎么说的：“首先产品品质要非常优秀，如果不好，顾客给你差评，品牌马上就砸了。但东西好还不够，更重要的是用户体验，其核心是情感营销，在整个购物流程中让顾客的心情更加愉悦。最好的办法就是超越顾客期望。产品质量好是企业应该做的，但同时还要服务好、包装好，包裹内还送一些果壳袋、湿巾……这些才是超越顾客预期的。总之，互联网时代的企业竞争力应该是系统性的，哪一块都不能有短板。”

（二）口碑传播的加速器——社交媒体

口碑就是人际传播。在社会化媒体繁荣之前，产品的口碑传播都发生在很小的熟人群体里，如清晨在某小河边，几位大妈在洗衣服的时候谈论某某洗衣粉不错，而且价格又实惠……这就是传统意义上的以用户的口口相传打造口碑的渠道。但在移动互联网充分发展的今天，微博、微信等社会化媒体提供了空前强大的传播加速器，它比之前的小众口碑传播的势能大成千上万倍。用户们不需要面对面，甚至不需要相互认识，仅通过微博、微信等社会化媒体工具口口相传，就能把商家的优点、缺点都扩散开来。

社会化网络传播的速度非常快，覆盖面非常广，这也是小米为什么能够发展如此迅速的原因之一。作为一个新生品牌，小米借助社会化网络传播，在短短两年多的时间里就迅速地通过用户的口口相传，打造出了小米品牌和小米产品的好口碑。

小米做社会化营销有四个通道：论坛、微博、微信和QQ空间。它们根据每个媒体平台各自不同的媒介属性，分别进行网络口碑宣传推广。微博和QQ空间都有很强的媒体属性，小米主要用它来做口碑传播。微信很火，小米主要用它做客服平台。最新版本的微信加强了微信群的功能，这使其口口相传的能力又提高了一些。最早做的论坛，小米主要是用它来沉淀老用户。

同样注重社交媒体口碑传播的还有海底捞。和以前的媒体不同，微博的传播速度更快、更广。海底捞是最早开通新浪微博的火锅企业之一，在微博上积累了大量粉丝；紧接着海底捞开通了腾讯微博，利用该微博和网民进行频繁的沟通、交流。2011年8月，和“凡客体”相似的“海底捞体”在微博上走红，“人类已经无法阻止海底捞”之类的语言为海底捞带来了极高的关注度。很难说清到底是谁策划了微博上那些话题，但海底捞的微博粉丝活跃度和微博转发量一直都比其他同行高出一筹，可以看出其确实在微博上花了心思。此外，海底捞在其他社交媒体和网络（如开心网、人人网）上也开设了账号，海底捞甚至还派员工组建了海底捞粉丝QQ群。

不管是小米还是海底捞，带给我们的共同启示是：消费者在哪里活跃，企业就到哪里去做品牌传播和推广。在移动互联网时代，消费者更愿意把时间花在QQ空间、微信、微博上。因此，商家在做口碑传播的时候，应该主动去适应和配合。小米之所以去做论坛、空间、微博、微信，道理就来自这里。

第二节　建立并巩固消费者忠诚度

一、读懂消费者的心理

古人云:“上兵伐谋,攻心为上。”意思就是最高的兵法在于谋略,攻心为上,攻城为下,兵战为下。事实上,对任何形式的营销来说,关键都在于攻心。这里所谓的“攻心”,就是要读懂消费者的心理。从品牌、定位到差异化,从定价、促销到整合营销,任何企业的销售活动,其实都是针对消费者的心理而采取的行动。尤其是在互联网时代,消费者的需求更是多种多样并具有个性化,因此对消费者心理的把握和迎合更能吸引消费者,最终达成产品的销售。在遇到互联网大趋势时,零售企业更要读懂消费者的心理,依据消费者的心理展开营销战术。

(一)分享心理

在互联网大趋势下,想要搞好零售,首先要了解消费者的分享心理。在过去的传统营销中,消费者购买一件产品之后,喜欢独自享受,甚至还会“藏”起来。但到了互联网时代,人们越来越喜欢将自己买到的产品“晒”出来,这种“晒”就是分享。在社交网络十分发达的今天,在线实时互动和分享成为社交的一大特点,也成为消费者分享产品的有利平台。消费者买到一款产品之后,会通过微博、空间、博客、微信朋友圈等平台晒出,与好友一起分享。

此外,消费者的分享心理还体现在征求意见方面。用户在看好了一款产品之后却拿不定主意,不知道是不是值得购买,于是会通过社交平台分享给好友,然后征求对方的意见,当小伙伴之间对这款产品品头论足时,那么这款产品也就自然而然地被分享出去了。还有一种分享心理是这样的,消费者在社交平台上分享了自己所购买的产品之后,往往会得到一些好友的认可和羡慕。

这时候，好友会要求消费者分享产品的购买链接或者网址。抓住消费者的分享心理，才能让你在营销时多一些迎合消费者的营销之法和策略，这样也有利于产品被消费者分享出去，从而促进某种口碑传播。

（二）炫耀心理

从心理学的角度来说，每个人的潜意识里都有自我炫耀的因子，很多人称之为自恋。我们常常会不自觉地将自己的信息展现在一些社交平台上。例如，消费者在购买了一些贵重的奢侈品后，会在朋友圈、微博中晒出这些“成就”，希望可以得到他人的羡慕和崇拜。也正是这种炫耀心理，于是出现了高端市场。同时，很多商家利用消费者的这种炫耀心理，为了获取市场，尤其是在一些时尚商品、数码科技产品上表现出了过人的智慧。例如，有些手机制造商会在核心技术没有突破的情况下设计出外表时尚、高端的产品，这对消费者来说，就可以拿来炫耀。

同时，因为消费者有炫耀心理，所以很多企业在销售时会在移动社交平台中推出一些特殊的产品。例如，小米就利用了炫耀心理，通过粉丝“极客”的运作开展了口碑传播。小米在发布一款路由器时，将路由器拆成零件给客户，这些客户会通过自己动手安装来达到展现自己能力的目的，而且他们还会将这种过程拍摄下来，上传到网上或者朋友圈中，炫耀自己的“战果”。这样也等于给小米做了好的口碑营销，同时满足了消费者的炫耀心理。

二、理解消费者的消费本质

（一）消费者选择理性消费

如今的消费者与以往消费者不同，过去网购刚兴起时，很多网友购买产品就是图便宜。在淘宝上，可以找到很多山寨版产品，这些产品外表看似与真品无异，价格却便宜很多。于是，一些消费者会图便宜,便选择购买。但是,产品购买到手之后,消费者却发现“一分价钱一分货”,或者更直接地说就是“便宜没好货”。有些产品看上去很美,但实际用起来并不如意。于是,退款、退货量增多,售后服务也开始出现紧张氛围。实际上,在零售店、实体店中也是如此,很多人也图便宜。但是,随着网购时间拉长,以及消费者消费能力的提高,消费者在进行消费时不再贪图便宜,而更多的是选择理性消费。

货比三家是消费者不贪图便宜心理的一大表现。无论是实体零售店还是在网店中购物,消费者都会选择货比三家,在选择好了之后再进行消费,而并非一时头脑发热,贪图便宜购买不满意的产品。此外,消费者在购买产品时,还会观看评论、仔细询问,从评论中可以看出其他消费者对产品的反应。

面对这种情况,企业需要做什么呢?首先,企业需要在所卖的产品方面加大力度,给用户好的产品。优质的产品向来是企业的一大可靠保障。只有这样才能让用户感觉到“货真价实”。其次,企业还应该做好产品口碑,让好的口碑散播出去,以获得更多的人气和好的评论,这样才会有更好的销量。零售店也是如此,更应该注重口碑和产品,这样才能获得消费者的认可和信任。

(二)消费者开始注重产品内涵

在现在的市场中,很多产品同质化越来越严重,但消费者购买的力度下降了。这是为什么呢?原因在于消费者不再只是看重产品的价格和质量,而更多的是注重产品的内涵。当前的市场需求也决定了产品必须要依靠内涵和创新才能赢得消费者的认可。同样的一款空调,格力在卖,海尔在卖,美的也在卖……那么如何才能体现出竞争力呢?这就需要这些企业抓住消费者注重产品内涵的心理。例如,从空调表达出的含义出发、从冬季酷寒时节给用户送温暖出发、从用户的精神需求出发,将温暖送到用户的内心,这样才能真正打动用户。

小米在这方面做得就很好,当智能手机逐渐普及时,很多手机因为各种问题“死”在了迎合消费者的路上。小米以一种“为发烧友而生”的精神内涵俘获了大量年轻用户的心，因为在这些粉丝心目中，买小米手机，买到的不仅是一部手机，更是一种贴合他们内心的精神，买到的是一种共鸣、一种激情。

在2015年，小米发布了红米Note3手机，并给这部新手机打造了一个“我所有的向往”的内涵主题，再次引发了粉丝的向往和精神追求。在零售店的营销过程中也应该如此，要把握好消费者注重产品内涵的心理，给自己的产品冠以一些精神内涵，给产品打造一个唯美的故事，给产品塑造一个形象……这样才可以真正抓住消费者。

三、抓住消费者的消费习惯

不知道从什么时候开始，人们的生活与互联网变得密不可分，尤其是随着移动互联网和智能手机的逐渐普及，我们的生活更是与移动互联网息息相关。我们只需要轻轻点触指尖，就能随时随地地获取想要的信息，获得更多服务和产品。我们的生活正在被移动互联网改变。在这种情况下，零售企业如果不抓住消费者的消费和生活习惯，那么就可能会被竞争淘汰。

（一）去超市不再带钱包

作为硬件的移动智能终端的逐渐普及和作为软件的无线网络的覆盖，是实现“移动改变生活”的最基本的条件。此外，消费者之所以能够实现随时随地进行购物，这还需要感谢移动支付技术的不断成熟以及商品数字化的持续发展。

移动支付是为了达成双方成功交易的目的，通过手机、智能平板等终端设备实现货币的结算。这种支付通常是通过通信运营商的无线通信网络、银行金融系统以及第三方支付平台来达成。例如，阿里巴巴的支付宝、腾讯的QQ钱包、微信钱包等，这些都是移动支付的重要表现和部署。较早之前，人们还只是在

PC 端才可以实现线上支付。移动互联网和 NFC 出现之后，线下移动支付也变得火热。支付宝钱包、微信钱包等都可以让用户在线下随时随地实现支付，这种方式不但便捷，而且安全有效，深受年轻消费者的喜爱。

随着支付手段的日益虚拟化、移动化，引发了一系列的支付方式的革命，整个社会的发展、企业的经营都在朝着无纸货币迈进，用户的消费支付习惯也在逐渐变化中。在这种环境下，消费者的支付心理是不再愿意带着鼓鼓囊囊的钱包出门，也不愿意在结账时掏出一大把零钱，或者接到对方的一大把零钱。人们更喜欢带着手机，结账时，直接刷手机支付。因此，对零售店来说，想要改变，想要获得消费者的喜爱，就必须要在移动支付方面有所发展，让你的零售店也接入移动支付，以方便消费者消费。

如今，许多城市的华联超市、物美超市等都纷纷与微信钱包、支付宝钱包等跨界合作，搭上了移动支付的快车。消费者在这些超市中购物时，不需要带钱包，只需要带一部手机就可以了。例如，我们购完物在收银台结账时，只需要打开手机的支付宝钱包，然后点击“付款”，出示给收银员一个二维码和条形码页面，收银员只需要扫描一下，就可以快速结账，而且可以直接在支付宝钱包中看到收银明细。不仅如此，还有一些移动支付方式也非常值得零售店学习。

二维码技术的开发与应用，对于人们的生活方式的改变也起到了推波助澜的作用。二维码成功地将商品和服务数字化，通过扫描，用户就可以随时随地地在手机上实现移动支付。例如，我们在地铁站内经常会看到京东商城、1 号店等的宣传，尤其是在 1 号店的宣传中，产品下方会携带一个二维码标识，用户扫描该二维码就可以在手机上获得这款产品的购买网址、价格等信息，用户只需要点击购买，就可以快速支付购买，然后等候商品送货上门。

总之，在移动互联网时代，由于移动终端设备的广泛普及和无线网络的覆盖，消费者的购物模式发生了剧烈变化，移动支付也真正改变了人们的生活。因此,零售店如果想要获得竞争力,就必须要在支付方面做出改变,以便给消费者提供更好的体验。

(二)看到原价会“跑”

由于市场的大开放和信息的公开透明化,产品同类化现象越来越普遍。很常见的一种现象就是,今天刚推出一款时尚的大衣,销量和口碑都很不错,很快就有许多卖家都会推出这款大衣。这时候,想要留住消费者,卖家之间就会展开价格战。因此,如果消费者在选择同一款衣服时,在你的店铺中看到的是“原价”,那么他一定会“跑”。

随着互联网的发展,卖家竞争的手段也从价格开始,当所有超市都在打折促销时,如果你还在固守原价,那么你也会吓跑消费者。尤其是传统零售店在与互联网商家角逐时,往往面临这个问题。零售店想要更好地获得消费者的认同,就必须要学会价格促销,给客户送上一个合理的价格。如果你的价格合适了,那么在互联网和实体店之间,大多数消费者还是会选择既快捷方便,又能试穿、试用的零售店。

四、时刻关注消费者的社交平台

在这个以消费者为主导的时代,企业的客户已不再愿意默默忍受广告的折磨。无论是电视广告,还是计算机视频页面广告,或者是手机里的短信、促销信息,都会引起消费者的反感。消费者都在干什么呢?消费者或许正在某个社交圈里“窃窃私语”,或者在微博、朋友圈中“自言自语”。没错,他们正在社交平台中分享互动和交流信息。因为这些社交平台的崛起和繁荣让消费者成为网络传播的主角。互联网的发展为我们带来了两个重要的转变。

第一,在信息获取方面,我们可以利用搜索引擎和社交媒体来实现。例如,我们要去某个地方,可以通过地图或者在社交平台上询问好友，也可以直接通过 LBS 找到想要去的位置。

第二，在互动交流方面，互联网为我们提供了众多的社交选择，如微博、微信、QQ 等这些被大量 SoLoMo 族群热衷的社交平台。

社交平台主要是指允许人们在上面随意撰写、分享、评价、发表和沟通，并且具有互动性质的网络社交平台。微信、微博、豆瓣、人人网等都是典型的社交平台。在互联网时代，我们说到底还是要获得营销上的成功，尤其是迫于转型和发展的零售企业，更应该要满足消费者的生活习惯。因此，零售行业应该通过社交平台来展示自己的产品，并与消费者进行互动和沟通，乐于分享，也乐于被分享，是作为社交平台传播主角的消费者们的一大爱好。

以微信朋友圈为例，人们可以在这里发表拍照、留言、评论、表情、视频等，发布者与来访好友之间，一个乐于被评论，一个乐于去评论。再如，以前人们去餐厅吃饭时，上菜之后会立刻动筷就餐，而在社交平台的影响下，人们在吃饭前先要做一件事情：拿起手机拍照、上传，等候别人的评论，这种行为甚至成为社会的综合强迫症。

例如，我们去一个旅游景点游玩，如今人们已经不再是为了去观赏一些美景而游玩，而是为了在美景之处拍照后即时将照片上传到朋友圈，等候好友发来的评论和羡慕之情。因此，社交平台从零开始迅速演变为互联网的主要舞台，在这个舞台上，消费者是第一主角。当然，对企业而言，消费者在传播信息时，也将品牌纳入了分享社区之中，这就给企业带来了更多的营销机遇：有了这样的社交分享心理需求，就需要有社交圈子，于是企业的机遇来了——社群。

当社交网络进入我们的生活中时，陌生人之间的隔阂也被打破了，理论上我们可以通过社交平台来认识任何一个我们想认识的人，每个人的社交关系也会得到重组。在社交平台上组织起来的团体就成为现在的社群传播出去。

苹果在豆瓣社区中有 400 多个小组，拥有几十万人的参与量。与之相对应的另一个品牌微软 Surface 平板电脑同样属于数码科技领域内的前沿产品，在豆瓣社区中小组仅有13个。可见，品牌在社群中的影响力也间接反映了其在消费者心目中的真实地位。企业千万不能忽视社群的力量，在社交媒体占据主导宣传地位的当下，消费者俨然成为传播主角，这时候任何企业都应该相信社交媒体带来的营销力度。企业应该有效抓住消费者在社交网络传播中的这种习性并加之运用，让品牌在这个过程中很好地传播出去。

第三节　实体零售向互联网营销转变

一、实体零售走电商之路

虽然大牌实体零售店纷纷进入了电商领域，但广义上的传统零售业业绩依然不佳。在2015年国庆黄金周期间，全国百家重点大型零售企业的零售额在历史上第一次出现了负增长。短时间内，实体零售企业似乎依然无法走出行业低迷。结合近年来传统零售业销售增长率不断下降的现实说明，拥抱“互联网+”，走上电商之路，是传统零售企业的唯一选择。

对于这一选择，几乎没有零售企业会质疑，但方向正确并不代表方法见效，零售商们展开了各种尝试，如在网上开店、打造平台或者推出自媒体微信公众号、手机APP等，由于缺乏网络营销的经验，除了苏宁、大润发等少数几家企业，其他企业的电商效果都普遍不佳，与其说这是因为实体零售企业没有积累丰富的经验，不如说他们暂时还没有看清楚自身在电商行业圈的突破口——营销信息的传播。

传统零售业在走向电商化的过程中，最大瓶颈在于互联网渠道上发布营销信息的经验缺乏、营销形式落后，导致营销信息发布的效果不佳，进而产生销量较低、品牌展示力度不强等问题，造成传统零售业的转型缓慢，如图4-1所示。

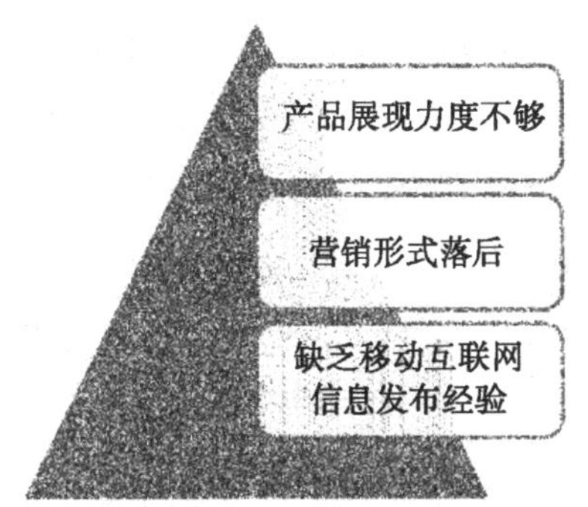

图 4-1　传统零售企业的转型瓶颈

鉴于此，传统零售业在着手进行改变之前，必须认清自身的问题——相对于移动互联网时代信息的高速传播，传统零售业的营销信息发布方式只会导致品牌曝光力度不够、销量缺少等。或许其线下营销经验丰富，但照搬上移动互联网平台，就会显得无能为力，因为营销信息效果正是电商战场的制高点。

"竞价排名"正是线下零售商在互联网营销上陷入重围的典型困境。这种营销信息发布的主导者是掌控了巨大流量的搜索引擎或信息平台，它们要求中小型零售商按照点击效果付费，因此单次点击费用较低；竞价中出价越高的，出现在网民搜索结果越靠前的位置，很容易引起用户的关注和点击；企业能够自行控制单次点击价格、推广总费用，也可以对用户的点击情况进行统计分析……看起来，这种按照效果付费的网络营销信息发布方式只需要用少量投入就能够为企业带来大量潜在客户，能够很好地提升企业的销售额和知名度。但这种竞价排名最终依靠的还是线下零售业的传统思维，即"花的广告费越多，广告出现的时间段（地段）越好，带来的效益就越好"。这种在移动互联网时代显然是不成立的。众所周知，排名靠前的零售商品信息并不一定就是那些高消费能力或"刚需"人群所关注的，他们需要的是更加精准到能猜到其心思的营销信息。不仅如此，当零售企业在竞价排名中获得的点击量超过一定数量之后，广告越多，所获得的成本和利润比却会开始递减。

类似这样的例子，在零售企业转型电商的实践中不胜枚举。互联网是信息和数据的舞台，不掌握信息传播的诀窍和经验，传统零售企业依然会举步维艰。为此，传统零售业应该通过图 4-2 的策略寻求方法上的突破。

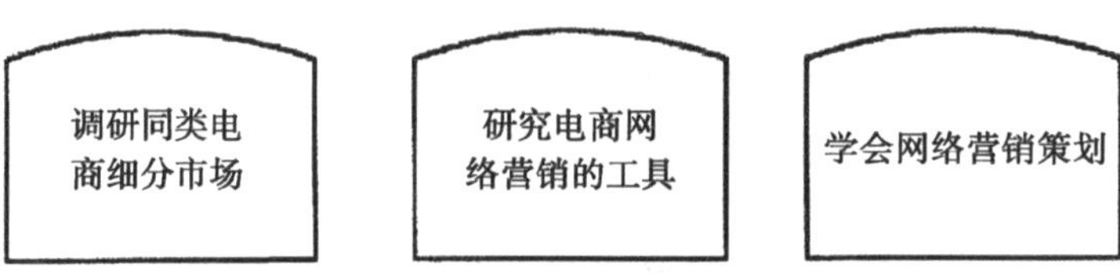

图 4-2　传统零售行业寻求突破的策略

（一）调研同类电商细分市场

传统零售业应该充分调研同行业细分市场的成功电商，从而确定自己的学习目标。例如，线下手机零售商需要学习的并非同一个商圈某企业，而是要直接研究小米手机电商营销模式是如何成功的。此外，零售商还应该学习华为、魅族等手机品牌的电商促销策略，明确他们是如何利用移动互联网来传播营销信息的。只有充分积累了不同的营销方法模型，才能尽快找准和自身定位接近的促销方式。

（二）研究电商网络营销的工具

在进入互联网领域之前，传统零售商应当研究电商成功营销的工具。如果企业是从未接触过电子商务的零售商，或者是缺乏人力资源和技术骨干的中小型零售商户，最现实的方法就是按图索骥，查找出同行业广告投放集中度最高的渠道加以了解，其中主要包括微博、微信、论坛或者 APP 等营销工具。从电商企业的营销行为判断和了解他们是如何开发并运用这些营销工具的，这样企业在未来打造自身的网络营销平台时就会有积极充分的基础。

（三）学会网络营销策划

实体零售商在线下传统渠道的营销策划领域积累了丰富的实战经验，但网络营销策划和传统渠道有着很大的区别，尤其是销售力表现方式、品牌卖点提炼和渗透，传统零售业往往缺乏经验。客观地说，众多传统零售商虽然早已意识到电商营销的重要性，但很多企业都只是简单地将之理解为“在互联网发布商品信息”。这就导致企业虽然进行了网络渠道营销，却难以在网络用户人群中传播，更无法产生预期的购买力。零售商应该学会观察电商如何利用网络事件、节日等机会进行营销，并参与其中，从而迅速加深对电商网络平台营销和推广过程的认识。

二、性价比是互联网营销中的关注点

曾几何时，电商用来吸引消费者的杀手锏在于“低价”，但当传统零售业开始进入电商市场分食蛋糕的时候，依靠“低价”在互联网零售领域竞争的状态已经成为过去式。尤其近几年来，即使只是普通的消费者也能意识到，身边人对电商平台上销售产品的要求正在变高，人们不再期待100多元的“名牌”服装，也不太相信动辄五折的各类产品。随着未来中等收入人群在整个国民群体中占比的扩大，电商市场也会出现和线下市场同样的局面，即销量和价格呈现倒U字曲线关系，价格最低和最高的商品，销量会最低。因此，除非有绝对难以颠覆的成本优势和结构优势，低价将不再是零售企业常规竞争手段，更不会是电商的代名词。

“互联网+”的市场依然需要符合市场经济定律，更不可能违反零售业的常规，低价营销的方式决定了企业营销空间的逼仄。相反，正常价格才能带来丰富多彩的营销活动手段和空间。2014年的“618”家电促销大战，正是因为盲目价格战而带给电商行业一份并不令人满意的答卷。随着当年活动日期的临近，不少电商纷纷放出口号，有企业在其官方网站直接打出“手机数码家电确保比京东低 50”的标语，也有企业提出“直击某东，裸价直降到底”的口号，但最终的营销业绩并没有口号那么漂亮。

其实，这种动辄比谁的价格低甚至互相揭短、互相攻击的互联网营销手段，在消费者看来已经见怪不怪，乃至产生了逆反情绪，他们需要的是感受到真切的实惠，无论是产品本身，还是销售过程、物流配送或者客户服务等，都希望看到价值的提升而并非价格的降低。

反观在类似 2014 年“618”等促销活动的价格战中，价值提升并没有真正明显表现出来，不少实体零售企业选择降价的家电产品只在线上出现，线下却没有；或者是线上明明没有却让页面显示“缺货”；又或者是虽然喊着降价，但参考价其实远远高于商品的近期价格平均水平；甚至两款号称同样性能、售价相同的电视，卖场销售和网上销售的产品却采用了完全不同技术、不同原材料，形成了实际上不同的性价比……

价格战不仅无法真正让客户获得实惠，也导致零售企业无法和上游生产企业联手打开市场。以家电零售为例，随着电商价格战的日益激烈，为了不在价格血拼中利益受损，不少家电厂家开始在线上线下渠道进行区别供货，在电商渠道上看到的产品型号，在传统卖场中根本看不到，让消费者失去进行比价的权利。更多中小厂家为了迎合电商的价格战策略，会主动为电商供应专门的低成本产品，但这种逼出来的方法不仅让消费者有损体验，而且也迟早会让上游企业难以为继。

总之，零售企业转向电商不能依靠简单的低价噱头来打造声势、吸引消费者，为消费者提供产品服务的高性价比才是应走之道。

（一）加强和潜在消费者的沟通

互联网最大的优势在便于沟通上，实体零售企业有丰富的人力资源和深厚的沟通基础，完全可以利用沟通能力的优势来形成对价格战的超越。其中包括：打造即时在线的沟通，从强沟通、弱关系的线下销售，转移到强关系、弱沟通的线上销售关系；线上会员化销售，即客户在购买产品的同时，系统会自动赋予其会员资格，并获得其基础信息；将沟通碎片化，即随时随地能够通过手机等移动终端联系到客户，将性价比体现在其面前。

（二）用创新办法确保产品质量

随着对价格敏感度的降低，消费者对产品质量要求却在不断地上升。那些质量优良、售后到位的电商依靠高性价比建立和客户的高信任关系，其价值不言而喻。刚刚转战线上的零售企业也可以采取创新的办法来确保产品质量，如某化妆品电商曾经和一家保险公司合作推出所谓"正品险"，即如果产品出现质量问题，就会和保险公司共同承担全额赔付。采取类似方法，能够点燃用户信心，吸引他们的注意力。

（三）适当采取价格高开低走的方法

应对电商价格战，实体零售作为互联网零售领域的后进入者，不可能亦步亦趋，否则只有被动挨打的可能。但放在眼前的现实是，竞争超级激烈的环境下，只有极少数品牌敢于维持原有价格，而涨价的产品更是闻所未闻，即便国际知名的奢侈品零售，面对目前形势也动辄降价。

面对如此矛盾，最合适的方法是当新品上市之后，采取高价低走的方法，即产品初期上市时，可以在线上和线下同时以较高定价进行销售，按照消费规律，整个市场中有5%属于早期消费者，他们对价格并不敏感，而是追求新鲜的产品。因此，采用这样的方式能够高效地筛选消费者，并为产品进行准确定位。一旦这种定位得到了更多消费者的追捧，那么当价格开始降低时，就能够吸引更多的消费者参与。比起单纯价格战，在互联网上采取这样的方式的营销效果会好得多。

三、精准布局电商专题，长久留住客户

线上电商营销内容形式的丰富离不开专题活动和页面的打造,而电商专题形式的营销也是线下零售商品常规陈列之外良好的方法补充。伴随近几年实体零售向电商平台的不断“入侵”,专题的应用也得到了不断的创新和优化。在亚马逊中国,打造系列专题的营销策略得到了充分重视,并提升到整个电商网站的战略高度。通过经营专题,亚马逊中国力求从产品的深度和广度、优惠的形式和力度、会员的服务和体验等不同方面为客户打造各种创新模式。

例如,在原来的“亚马逊家庭”专题中,产品类别只有两个,随后在亚马逊海外购的加盟之下获得了扩充,升级之后的亚马逊家庭涵盖了母婴、玩具、图书、服装、鞋靴、美妆和厨具等品类,囊括了全球四万品牌的将近五十万件商品。此外,该专题还专门同国内外的知名母婴品牌产品建立了战略合作关系,在专题中先后推出了首届飞利浦新安怡的超级品牌日等活动,另外还和国内的知名月子会所等企业共同为“亚马逊家庭”专题的会员量身打造了专属线下课程,开启了会员服务向 O2O 扩展的进程。

(一)零售电商专题打造的三个类别

利用专题的打造,实体零售企业能够迅速让自己“变身”进入互联网领域,掌握电商营销的独有能力,如图 4-3 所示。一般来说,专题方向总体可以分为下面三大种类。

1. 促销

由电商网站的策划负责人将不同商品汇总在同一个页面中,这样用户通过浏览网站就能直接看到所有正在促销的商品。企业应该将最畅销或者降价力度最大的商品放在这样的页面中。当然,也可以考虑将库存压力最大的商品放进专题页面中。

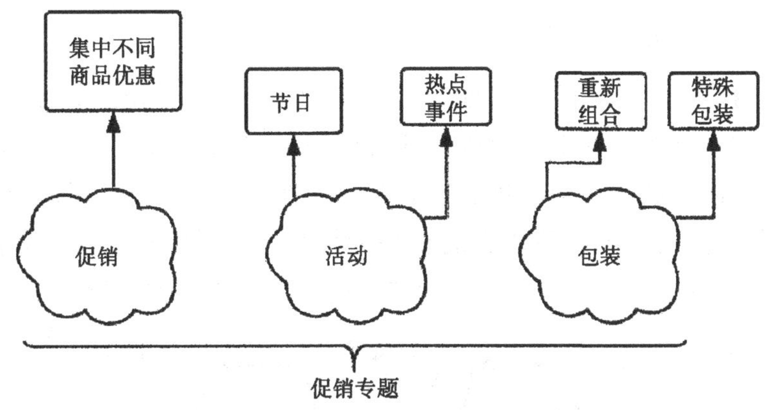

图 4-3　零售电商要善于打造专题

2. 活动

电商策划部门可以用节日、纪念日或者网络热点事件作为噱头，开展有组织和有计划的活动，并作为网站或 APP 中的重点推荐页面。其中，活动的专题系列不仅要有企业推荐的商品，还要有能够组织用户参与的虚拟活动，如抽奖、积分和微博互动等，从而能够将营销过程变得更加有气氛，形式更丰富，也能对线上和线下的营销资源进行重新整合。

3. 包装

即使不降价、非节日，电商网站也依然能够推出专题——针对一些特殊商品，进行重新组合包装加以推荐，从而对其中每个商品品牌进行增加价值的包装，也能促进企业自身服务品牌的影响力。这样的专题能够形成企业自主文化品牌，或针对那些虚拟价值更高的商品进行营销，因此必须注重其价值的延伸性和主题的故事性。

（二）策划和运作专题的注意事项

无论是上面何种专题，其策划和运作的方法都应该包括下面这些步骤，如图 4-4 所示。

1. 找准核心内容

通常，一个电商的专题页面包括下面三大部分：介绍区、内容区和交互区。将这三个区间进行清晰安排设置，能够让企业合理地概括和展示最重要的核心内容，包括商品的种类和品牌、商品的销售情况、推出商品优惠的日期和规则、主要针对客户群体等。

图 4-4　策划和运作专题的注意事项

2. 对专题页面精心设计

虽然很难说电商网站的专题是依靠设计来决定成败的，但无论如何，设计不仅能够决定页面在客户眼中的形象，还包括了产品营销的理念、创意、广告语内容、推广平台和优惠方式等概念，这些都是影响电商一个专题是否优秀的重要组成部分。基于此，零售企业必须对专题页面精心设计，从字号、字体选择到分隔线、符号的运用，都必须围绕整体效果加以提高。

3. 提前预测推出专题

实体零售打造电商专题进行营销不可能一蹴而就，必须在充分配合市场需求的前提下掌握互联网营销的规则。当每年雾霾严重时，总会有经验丰富的电商提前推出防霾口罩、空气净化器、绿植商品、润肺食品等专题卖场页面，类似这样的专题，主要建立在对客户需求的提前判断上。这种判断能力又往往是在线下常年进行节日营销的实体商家所不具备的，他们往往欠缺对专题突发性质的把握，因此实体零售商在向电商转型时，需要在总体营销策略上更加敏感，并懂得如何均衡全局和专题的效果。总之，电商必须要善于利用专题营销，用专题吸引客户、抓住眼球，将能够帮助实体零售商把更多客源带入线上，成就完美的转型。

四、电商之路中的物流必须给力

走好电商之路，实体零售企业需要依靠自身力量，但又不能只是孤军奋战。根据《2013年度中国网络零售市场数据监测报告》显示，当时中国70%以上的电商业务要依靠快递物流来完成，而后者50%以上的经营业务又都来自电商业务。无疑，这样的数字体现了一个事实：物流是电商的重要支撑因素，也是实体企业开辟电商战场的新阵地。早在电商发展初期，传统电商企业已经相当清楚，物流就是未来互联网零售领域的通行证，诸如亚马逊、当当、京东这些企业纷纷制定战略规划，提升物流服务质量，不惜增加成本预算，并开始打造自营物流方向，投入大量资金构建物流仓储配套体系。其中，京东可以说是典型性的代表，在2007年，该公司就建设自有物流体系，到2009年年初，京东成立了物流公司，全面布局全国物流体系，建设库房和物流中心。2012年获得快递牌照，2014年则和众多连锁便利店合作，由离用户最近的便利店负责。

有了京东这样的先行者，当实体零售企业进入线上之后，自然也将注意力集中在对物流环节的建设管理上。当苏宁、国美等电商平台完善了其自身物流体系之后，即使在春节期间也都持续送货。苏宁甚至在2015年春节前夕宣布，即使客户在除夕当天下单买年货，都能及时送达，之所以有这样的底气，还是在于其实体零售资源的支撑。

以春节物流情况为例，大多数快递公司都是采取加盟制的，总公司无法控制加盟商，而加盟商的许多快递员都会选择在年前集中请假或辞职，因此必然导致快递业务压力大增。但苏宁、国美这样的实体零售企业则可以轻松解决问题，每年年底，他们都会针对不同配送区域的快递员做出下一年全年的排班、调休计划，而针对春节前后一个月，这些企业还会针对物流配送队伍给出一系列奖励与补贴措施，如提高计件提成比例、直接发放现金奖励和非春节时段返乡路费报销等。

正是这种自营的配送物流模式,让这几家实体零售企业的电商平台在春节期间得到了较大发展。根据苏宁的统计显示,每年进入腊月之后,苏宁不同产品的零售业务都会出现持续上涨;国美也表示,由于企业物流能够坚持全年配送,反而会刺激消费者集中在春节期间购买产品。当然,实体零售的自营物流之所以可以取得优势,也是和传统纯电商平台物流服务水平不佳、体验较差等问题密切相关。实体零售企业必须找准机会,利用自身目前所具备的优势向传统电商发起冲击。图 4-5 是实体零售企业在打造自营物流时,可以对应找到的竞争对手的软肋。

图 4-5　打造物流系统时应注意的方面

(一)订单送货速度

传统电商由于和快递公司合作,订单经常不能及时送货,结果影响了客户的购物体验,造成了企业和消费者之间的隔阂乃至纠纷。

(二)产品送达后发生破损和丢失

由于许多快递公司管理不善,快递实际上都是先签字后收货,而一旦签收就表示客户认可了产品,出现问题就难以解决。结果,产品一旦因为种种原因出现损伤或丢失,客户难以保障自身应有权益。

（三）不同物流企业收费标准不同

由于物流企业的规模和档次不同，因此传统电商通过网络零售同一件产品时，有可能承担不同的物流成本，并因此导致商品价格不一。这种价格不一很容易引起客户注意力的分散，难以真正从自身体验和需要考虑出发去观察货物。

（四）包装规格不同

目前，市场上物流企业的包装标准不一、大小不一，这种问题造成了商品的损耗，也影响了电商对外经营过程中打造统一形象的过程。尤其是线下实体店在为客户提供服务过程中，更不应该受到物流条件的限制而引起商品损耗或品牌特征不明确。

（五）物流企业能力不足

目前，市场上物流企业的能力高低各自不同，技术能力和手段差距较大，应有的仓储、人员、车辆、包装等硬件资源储备也各自不同，面对急剧增长的网购订单，电商的承受能力无形中受到这些物流企业的限制。

针对这些问题，实体零售可以考虑选择自建物流，尤其是那些已经具有了资本能力支撑的企业，更可以考虑选择由自身搭建仓储和物流队伍。对于缺乏相应资本的企业，也可以考虑加强把控力度，建立完全满足自身需求的服务，或通过合作形成部分自建的物流。无论如何，对物流团队进行对症下药式的管理，提高服务质量，是实体零售应该实践的道路。

五、改变思维，解决实体零售的发展瓶颈

实体零售和互联网电商看似一对矛盾，但其实并没有那么复杂：网店和门店，本质上都是客户和企业形成利益交换的渠道而已。企业需要门店，也需要从网店的经营中获得经验，解决原有

经营模式的痛点。

在移动互联网时代，实体零售业的线下门店由于电商的发展也承载了新的功能。这些门店不仅能够提供购买服务，更应该强调业态、产品和体验的独特性，成为对应人群社交、生活、聚会、鉴赏等不同维度的满足场所。如果企业真正能以这样的要求来对应线下零售业务，就不会对电商产生莫名其妙的疏远，相反电商经营思维反而能为实体零售带来有效的帮助，并彻底改变实体零售企业的经营思维。

零售企业必须要用同样的眼光去看待实体店、电商乃至最新兴起的微商，从中找到他们的共同点，并进行思维和方法上的融合。在这样的过程中，不少实体零售企业通过“互联网 +”已经初步形成自身的电商基因，并具有充分的表现能力。从商业模式的本质出发，实体零售企业更应关注以下角度的思维转变。

（一）建立完整的营销系统

实体零售企业需要用好电商营销，但这并不只是简单地在互联网上发布信息，而是意味着跟进做好信息的发出、到达和有效反馈，本质上需要运营目标人群的价值观。当实体零售企业也能和电商企业那样，利用互联网文化建立一套价值观，并将之赋予特殊的客户群体，随之产生相同的喜好、选择和决策。这样实体零售企业就能利用电商思维，以人性为核心，建立一整套营销系统，并赢得市场的认同。

（二）线上线下数据融合

实体商业拥抱互联网，不仅仅要体现在经营本身，还要体现在数据的融合上。在传统的购物中心，最了解客户个人数据、最清楚商品受欢迎程度的是销售员，传统企业只能通过财务数据来了解经营状况。但今天，随着电商模式的兴起，传统零售企业完全可以将数据结果从线上转移到线下，根据数据分析的结果调整企业运营策略，通过运营来加强和客户的关系，并对目标客户群体进行细分和归类。

（三）线上挖掘，实体汇聚

好的零售商业模式能够打通线上和线下，消费者能够通过虚拟网络空间在不同的商品专柜、店铺之间自由移动，完成交流，也能够在真实的线下空间获得全面体验。实体零售业要避免只提供服务而没有获得利益的困境，就需要结合互联网思维，针对目标消费者的属性和偏好，做出更为深入的研究，尝试在线上汇聚消费者群体，并增加他们的线下消费黏性。

无论是线下零售还是线上零售，其实都是不同的聚集方式，将消费者和价值交换行为加以集合，即使产生聚集的渠道有所不同，但满足人们需求和聚集的本质不会改变。看清这一点，实体零售企业才能用最准确、最全面的姿态从互联网经营中获益。

第五章　新零售时代的社群营销

在互联网时代，零售业需要利用网络实现进一步发展，而社群营销可以帮助零售企业更好地实现线上和线下的联通，更好地寻找潜在消费者。零售企业应该利用网络工具积极开展社群营销，实现零售与网络的有机结合，推动互联网时代的新零售发展。

第一节　社群的构建与运营

一、社群构成要素的执行目标

每个社群构成要素有不同的执行目标，由于篇幅有限，这里针对同好要素——建立社群的目的、结构要素——社群的成员结构两个方面进行研究。

（一）建立社群的目的

构建社群首先要进行一项重要工作，就是明确目的，即明确建群动机，只有做好这项工作才能顺利开展之后的工作。只有这样才可以明确后续整个社群运营及管理规则如何设置、用户价值闭环如何成型、商业闭环如何搭建。

如果一个社群的存在既能够满足成员的某种价值需求，并在满足需求的过程中又能够给运营人员带来一定的回报，就会形成一个良好的循环，甚至可以形成自运行的生态。

做社群绝对不可以在没有充分思考的情况下就运营，还没有想清楚到底能做什么的时候千万不要着急地去推广，在开始运营后再改变社群基调是一件十分困难的事情。一般来说，建群的常见目的有以下几种。

（1） 销售产品。这类社群成立的目的是为了能够更好地售卖自己的产品。例如，有一个人通过建群分享绣花经验，分享完了就可以推销其淘宝小店。这种基于经济目标维护的群反而有更大的可能生存下去，因为做好群员的口碑，就可以源源不断地获得老用户的满意度和追加购买。

（2） 提供服务。这类社群成立的目的是为了向群成员提供某种服务。例如，在线教育可以组织大量的学员群进行答疑服务，还可以通过微课在线分享知识，有的企业在社群与客户之间建立连接，以提供一些咨询服务。

（3） 拓展人脉。对于职场人士来说，构建和维护一定人脉关系十分关键，这可能是基于兴趣，也可能是为了扩展业务关系。人脉型社群尤其要明确定位，因为很容易找不到自己的圆心。每个人的需求是不同的，如果做社群找不到圆心，是非常容易失败的。

例如，“正和岛”是一个定位企业家的群体，围绕创业者社群建立的生态链，下面有很多细分的组织，如“猫的剽悍江湖”定位是“不断走出自己的舒适区，突破自己的认知疆域，多跟优秀的陌生人做朋友，向他们学习”，所以该社群招募时只招陌生人。

（4） 聚集兴趣。这类社群成立的目的是为了聚集有相同兴趣的人。社群可以基于各种共同爱好，如读书、学习、跑步、艺术等，主要目的是吸引一批人共同维持兴趣，构建一个共同爱好者的小圈子。成长是需要同伴效应的，没有这个同伴圈，很多人就难以坚持，他们需要在一起相互打气、相互激励，很多考研群就是这样的。

例如，ScalersTalk 成长会以“持续行动，学习成长”为目标和价值观，口译等技能的练习只是一个通向成长的手段，其核心是聚集一群价值认同者，一起完成更有意义的事情，并从中得到成长。

（5） 打造品牌。这类社群成立的目的是为了打造品牌。社群旨在和用户建立更紧密的关系,并且并非是简单的交易关系,而是实现在交易之外的情感连接。社群的规模大了,传播性就可以增强,对于品牌宣传就能起到积极的作用。

但需要注意的是,并不是所有品牌都适合通过建立社群的方式提升与用户的关联度。也就是说,并不是所有品牌都容易和用户建立产品之外的情感链接,这决定于品牌品类以及沉淀,如消费者不会觉得用一个洗手液就代表什么生活方式,因为其功能性太强;手机作为有时尚度、高频度、潮流度的产品,用户对手机的关注度极高,可以讨论的话题较多,那么社群就可以快速建立。还有一些并没有在消费者群体中建立起口碑的品牌,也就是说这些品牌并没有品牌沉淀,构建社群是比较困难的。

（6） 树立影响力。利用群的模式如果能快速裂变复制的话,可以借助这种方式更快树立影响力。因为网络缺乏一定的真实接触,这种影响力往往能让新入群的成员相信或夸大群主的能量,形成对群主的某种崇拜,然后群主通过激励、分享干货、组织一些有新意的挑战活动鼓励大家认同某种群体身份,最终借助群员的规模和他们的影响力去获得商业回报。

（二）社群的成员结构

1. 创建者

创建者,顾名思义就是指创建社群的人。作为社群的创建者,通常会具有一些特质,如吸引人的人格魅力、很强的专业能力等。除此之外,他还要具备一定的威信,能够吸引一批人加入社群,还能对社群的定位、壮大、持续、未来成长等都有长远而且正确的考虑。比如,秋叶老师正是由于他在PPT领域的影响力才聚集了他核心群的成员,后来一起做课程、建学员群也都是按照他的规划一步步实施的。

虽然有威严、有影响力可以为社群的创建者带来一定的好处，但这并不是必要特性。例如，BetterMe 大本营社群的创始人陈慧敏就是一位温文尔雅的女性，建立 BetterMe 大本营群的时候她还是一位全职太太，没有任何网络影响力。

陈慧敏说在上学的时候有一件事对她产生了很大影响。当时班里有很多人才，对于谁来管理班集体都表示不服气。班里有位女生，虽然她并没有高超的才能，但是能让所有人都愿意听她的安排，大家其乐融融地就把任务完成了，这其中最主要的原因是她没有攻击性。

因为她真正做到了谦虚谨慎，认真从别人身上学习精华。只有真正从内心深处认同自己在很多方面不如别人的人，才能真正以学徒之心接受别人的意见，同时获得大家的尊重。

2. 管理者

管理者的职责就是科学地管理社群。作为社群的管理者，需要具备良好的自我管理能力，要对群众起到模范作用，率先遵守群规；有责任心和耐心，恪守群管职责；团结友爱，决策果断，顾全大局，遇事从容淡定；要赏罚分明，能够针对成员的行为进行评估并运用平台工具实施不同的奖惩。

相较线下管理，社群管理并不轻松，在一些环节上反而需要花费更多的时间和精力。管理的道理其实是相通的，线上还会经常遇到一些新的情况、新的问题，这就考验了社群管理者的应变能力。管理者还要能挖掘与培养核心社群成员，组建一个核心管理团队，遇到困难或想到一些主意，可以先放到核心群进行头脑风暴。一件看上去特别艰巨、难以完成的事情，分解到多人后，解决效率就提高了许多。当社群扩大到一定规模时，就需要建立一个管理者社群，以此对社群进行更好的管理，如图 5-1 所示。

例如，成员人数超过 5 万人的太平人寿 PP 琪社群，就需要一个规模相对较大的管理团队进行社团管理，对于这类社群的管理者，会分为以下几种不同类型。

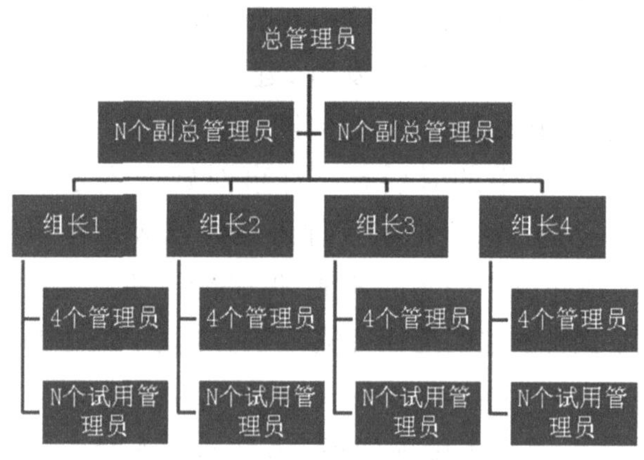

图 5-1 管理者社群结构

（1） 试用管理员。这是初级的群管理人员，包括提醒新人规范群昵称、统计每日问早数据。

（2） 管理员。试用管理员考核期满之后可以晋升为管理员，主要引导群的原创分享。

（3） 组长。当一名管理员的组下管理员达到 4 名时，可晋升为组长，每位组长负责一个群，负责群的活跃度和群聊质量。

（4） 副总管理员。一位副总管理员负责 4 个大群，也就是下面有 4 位组长，其更多地分担总管理的管理成本，汇总统计整个社群的每日数据。

（5） 总管理员。总管理员是最高级别的管理员，负责整个社群的管理活动，搭建群的管理架构，注入本群的文化基因，制定群每一个阶段的活动，负责整体的社群输出内容。

3. 参与者

社群的参与者并不一定要步调一致，参与者可以是多元化的，多元连接才能更大程度上提升社群的活跃度，从而提升参与度，一个生命力持久的社群需要每一位成员的深度参与。

在参与者中，建议分成高势能、中势能和普通势能三个维度。在比例上，高势能者占 5%，中势能者占 15%，普通势能者占 80%。从某种意义上来说，前两种角色共计 20%，但基本上决定了该群 80%的质量和能量，这也遵循了二八定律。

对于一个社群来说，保持健康发展的关键是要使一些在不同领域势能都很强大的个体加入社群，这样可以吸引那些势能稍微低却很活跃的个体参与，在一起通过跨界组合创造出在自己领域难以完成的成果，这才是社群最有趣的地方，也是保持活跃度的秘诀。

社群的运营者应该努力让社群成为一个不同势能的人交换势能的平台，在平台上完成跨界合作，这种合作的能量整合起来又可以吸引第三方参与合作，这样就可以实现社群的各相关者都能获益，实现多方共赢。

现在有很多社群会集合一些领域的普通群众，建立几个大型社群，然后邀请一些在某领域具有权威性的人来做免费分享，社群内的个体就可以收获福利，从而使社群持续运转下去，此时就会有企业想借势做营销。社群中最热闹、最活跃、成员参与度最高的时候，经常是发巨大福利或有冲突争论的时候。

由此可以看出，在一些情况下社群甚至可以引入温和反对派人物制造冲突，这样会增强社群的“使命感”，而使命经常源于某种“冲突”，通过营造冲突来强化使命，每一次冲突的解决都是社群的一次进化。

4. 开拓者

人是社群的主体、核心和资源，必须充分发挥资源，也就是人的作用，才能真正发挥社群的潜力。所以，开拓者要能够深挖社群的潜能，在不同的平台对社群进行宣传与扩散，尤其要能在加入不同的社群后促成各种合作的达成。因此，要求开拓者具备懂连接、能谈判、善交流的特质。

5. 分化者

分化者的学习能力都很强，他们能够深刻理解社群文化，参与过社群的构建，熟悉所有细节。分化者是未来大规模社群复制时的超级种子用户，是复制社群规模的基础。例如，BetterMe 大本营社群的各城市营的营长都是从社群的老成员中精挑细选出来的。

6. 合作者

社群实现持续发展的一个途径就是拓展合作者,这样可以更好地进行资源互换,不同社群间相互分享,可以共同提升影响力,通过跨界合作的方式也可以为双方带来好处,可以提升社群的活跃度,延长生命周期。在这一过程中,要求社群的合作者认同社群理念,同时具备比较匹配的资源。

7. 付费者

社群的运营与维护是需要成本的,不论是时间还是物料,都可以看作成本的消耗。所以,社群的运作离不开付费者的支持。付费的原因可以是购买相关产品、社群协作的产出、基于某种原因的赞助等。

二、社群活跃度的维持方法

(一)确定好的社群主题

主题的设定会直接影响社群的活跃度,它是群体成员进行互动的共同指向。主题通常可以划分为小众主题和普遍性主题。好的主题首先要考虑社群成员的需求,其次则是提出者对该主题的熟悉程度。主题本身没有优劣、好坏之分,它的评判标准在于是否能够激发社群成员的参与热情,提高活跃度。抛出问题、活动策划都有可能成为好主题。由于问题针对性强、参与成本低、反应效率高,通常是蜕变为好主题的最佳材料。例如,知乎每周都会发布本周知乎热词,还会发布年度最热话题,下面列举 2016 年知乎年度 100 问的前 10 问。

(1) 你所知道最冷的冷知识是什么?

(2) 年轻人如何在独居时有效地保持自律?

(3) 过去的五年你经历了哪些重要的人生节点?对现在有哪些影响?

（4）《疯狂动物城》（*Zootopia*）中有哪些有趣的细节？

（5） 有哪些适合在家里囤积的夜宵食物？

（6） 有哪些国内性价比较高的旅游目的地？

（7） 现在赚多少钱，40 岁以后才能财务自由？

（8） 心理学领域有哪些事实是人们不愿相信的？

（9） 从摄影构图与视角上来看，有哪些能培养良好摄影感的方法？

（10） 有哪些违背直觉的数学问题？

好主题有助于提高参与感，保持存在感。存在感一般是指在某个空间认识到自我存在的感觉，包括实体存在和精神存在。存在感是一种比较正面的感觉，也是比较宽泛的概念，既指对自身存在的认识，也指他人对某人存在的发现。互联网空间的存在感一般是指精神存在，即在某个社区社群的一种自我存在的感觉。

尤其是在当前的互联网时代，人们需要在这个去中心化时代中认识自身的存在价值，找到存在感，那么就需要有一定的主题，好的主题能引起人们的共鸣，使他们更好地认识自己。这既是当代社会精神空虚的人们满足需求的重要途径，也是减少孤独感的重要方法。存在感产生的前提是参与感和自我价值的实现。只有认识到自己的参与对某个空间产生了影响，才会有存在感。表明存在感几乎没有捷径可走，一般就是通过在社群中不断刷消息。但如果消息杂乱无章，甚至没有内容，只是一些灌水、闲聊等，只会令人生厌。

人们可以通过一定主题建立并保持自身的存在感。首先，主题为社群的交流提供了方向，以免成员言之无物，产生一些无价值的言论；其次，主题尤其是对于一个好主题总会吸引众多成员参加，这便意味着主题讨论会可以尽可能准确地传达到每一个社群成员面前，每个人都有可能在主题讨论中成为中心人物，体现或实现自身价值，影响他人的可能性大大增加。当人们意识到主题的重要性后，就开始思考如何确定好的主题，这主要有以下几种方法。

1. 作为主题的提出者，提升地位和存在感

在一个社群中提出好的主题，本身就是对社群的贡献，作为主题的提出者，通过提出好的主题会提升自身在社群中的地位和存在感。一个好主题往往与时机、普遍性、提出者自身经验和社群成员的普遍素养等相关。一般来说，具有共情性质的主题，由于几乎所有成员都有相关的实践经验，都能够参与和讨论，因此很容易引起共鸣和反思，并使成员收获到各自想要的东西，所以该主题一出场，就会明显感到群情激越，社群活起来了。

首先，主题的提出者必须有一双善于发现问题的眼睛，要保持好奇心，发掘周围的新奇事物；其次，提出者应对主题有一定的了解，最好有自己独特的见解；再次，主题应与当时的语境（包括社会语境、社群语境）相符合，如新年喜气洋洋、万象更新，在社群中讨论丧事习惯就不合适了，或者在一个科技群里讨论当下流行服装的主色调也不合适；最后，要考虑社群成员的接受能力，每个人的教育背景、生活习惯都会有很大差距，一般来说，人们比较容易接受一些普遍性、积极正面的主题，并且乐于参与。

例如，南通群艺谜社为了迎接新年到来，对于确定主题展开讨论，“春节群众猜谜集中，猜谜人是尽显英雄本色，威风八面？还是必要的礼让群众猜谜，义务辅导群众灯谜常识，扩大灯谜入口？”这一主题设定比较中性，既切合语境，成员易接受，也很新奇，是一个不错的主题。

2. 作为主题的回答者，提升关注度

在某个主题下提出好的回答，也会吸引其他社群成员的关注，得到好评和点赞，其社群存在感也会随之提升。赞成的前提在于该回应其他成员答不出或者很难答出，由此而产生的膜拜和佩服。一般而言，优质的回应要么有用，要么有趣。有用表现在该回应分析透彻、精辟入理、有论有据，其专业性和完整度是其他成员不能匹及的；有趣则迎合了人们共有的新奇感，角度新奇、语言幽默都是有趣的表现，“段子手”的出现可能就与有趣相关。

3. 作为主题的参与者，加强存在感

对于一个主题，即使不是好主题的提出者，也不是好回复的提出者，但是积极参与和引导了主题的发展，成为一个主题讨论中的活跃分子，也可以增强自身在社群中的存在感。在主题讨论过程中，不会只有提出者和回答者两类成员存在，也需要普通参与者（闲聊者）来进行润滑。

一是因为万一出现争执情况，闲聊者可以进行巧妙的调解，缓解由争执产生的僵硬和尴尬的气氛，让主题能够顺利进行；二是在讨论过程中，如果主题本身比较有趣，社群的气氛自然不错，但如果主题比较严肃，没有闲聊者在其中进行“润滑”，会让社群气氛显得很板滞，一些社群成员可能会受不了而退出讨论。

需要注意的是，虽然闲聊可以起到润滑的作用，但是要掌握一个合理的度。太多闲聊、灌水会让想认真讨论的成员望而却步，不利于开展主题。同时，该闲聊者可能会让其他社群成员产生厌恶感，存在感反而会降低。

总之，好的主题可以使社群提升存在感，而这与提升活跃度之间有直接关系。一个社群的存在感强烈，它的活跃度一般会很高。

（二）加强社群的互动性

在搭建社群后，需要为社群成员创建一个良好的社群环境。当前有一些企业搭建的社群待人冷漠，给人冷冰冰的感觉，让人无法感到温暖。想要社群有温暖，首先必须学会与用户互动。互动是社群的最大优势，企业一定要把握这一点，通过互动来打造温暖的社群环境，活跃气氛，铸造高人气。

社群营销从某一层面上来说属于网络营销，网络营销之间往往存在很多共通之处。开展社群营销不仅仅是简简单单地搭建平台，更要多动脑筋，学会通过互动搞定用户，营造气氛。

1. 利用社交网络，加强粉丝互动

目前，大部分企业都了解互动的意义，通过与粉丝进行对话，开展一对一互动等，都可以帮助企业加强与用户的联系。在社群营销中，企业可以多方面采取措施来维护自己的群成员，让社群中的气氛变得活跃。

利用社交网络进行社会化社群营销是一个非常好的方式，如利用微博、微信、Instagram 等相对比较轻松的社交网络来积极塑造企业的形象，并在这一过程中不断倡导自己的生活方式，以取得前期用户的肯定。企业可以发表个人信息，与粉丝互动，如互相评论、点赞、回复留言，写一些好玩的段子吸引用户。

例如，北京稻香村是一家专门经营北京糕点和特色食品的企业，随着网络的发展，目前在淘宝上也经营着天猫旗舰店，如图 5-2 所示。

图 5-2　北京稻香村天猫旗舰店

随着社群营销的大趋势，北京稻香村也开始通过社群互动的方式吸引用户，在微博和微信中构建自己的社群，通过加强与社群成员互动的方式来开展营销。例如，在 2018 年 1 月 24 日，春节来临之际，北京稻香村在微博中开展了与用户的互动。通过转发评论抽奖的方式，与自己的微博粉丝互动，如图 5-3 所示。该微博的互动意图在于增加自己的粉丝量和关注度，关注和转发都会帮其实现这个目的。这不但给用户一种物质上的诱惑，更在精神上给用户打造了一个可以互相评论、互相交换美食心得的通道。在这里，北京稻香村很好地抓住了微博的这种社群互动优势，在社群营销中为产品推广打下了坚实的基础。

北京稻香村

1-24 10:00 来自微博 weibo.com

#有我有年味# 小孩小孩你别馋，过了腊八就是年；腊八粥，喝几天，哩哩啦啦二十三；二十三，糖瓜粘；二十四，扫房子……年味，是最无须解释的一种情怀，入在口里，融在胃里，印在心里，化入肌骨血脉。关注@北京稻香村转发评论说说那些深藏在心中的年味，截止到1月29日，就有机会获得小稻送给大家的"糕点匣子"年味礼盒，共5份。

图 5-3　北京稻香村的微博转发抽奖活动

北京稻香村不仅在微博中鼓励用户参与互动活动，还积极原创一些好玩的段子、图片、信息，用这种主动发表信息的方式打开了以往企业被动的营销端口，让美味的社群营销更上一层楼。

2. 打造"社群 + 移动"互动的模式

随着移动互联网的发展，出现了很多移动社交软件，这些社交软件与社群营销是息息相关的。企业要想进行更好的社群营销，就必须抓住移动互联所带来的新鲜事物。

在开展社群营销时，应该积极打造"社群 + 移动"互动的模式，这样有利于社群的成长和企业的发展。针对移动、社会化两大重点，应选取一个热门应用为互动和营销平台，然后推出一系列活动营造购物氛围，让社群成员更好地参与购买和互动。

在日本，乐天有"日本亚马逊"之称，是日本最大的网络购物公司。乐天为用户提供搜索、邮件、新闻、词典等服务。2008 年，乐天正式进驻我国台湾，称为乐天市场，使其在亚洲乃至全世界的发展又进了一步。随着移动互联网的发展,乐天在进驻我国台湾的第五年,将营销的重点放在了迎合移动互联趋势方面,主打移动互联和社群的模式。

为了提高自身的互动性和移动性,乐天创建了自己的line账号,line是一个来自韩国的热门移动社交软件。乐天一方面利用具有line特色的官方专属账号和贴图进行社会化营销,另一方面在line中建立了移动购物体系,促成消费者进行更好的"组团"互动移动端购物。

此外,为了更好地开展社群营销,乐天以line为平台搭建了很多社群,乐天在这些社群中与使用者进行更好的互动,如发表新的贴图,分享免费视频、活动等,乐天用这些优质的互动赢得了用户的认可,在移动端也变得不那么受冷落。

3.创建多种粉丝互动群

社群的最大优势就是它是一个群体,在这里有很多成员,成员之间可以互相调侃、聊天、宣传。社群互动不一定必须在之前建立的社群中,还可以另外一种单独的形式来构成互动。建立多种多样的粉丝互动群是社群互动的关键所在,这样可以让来自更多渠道的用户、成员进行更便利的交流和互动。

例如,某服装店开设了自己的淘宝店,有比较稳定的销量,而且该服装店的产品质量好、款式新颖,获得了很多用户的关注。后来,该店又将店铺延伸到了热门互动购物网站蘑菇街,在蘑菇街中凭借团购、心动的价格也获得了大量用户的喜爱。

为了更好地接轨社群营销,服装店根据不同平台为粉丝打造了两个不同的粉丝互动群,分别为蘑菇街优店粉丝互动群和淘宝店粉丝互动群。该服装店将这两个互动群的二维码印在了用户购物时的宣传卡片中,用户拿到实物的同时,还会看到这张卡片,可以顺手去扫描一下。当用户扫描蘑菇街优店的粉丝互动群时,就会看到该服装店的一个微信账号。在其个性签名中,将其让用户满意的宗旨加入其中。用户添加之后,就可以与企业进行更好的互动,加强服装店的社群人气。通过这种方式,不仅可以为企业营造更好的销售气氛,还可以为用户营造更诚信的互动环境。

该服装店通过打造这种多粉丝互动群,获得了很高的社群人气,同时在淘宝店和蘑菇街也获得了更高的人气。很多优惠活动和促销信息会在这些互动群中传递,让更多用户获得了第一手的购物信息。

第二节　加强社群运营团队建设

一、科学合理地运营团队

(一)正确地判断形势

1. 行业趋势

随着社区的成长,必然需要企业壮大自己的小运营团队,这需要通过理性判断,看清当前形势,要求企业充分掌握以下问题。

(1) 判断自身的成长阶段,是处于成长期、壮年期还是夕阳期?

(2) 如果是成长期,需要考虑迎接风口需要哪些准备?这个风口是不是一定会到来?如果长时间不到来,团队该怎么运营?

(3) 如果是壮年期,存在红利,那红利周期大概会是多久?自己是否能够抓住红利?如果遇到困难,那团队要做哪些努力才能克服?可以利用的资源有哪些?

(4) 如果是夕阳期,寿命大概有多久?能否转型?如果需要转型,该做哪些准备?

当然,除了以上问题外,企业还需要综合其他情况来判断自身的成长阶段。另外,选择合适策略是扩大团队的基础。

2. 竞争对手

企业在壮大自身的社群营销团队时,要时刻关注竞争对手的动向，具体包括以下几个方面。

（1）确定自己的主要竞争对手有多少、有哪些，以及自己的潜在竞争对手有多少、有哪些。

（2）了解自己主要竞争对手的情况，与自己相比是处于强势还是弱势，要进行具体分析。

（3）掌握竞争对手的优势和劣势，并弄清可以学习借鉴甚至复制创新的部分。

（4）预测竞争对手的未来发展方向，判断其与自身发展方向是否一致。

3. 核心能力

企业必须明确自身的核心竞争力，还要判断自己能否凭借核心竞争力占据市场并且迅速发展起来。

（二）学会正确放权

对于运营团队管理来说，放权是一件十分重要的事情，但是一些管理者即使知道如此却不懂放权，主要原因有以下三点。

第一，本能厌恶。人本能对风险的厌恶。放权后，可能因为其他人办事不妥当，反而惹出更多事让你善后，甚至错过机会或者降低效率。那么，很多人就担不起这个机会成本，也不想冒这个风险。

第二，替代成本。有些关键职能短期内无法替代，有些关键性的职能岗位替代成本高，短期内也很难找到高度匹配的人。

第三，没有章法。不知道哪些能放权和该怎么放权。

随着团队的不断壮大，需要处理的问题也会随之增多，管理者会越来越觉得力不从心，这就要求管理者必须学会正确地放权。团队越大，需要处理的事情越多，而管理者的时间却是恒定的，要求也就越高。抓大放小、学会放权是管理者进化路上的必修课。因此，要从小权开始放，逐步增强群员的办事能力。对于正确授权，需要注意以下几个方面。

1. 确定授权对象

在准备授权时,首先要确定给什么样的人授权,根据对象相关的时、事、地、因等条件的不同采取相应的方法、范围、权限大小等。在社群运营的过程中,事物都有不同的“合适”的人,未必就是最“资深”的那个人,因为所指定的被授权人,如果经验多但对于该项任务不擅长或意愿不高,未必就会比经验尚浅但有心学习而跃跃欲试的人适合。为一个任务选择一个合适的人,要比改造一个原本就选错的人容易得多。

2. 明确授权内容

团队管理者需要明确授权的内容。从实际运营工作中衡量,只要是分散核心成员精力的事务工作以及因人因事而产生的机动权力,都可以考虑下授。简单来说,社群核心成员列出每天自己要花时间做的事,根据“不可取代性”以及“重要性”,删去“非自己做不可”的事项,剩下的就是“可授权事项清单”了。

3. 切勿重复授权

管理者在授权时必须保证内容的明确具体,内容模糊、重复授权都是不可取的。例如,派给 A 一个关于社群调查的任务,随后又把同样的任务交给了 B,这样就造成 A、B 之间的猜疑,各自怀疑自己的能力不行,于是积极性也因此下降。

有时候可能在无意间发生重复授权,因为社群运营并不像企业那样层层严格,有时难免是在口头上的授权,但团队成员就会在语意不明确的情况下以为这是交给自己的任务,于是就会出现双头马车的现象,造成团队资源的浪费,甚至引起核心成员之间的不团结,所以一定要注意。

4. 授权时保持信任

既然决定授权,管理者就必须对被授权人有足够的信任,这样才不会使团队成员丧失动力。缺乏信任,往往会降低工作效率,甚至产生反抗、厌烦等不良的抵触情绪。正所谓“用人不疑,疑人不用”,信任具有强大的激励效应,能够比较好地满足团队成员内心的热情,因信任而自信,工作积极性骤增。

5. 同时授权和授责

运营团队管理者需要将权力和责任一起授权给执行人。如果只有责任而没有权利,则不利于激发工作热情,即使处理职责范围内的问题,也需不断请示,这势必造成压抑情绪。如果只有权利而没有责任,又可能会出现滥用权利的现象,增加社群团队管理的难度。

6. 有控制和反馈

授权不是不加监控的授权,而是在授权的同时附以一些适当的控制与反馈措施,掌握进展信息,选择积极的反馈方式,对偏离目标的行为要及时进行引导和纠正,这样才能使授权发挥更好的作用。

(三)重视成本和营收

建立社群必须重视营收,一个社群并没有商业化运营也是如此。对于公益性社群来说,同样需要考虑持续的现金流营收,长期靠志愿者贴补或者非持续性的赞助很难坚持下去。

如果一个社群开始商业化的运营,就更应该重视营收状况。发展得越好,越想做大做强,资金需求的缺口可能性就越大。

二、留住团队的优秀人才

(一)社群核心团队成员流失的原因

每个社群都有自己的核心成员,他们是社群的管理者和运营者。核心成员熟悉社群的流程和制度,是社群运营日常工作的参与者,维系社群的正常运转,他们参与程度高,对社群的归属感、成就感会比普通成员更强,对社群贡献大,他们的存在是社群良性发展的重要条件。但核心团队成员离开社群仍然会贯穿社群发展的整个时期。核心团队成员出走有以下几大常见的原因。

1. 工作量过大

当一个社群刚形成时，各种机制并不健全，这个从0到1的建设过程需要社群核心成员投入大量的时间和精力，也就是说会为他们带来较大的工作负担。

当社群形成规模后，机构庞大，沟通变得更为复杂，各方的合作和事务的数量也会跟着增加。如果没有合理的平衡，高强度的工作量会影响到核心团队成员的日常生活，引发核心团队成员的不满，很容易造成人员流失。

2. 缺乏认同感

当前，有很多社群成立之初并不是以公司的形式运营，这就导致他们面临经费有限甚至没有经费运营的情况，通常会采用志愿者模式或兼职打赏模式，核心团队成员的付出和收获比例落差大。

社群管理者如果没有科学合理地管理社群，没有找准社群定位和发展方向，一味地让人埋头干活，既没有重视他们在社群中的价值，也没有让他们在社群中得到应有的回报，那么当出现了其他的发展平台，同样的时间、同样的精力，他们预期自己会有更大的回报时，离开也就是意料之中的事了。

3. 心理逃离

社群中有一部分人在社群发展初期势头很足，能够挑起社群中的大任，但是在社群发展的过程中有时会失去后劲，没有跟上社群发展的脚步，无法在社群中继续找到自己的位置。

核心成员如果对自己的期望很高，社群对他们的期待也很高，那么自己的发展停滞很可能导致他们出现一定的心理落差，就会开始质疑自己，开始对自己的能力产生怀疑，对无法再回馈社群而产生逃避，会加速他们离开社群的步伐。

4. 缺乏凝聚力

人是社群的主体，社群是由不同的个体组成的，某一领域或不同领域的出色人才聚合在一起就会产生化学反应。如果团队缺乏凝聚力，存在争论，那么团队便不是团队，而只是一盘散沙。工作氛围差，彼此不理解、不包容、不沟通，会耗尽核心团队成员的精力和时间，还有继续留在社群的耐心。

5. 存在外界诱惑

经过社群发展活跃期后，整个社群的活力下降，用户黏性变弱，平台开始走下坡路，核心团队成员看不到社群的未来。觉得继续留下也无力回天，只能另寻出路。或者社群自身力量过于弱小，遇到有其他更有资源的社群来挖墙脚，就直接人往高处走。

（二）留住社群核心成员的方法

实际上，对于社群运营来说，最重要的是建立一套适合互联网工作的组织模式，去中心化、连接一切等虚的概念并不是重点。一个社群如果在运营流程建设、内部沟通文化、团队组织分工、运营绩效评定、商业收益转化几个维度做好工作，社群核心成员有畅快的工作心情、有默契的工作氛围、有合理的工作回报、有可控的投入时间，那么愿意坚持下来的概率就大大增加。因此，社群在运营过程中应该重点关注以下工作。

1. 持续完善社群运营流程

实现工作的标准化，这样可以使核心成员花费更少的时间和精力在一些运营琐事上，提升运营效率。例如，秋叶 PPT 团队一直强化社群核心成员工作事务的标准化，一开始，课程开发、内容运营、产品推广和客户服务都集中在两个人身上，随着社群规模成 10 倍增加，就不得不细致地总结一些工作的方法，变成可以标准化操作的流程，这样就可以把一些非核心业务外包给社群成员完成，这样既可以解放核心成员的精力，也可以控制运营工作的质量，这个运营标准化梳理工作会一直伴随社群的扩大而不断持续进化。

2. 追求小而精的运营规模

对于管理来说，最重要的是将正确的人放在正确的位置，实现管理人员的合理分工，尽量让成员做自己擅长的事情，对于社群运营来说也是如此。但要特别注意的是，社群核心成员并不需要全部扎堆在一起，都在一个群或加入全部在线聊天群，这样会给核心群员极大的信息过载负担，所以更提倡“核心群+多讨论组”运营模式。

例如，秋叶PPT团队的一些成员对专业课程内容相关的问题更感兴趣，那么就不让他们参与社群日常运营工作，甚至可以让这些成员不加群，以此减少弹窗消息对其造成的负担，但是会另外建立讨论组讨论有关的工作，会在线下活动时邀请其一起聚会，加深彼此之间的感情。

3. 建立更紧密的情感连接

社群核心团队成员经常在一起，彼此熟悉后知道对方的生日，鼓励大家互相通过网络祝福、发红包等逐步建立社群核心成员的情感联系。另外，当社群核心成员遇到困难时，要及时发现，私下沟通，发动社群资源帮助其解决困难，有些事情一个人面对是困境，但是一群人一起面对就有很多新办法了。

例如，在秋叶PPT团队中，如果有核心社群成员在毕业求职上遇到困难，那么秋叶老师就会尽量为他们寻找内推机会，为他们联系可能的企业，或者在企业咨询社群成员能力时提供详细的推荐，所有的情感连接都建立在关注对方真正的关切点上。

4. 设置有弹性的组织架构

目前，有很多社群的核心团队成员是以兼职或志愿者的形式参与社群运营工作的，当这些成员面临较大的学习或本职工作压力时，就只能选择退出运营团队。如果采用弹性的组织架构，本职工作忙的时候就在社群组织架构的休息区，不忙的时候就在组织架构的高速运转区，这样就能让成员有一个回旋的余地，而不是一忙起来就只能离开。

例如，BetterMe 大本营社群就建立了有弹性的组织架构，整体上可以分为三个部分，即 CPU、咖啡厅、实习区。一般核心成员都在 CPU 里，但是如果核心成员在现实生活中有段时间特别忙，就可以申请到咖啡厅休息一段时间，等忙过了这一阵再申请调回 CPU，这样既保证了社群持续有节奏地运转，也让暂时没时间投入社群工作的核心团队成员能有退路。

5. 构建科学的回报机制

核心成员作为社群的一员，希望从社群中寻求一定回报，因此要为社群的核心成员制定一个清晰的未来发展规划，让他们不断有机会去学习，进行自我提升，能让其获得管理、技能、专业知识等方面的提升。

社群成立初期，需要通过提高成就感的方式留住核心成员，精神上的回报要高于物质回报，要让核心人员觉得自己的存在是有必要的，他所做的事情是有价值的，而且在组织里能够找到自己的定位，产生归属感。

社群运营比较成熟后，核心成员开始深度参与社群运营，他们会见证社群的成长，这时候社群对于他们来说就不仅仅是一个平台，更像是自己的作品和陪伴的朋友。只要建立了深厚感情，就不会轻易割舍，他们对社群会付出情感。

曾经 BetterMe 大本营社群让所有核心成员填写过一次问卷调查，得到的很大一部分答案是，从社群建立到现在，看着它长大，就像自己的一个孩子，没有人愿意舍弃自己的孩子，所以 BetterMe 大本营的人员流失率非常低。

当社群运营进入正轨，开始具有盈利能力时，为了留住核心成员，就必须设立一套科学合理的奖惩制度和绩效考核制度，让付出有效劳动的成员有相对应的物质回报，让精神力量有物质基础的支撑。

例如，在秋叶 PPT 的核心团队，会按照社群成员参与开发课程、组织活动或者进行在线分享时的付出程度和工作质量给予他们相应的回报，很多时候会大大超出预期的回报。

6. 及时清理团队成员

管理者必须给予社群核心成员足够的信任和尊重，只有这样才能真正调动核心人员发挥自己的主观能动性，增强在社群的参与感。对于加入社群后开始表现积极，但是并没有真正认同社群核心价值观的人，或者加入社群主要是为牟取个人名利的人，要及时清理，因为留下一个不同频的人，就是伤害大部分志同道合的人，及时清理不同频的人，把内部矛盾从源头上肃清，使社群保持一致的价值观，反而能提高团队的含金量。

一些成员被清理出群后，会因为自身的负面情绪而在外面散布一些谣言，以自己曾经是社群内部人员的身份发布一些不实信息，这可能会一时迷惑一些人，但是总体来说，这样的谣言反而会刺激社群内部核心成员的凝聚力，把工作做得更好，核心团队要用好的工作进行反击，而不是用言论去回击情绪。

7. 提升社群的品牌影响力

社群想要获得持续发展，就必须创设并不断提升自身平台的品牌影响力，这样会自然而然地留住社群的核心成员，因为离开该平台反而会使他们失去发展的机会。努力运营好社群，不断让社群可以连接更高能量的资源和平台，就能让核心团队成员慎重考虑自己的每一次决定，从而保持社群健康发展的节奏。

例如，秋叶老师经常借助社群成员的才华和能量从外面对接一些优质合作机会，如秋叶 PPT 社群成员就可以靠才华获得与罗辑思维平台合作的机会，在平台上展示读书笔记 PPT 内容并署名发表。

成长的团队会使成员更想留下，在一个成长的团队中，成员也会不断成长。一些社群中会集聚一大群人才，每个人都各有所长，每个人每天都在逐渐变强大，连在里面潜水都能学到很多东西，核心成员们都很珍惜留在里面的机会。

第三节 发散社群营销新思路

一、正确认识新社群

（一）新社群的定义

新社群随着移动互联网的发展而形成，可以从广义和狭义层面定义。从广义层面来说，新社群就是指通过手机等微屏、微端连接在一起的社群组织。从狭义层面来说，新社群就是一群人的连接，在连接人的过程中，通过有温度的内容、有价值的产品、有意义的活动、有统一的价值观、有共同的社群目标及全体群成员的共同利益，基于各种亚文化和互利机制、合作模式等手段，进一步让一群志同道合的人深度聚合和链接的社群组织。

新社群成员以内容为核心，他们拥有统一的价值观，具有强烈的身份认同感和归属感，通过去中心化的社交和网络服务的方式，形成一个强链接关系的社交部落，并彼此建立圈层化互动和体验，从共享和体验中互利，每个人在新社群中是一个内容的贡献者，也是一个获利者。

从广义层面看，社群属于“一对多模式”，社群成员的关系表现为明星或意见领袖和粉丝之间的关系，社群成员并不具备统一的价值观，联系他们的是共同的兴趣和爱好。从狭义层面看，可以称为社群的要求严格很多，成员必须具有共同的价值观、共同的使命和共同的利益驱使，如公司、宗教、政党等组织。通过新的移动终端连接的狭义上的社群，称为新社群。

需要注意的是，微信群并不是社群，更不是新社群。实际上，微信群只是借助微信这个社交工具而聚集起来的一群个体而已，所以不可以将微信群与新社群画等号，用除了微信以外的其他社交软件也可以完成，如陌陌、兴趣部落等，其他很多直播软件也提供群员集合的功能。目前，比较火的罗辑思维和吴晓波频道，也只是传统的“微信群”或者叫“公众号群”，他们通过微信群、公众号、微博、线下读书会、罗友会、音乐会等线上线下相互结合成传统社群组织，与小米的粉丝群没有多大区别，罗振宇和吴晓波的角色仍然属于“意见领袖”，与演艺界的明星和粉丝的关系是一样的，他们只是一种自上而下的单向性组织，这类微信群一般可以分为以下几种类型。

（1） 企业型微信群。在这类微信群中，企业通过微信群开展内控工作，类似钉钉和纷享销客。企业型微信群是基于契约和利益关系而建立起来的强关系社群，这种微信群具备企业的属性：目标一致、分工明确、流程有序、执行可见。企业型微信群具有一定的新社群雏形。

（2） 人脉型微信群。这类微信群建立在人脉关系上，同时群成员可以通过微信群进一步拓宽人脉关系。目前，比较出名的有正和岛和创业家，正和岛是定位企业家的群体，是高端人脉与价值线上线下相结合的分享型社群。创业家是围绕创业者社群建立的生态链，有“一刊一营一赛”。还有一些泛交友社群，如K友汇。

（3） 产品型微信群。这类微信群的组建目的是销售产品，主要是指以销售产品为主的微商群，或者是电商为了能和客户直接交流甚至交易的微信群，其实这是一种自上而下的以产品为主导的粉丝型社区，并非严格意义上的社群组织，小米就是以粉丝运营经济而著名的。

（4） 社团型微信群。社团型微信群涵盖的内容比较广泛，各种学习群、跑步群、户外运动群、减肥群等都属于社团型微信群，目前相对零散，暂时没有出现影响力较大的社群。

（5） 服务型微信群。这类群主要是以培训、贩卖知识、内容为主。早期的罗辑思维就定位为“知识人社区”，为会员提供知识型内容消费，之后逐渐转变成卖月饼、茶叶、油等垂直性电商。

（二）新社群的自我驱动力

1. 新社群生态具备自驱动

自组织、自驱动是新社群这个生态系统的重要驱动力，而利益则是动力的来源。因此，必须保证每个新社群成员都可以在社群中获得利益，才可以充分激发新社群的活力，充分发挥新社群的功能。

例如，一向强调参与感的小米，之前的做法就是粉丝经济而不是社群经济，虽然粉丝和小米之间具备社群的一些属性，如参与感、互动等，但是粉丝并没有自豪感，也没有非常强的参与感，更不可能在其中获得多大的利益，粉丝给小米提供了很多意见，得到的回报最多就是拥有小米优先购买权或者送个礼品而已，粉丝并不能从估值450亿美金的小米身上获得多大的收益。

2017年，小米推出了“小米直供”，通过“小米直供”平台申请成为小米分销伙伴的成员，可以直接向小米工厂订货，这就省去了中间商环节，为客户提供了更便捷的服务。用户从直供伙伴手里购买手机，官网报价、发货，一方面可以打击黄牛，另一方面能让小米的粉丝得到实实在在的利益。

华为也是一家十分重视员工体验、员工获益的企业。华为作为传统的社群组织，实现了员工人人参股，促使企业的每一位员工都真正成为华为这个生态系统的参与者，并且使他们可以从该生态系统中受益。华为手机可以在这么短的时间内异军突起，正是因为华为员工每个人都是在为自己做事。

通过小米就可以看出，一直以粉丝经济带动销售的小米并不能实现销售的持续增长，企业无法据此获得长久发展。曾经在国内销量多次排名第一的小米，在2016年的头两个季度被华为等国内手机厂商强势挤压，被迫退出了销售排名的前五。这其中原因有很多，但最重要的原因就是其所依赖的粉丝不能从小米快速增长中获得实实在在的利益，只是一种轻度的参与。没有关乎切身利益的参与，就不可能是重度参与。

不论在哪种生态系统中，每个个体都是一个节点，不论是在自然生态系统中，还是在人类社会这个最庞大的人工生态系统中，无论是在以宗教、政党、公司为主体的传统社群生态系统中，还是社群进入移动时代，也就是我们所说的新社群生态系统，都是如此，而社交是参与和互动的基础。也就是说，只有建立起社交连接，才能有互动，如果没有互动场景，这个社群就没有活力，也就没有生存的土壤。从这个角度看，构建社群就是建立一个小型的生态系统。

生存压力是促使自然生态系统中的个体进行互动的最大驱动力。例如，为了繁衍后代，雄性会发育出明显的性特征来吸引雌性，同时雄性还会为了生存和交配，通过竞争来排挤潜在的雄性对手，最具代表意义的例子是雄性孔雀或天堂鸟那夸张、艳丽的羽毛。无论是雄性天堂鸟用华丽的羽毛取悦雌性，还是变色龙通过变色伪装捕食螳螂，或是非洲的狮子为了交配大打出手，或者是为了食物而围攻水牛，无非都是为了取得生存权所需更多的能量及交配权，使得自己的基因能够更多、更好地传承下去。

随着人类社会的形成和发展，人类目前所处时代的已经不是野蛮时代，人类不需要通过野蛮的行径消灭竞争者的身体而获得能量，获得生存和延续后代的权利。可以说，现在的人类需要通过更高级的方式来谋求发展。虽然丛林法则仍然存在，但是人类的良知、法律和道德使得人类越来越意识到，协同合作其实比消灭对手所获得的能量更多而且更快。宗教、政党、公司这些传统社群组织的出现，使人类文明进化的速度大大加快，而基于移动互联网的新社群组织，将会使人类的生产和生活的效率达到前所未有的高速度，也将促使人类有更多的时间和智慧去思考未来。

例如，对于现代人来说，大多数人需要花费十几年甚至更长的时间学习知识、掌握技能，在这之后才可以进入社会开始工作，才可以创造价值并获得回报。但是，当手机成为人类的标配，微屏微端成为人体器官的延伸,人类获取生存所需的知识变得越来越碎片化,机器人的发展也会让人类的体力劳动强度大大减少。甚至在不久的将来,智能芯片将被植入人类大脑,知识的获得越来越容易,即使人类的寿命没办法延长,但相对于之前为了获取食物或者安全保障(如房子)的基本生存条件而浪费大量的学习时间和体力劳动时间,人类将有更多的时间来思考,从而使人类前行的步伐进一步加快。这就很容易理解为什么非洲丛林里的土著整天为了获得食物而忙碌,毕竟填饱肚子才能干其他的事。

不论是什么样的社群,都是以共同的利益为核心的,即使是由于不同个体具有共同价值观而形成的社群组织生态,也是由于该社群具有思想层面的共同利益。所以,对于亚马逊丛林这个自然生态系统来说,阳光就是它们共同的向往、共同的价值观。对于人类这个庞大的人工社群,以及以宗教、政党、公司为代表的传统社群组织,或者以微屏微端为代表的新社群,共同的利益或者说价值观就是社群的最原始、最核心的驱动力。

在新社群生态系统中,每个社群成员都是节点,建立社交关系是实现成员互动的前提,这种社群参与感拉进了成员间的关系,由于成员具有共同利益,促使他们建立更强的社交关系,从这个角度讲,新社群就是一种关系型生态。正因为新社群成员之间这种强社交关系,使得新社群犹如亚马逊丛林生态一样,具有自组织、自驱动、自协调、自发展的能力,新社群也就具有自己养活自己、自我生存和自我进化的能力。

2. 新社群成员具备强连接关系

相较于以往的社群,新社群成员之间形成了一种强连接关系,成员之间的关系是一种弱关系,新社群成员就像是雨林系统中的昆虫,缺少昆虫会对热带雨林的生态链造成严重影响,缺少群成员会对新社群生态系统造成严重影响。粉丝之间的连接只是一种弱连接,成员之间的关系只是一种弱关系,比如某场粉丝集会,少来 5 位粉丝也没关系。

具体来说，不论社群是提供产品或是提供服务，实际上都是建立一个强社交连接的关系型生态系统；在这个系统中，每个人都是产品或者服务的提供方，人人为我，我为人人，产品或者服务是以消费者为核心的，消费的本质是人，而社群的活动提供了多元化的互动和交易场景。每个群成员就如热带丛林的蜜蜂，蜜蜂采食花粉花蜜，为植物开花受精繁殖做出贡献，促使植物的生长更加繁茂，反过来能提供更多的花粉花蜜供蜜蜂采食，蜂群有了更多的食物来源，也能得到更好的壮大，这是一种良性循环。

从以上分析可以看出，新社群这个生态组织的核心是人，连接的介质也是人，新社群通过口碑传播，可以说，新社群的所有产品和服务都围绕着一个最关键的因素——人。因为在新社群中，成员之间的关系就是一荣俱荣、一损俱损的多向共生关系，好比丛林里的植物集体商量不开花，一起来饿死蜜蜂，可是植物自己也会因此而丧失繁殖的机会，也会连累到其他的动植物，最后整个生态系统会因为缺少能量的输入与循环而导致崩溃。

在传统社群时代，以公司为核心的商业模式构建的是以生产商、渠道商、零售商、服务商、上下游供应链、消费者、跨界合作者之间的一种单向联系。其连接的介质是商品，传播的介质是媒体，一切都是跟着商品在走，这种生态链上的各个环节的参与者之间的关系是非常脆弱的，所以才会出现公司之间为了利益之争而走上法庭。比如，如果某个供应商把供货价降低，那么采购商可能就和原来合作的价位较高的供应商解约。

二、发展社群电商，寻找潜在客户

随着网络的形成和发展，零售业迎来了新的机遇，借助网络平台实现了全新的零售业网络营销模式，这种新模式主导零售商品流通的本质，也得以帮助行业在人类经济历史的发展变迁中找到电商这一新的平台。因此，十余年来，从 PC 互联网电商到移动电商，虽然电商的形式在不断地变化，但衣、食、住、行这一人类自身的需求却没有变化。未来,零售企业需要观察的是,每一次电商自身形式的变化都只是在“去中心化”和“新中心化”之间来回游走。当平台化电商、垂直化电商不再是互联网零售业的中心之后,一种新的服务组织形式已经登上了零售业舞台——以人群的特征和兴趣作为营销切入点的社群电商。

需要注意的是,社群电商是对传统电商或移动电商基于零售模式的深化发展,而不是对它们进行全面颠覆。通过对客户的社群化,零售企业能够充分激活沉淀客户,并摒弃传统客户管理方式,以社交网络工具的方式对每个单独客户进行联系和沟通,调动起其加入社群活动的兴趣。

在社群电商模式下,商品不再是吸引客户的唯一亮点,内容成为抓住客户眼球的关键,客户会因为内容而聚集成为社群。社群的发展壮大,又会促成客户进行更多购买,完成零售业绩的提升。在这种电商模式下,内容是作为电商的媒体属性来体现的,成为客户的入口。社群体现了关系平台属性,能够将客户沉淀在企业所构建的营销平台中;零售营销则体现了交易属性,能够将客户流量变成实际价值。

例如,新味是一家半成品生鲜电商,在平台推出后获得了不错的营销业绩,同时还在资本市场上获得了多轮投资。其成功与其经营特点之间具有联系。首先,所有生鲜产品都以高品位、精致感的西餐菜谱呈现;其次,菜品展示所见即所得,每一款菜品都以送到客户手中就能够烹饪的状态来呈现。这种生鲜产品营销方式完全命中了城市小资白领的需求,他们既没有时间和精力去菜市场挑选生鲜产品,又希望在下班或周末能够享受烹饪的乐趣,而且还希望使用更好的生鲜食材,并得到专业烹饪指导。

新味为了向社群成员提供更专业化的服务,全面了解并掌握他们的实际需求,以此为基础确定了菜品的单位,即菜品不是以公斤为单位,而是以一道菜作为规格,以一人份为数量单位。另外,新味还将所有复杂的调料设计成小包装,确保客户在购买之后不会有任何浪费……正是这种精细的产品设计和运营,相比其他生鲜电商零售企业只注重降低运输成本和物流问题，显得更为精准。

虽然相较于其他同类商家新味产品价格较高，但是凭借其经营特点依然取得了强大的扩张能力，这是因为新味的产品具备较高的附加值，能够带来更大的利润空间，能够在规模较小的情况下应对更高的物流成本。

在新味的经营中我们可以看到，其并没有刻意去发展粉丝、好友，也没有通过烧钱补贴来吸引用户加入社群。新味是通过抓住特定人群的特定生活情境，并将之归类而做出对应的服务，从而实现社群电商营销。实际上，除了新味以外，还有很多零售企业实现了成功的社群电商营销，零售企业开展社群电商营销，有必要对不同的商业表现形式进行分析和学习。

（一）粉丝化的社群经营

粉丝化经营是最早的社群电商模式，这种经营模式的基础是粉丝，也就是那些对品牌具有强烈情感的忠诚用户。例如，苹果的零售模式基于果粉，小米品牌也是基于米粉对品牌的情感认同，罗永浩所打造的锤子手机，也希望其个人粉丝能够因为认同其个人而认同其手机产品。

零售企业采取粉丝社群零售模式，会通过提供内容实现吸引目标用户的日的，注重粉丝队伍的营造，再通过预先宣扬产品而得到粉丝的关注和喜好，或者得到改变方向等反馈，最终能够尽可能地保证产品属性和粉丝的用户属性相统一，并得到良好的零售营销业绩。

（二）特定情境的社群经营

在过去，传统零售营销并不能借助现代化技术进行营销宣传，主要的营销宣传方式就是拍摄平面广告、电视广告或者在线下实体店进行直接推广等，但在移动互联网技术发展下，能够做到随时随地将广告营销推送到消费者面前。这样，对于那些长期在商业区工作或生活的客户，企业就能够以不同的营销方式将他们组成为一个社群，这个社群能够通过种种关系连接起来，享受折扣或体验新产品。

上面提到的新味就开展了特定情境的社群经营，新味通过认真研究掌握了客户需要，从而创设了“享受烹饪乐趣”的共同情境，打造营销场景，在形成特定社群的同时，创造新的品牌传播机会。

（三）集体参与的社群经营

在过去，制造行业将重点放在产品的研发和制造上，零售行业将重点放在产品的流通上，可以看出过去的零售过程是分散的，不同的企业控制不同的环节。然而，在移动互联网时代，消费者希望零售产品能从一开始就按照自己的需求来做，从生产到流通都能有消费者的参与。因此，不少零售企业开始主导这样的过程：他们影响生产企业，在研发过程中能听取客户的意见；在零售服务的过程中，利用客户的集体反馈来了解和解决需求。

实际上，零售企业发展社群电商不仅仅可以带动线上销售，还可以直接对线下营销效果产生连锁影响，可以实现以线上带线下。未来走向成功的电商，都会遵循社群经济的关键法则——打造特定消费者对企业品牌的坚守。当然，社群电商并非粉丝经济，因为前者更多的是在于价值上的认同，能够更加理性和长远地改变客户的观念和习惯。

第六章　新零售时代的大数据营销

随着移动互联网时代的推进，消费者的需求呈现出多样化、精细化的特点，同时在互联网技术快速变革的刺激下，市场的发展节奏不断加快。基于这样的背景，零售企业要想获得良好的营销效果，就必须从自身的特点出发，对市场进行精准的定位，对不同客户实行个性化的营销策略。在这一过程中，大数据起到了非常重要的作用。2015 年，马云在 IT 领袖峰会上提出，当前我国的 IT 产业正在从 IT 时代走向 DT（数据技术）时代，即以服务大众、激发生产力为主转向大数据。这不仅体现在 IT 行业，而且整个人类社会进入了 DT 时代，通过大数据的采集、分析、挖掘、应用等，能够使广告传送更加精准，给零售企业带来更高的回报率。具体来说，通过大数据，零售企业可以更加精确地、快速地定位目标受众群体，不仅可以节约营销成本，还能收获最佳的营销效果。因此，新零售时代的大数据营销成为当前的热门话题，本章就对此展开相应的分析和探讨。

第一节　大数据的价值和机遇

对于现代社会而言，大数据不再只是简单地代表着一组数据，其产生还可以带来其他方面的重大意义。人们通过对大数据进行分析，可以进一步获取更多智能的、有价值的数据信息。在当代社会，各种设备和应用的运作都会与数据产生关系，这些数据在数量、方式、速度层面上的呈现都加剧了大数据本身所具有的复杂性,因此掌握准确的分析大数据的方法也就更加重要了。可以认为,能否使用准确的分析数据的方法将决定所获取的信息结果是否具有最大的价值。换而言之,分析方法成为决定数据信息价值的因素,这就是所谓的大数据。本节首先分析大数据的价值与大数据时代的机遇。

一、大数据的价值

(一)有助于创新企业管理模式

当前,很多企业不再像以前那样对员工进行要求,即无条件服从上级,也很少有企业高层通过中层管理对下属进行掌控。也就是说,传统的管理模式已经是过去式。现如今,如果再对员工进行严格控制,严禁他们猜测或者传播内部小道消息往往是不明智的,因为这显然会大大降低企业的工作效率。社会管理学家认为,企业内部的关系有两种:一种为成本中心,另一种为消耗中心。如果一个企业无法有效掌控这两个中心,即降低成本以及消耗,那么在当前瞬息万变的竞争环境下,这种企业是很难得到长久生存和发展的。

当前,科学技术的飞速发展大大提高了机器的性能,机器的效率由芯片来决定,管理系统从最初重视系统完整以及各个部门之间的配合关系,到现在已经发展为注重人脑的运用或者机器的使用,通过把控信息流程来充分满足职工的要求,进而激发更大的创造力。对于企业管理而言,收集以及传递信息是关键,而这一任务的完成现在就可以充分依赖大数据技术。大数据的本质就在于对内部信息数据进行挖掘、关联以及整合,在此基础上创造新的价值。

可见,管理与大数据在特征上体现出高度的契合性,在一定程度上可以认为大数据已经成为企业管理的又一个重要工具。因为对于当前的任何企业而言,信息已经成为一种财富,企业家只有从整个企业的大局着眼，充分利用大数据的信息价值，在决策上果断，才能为企业的未来发展提供更好的决策服务。

（二）有助于企业挖掘市场机会

企业团体通过分析大数据可以对市场进行充分的挖掘，同时对市场展开进一步分化，针对市场上的不同群体展开有针对性的销售行动。企业获得产品创意的基础，就在于充分掌握消费群体的购买需求。那么如何来获取这种信息呢？如何有效挖掘出人们心中的消费品概念呢？其中一个有效的方法就是利用大数据。通过分析大数据，人们可以了解消费者的生活和消费习惯，掌握消费者的购买心理，进而为消费者提供满足他们需求的产品。如果企业能够掌握消费者的消费心理，那么这家企业就可以了解消费背后客户的真正需求。简而言之，大数据是企业确定供应商、创新产品、确定消费客户、把握消费旺季的有效方法之一。

显然，对大数据进行快速、高密度分析和调查，所得出的结果可以帮助企业准确、及时地进行决策。通过分析大数据并统计结果，企业可以进一步挖掘和细分市场，进而大大提升企业的整体商业模式，在产品以及服务上为消费者提供更贴心的服务，而且可以有效缩短产品的研发时间。

通过大数据，企业的商业决策水平得到了大幅度提高。据此可知，大数据可以帮助企业开拓新的商品市场，帮助企业合理利用各方面的资源以及定位目标市场，有助于企业制定精准的销售策略，有助于企业降低经营上的风险。

（三）有助于企业拓展个性化发展

以前，人们看病的时候医生给出的诊断结果往往都是当前的，现在利用大数据，医生可以对患者以往的所有就诊数据进行分析，进而根据遗传变异、特定疾病以及特殊药物的反应等之间所具有的关系实现一种个性化的治疗。此外，医生还可以在患者出现某一种疾病的症状之前，为患者提供及时的检测与诊断。早期的发现与治疗将会大大减少卫生系统的负担，因为早期治疗费用远远少于后期的治疗费用。

此外，有学者还提议政府部门应该尽力去补充数据库的内容。因为政府在以往可以对财政提供补贴，那么现在对数据库同样可以提供补充，进而实现创意服务。例如，美国当前就有完全依靠政府建立的数据库，这些数据库可以为企业提供各种各样的数据，这些数据还可以为个人、消费者提供生活上的便利服务，这不得不说是一种创新。

（四）有助于企业提高决策能力

通过大数据制定决策具有一定的特点。

首先，从量变发展到质变。人们大范围挖掘数据，同时根据数据获取信息，自然所获取的信息完整度比较高，依据这种完整信息进行决策，那么决策的合理性就大大提高了，人们不会再盲目拍脑袋决策重要事情了。

其次，决策的知识含量、技术含量大大提高。云计算的普及为人们提供了很大的方便，对于海量的数据信息，人们不再手足无措，人们通过云计算就可以顺利处理和驾驭海量的数据，进而通过数据来制定产生较高价值的决策和信息。

最后，大数据为人们确定了很多在以前看起来难以确定的重大方案。例如，人们想要做一个准确的经济计量模型，那么就需要建立在企业、居民、政府各个方面的决策以及行为数据的基础上，进而通过对数据的分析得出一个最佳的方案。

（五）有助于企业变革商业模式

在当前的信息技术革命下，大数据的普及成为价值的核心，人们通过数据更新了商业模式，新型商业模式大量出现。企业只有准确把握市场所出现的良好机遇，利用大数据来更新整体的商业模式，才能在大数据时代创造出更加辉煌的成绩。企业可以充分利用大数据来更新产品，提升服务质量，充分改善企业在消费者心目中的形象，还可以利用大数据来发明崭新的商业模式。纵观 IT 技术的发展历史可以得知，每一次 IT 领域的技术变革都将对企业的商业模式带来彻底的改变和影响。企业利用大数据的分析技术可以挖掘、分析、整合自身的各种数据，建立一个完善、系统的数据系统，这将有助于企业自身结构以及管理体系的巩固与完善。

另外，随着消费者个性消费需求的大幅度增长，大数据越来越显示出自身的作用与价值，并已经在逐步改变着很多企业的发展路径以及商业模式。例如，利用大数据可以对柔性制造技术的个性化定制路径进行完善，进而对制造企业进行升级改造。通过大数据技术可以建立和完善现代物流体系，如此可大大提高传统物流的效率。

（六）有助于企业构建“智慧城市”

美国作为全球大数据领域的先行者，在运用大数据手段提升社会治理水平、维护社会和谐稳定方面已先行实践并取得显著成效。近年来，在国内，“智慧城市”建设也在如火如荼地开展。在治安方面，人们可以利用大数据来监控、管理、分析犯罪的信息与模式，对犯罪的趋势进行有效预测，目前国内很多地区都已经开始利用大数据来打击犯罪行为了，如北京等。在交通方面，人们可以收集公交车、地铁站的刷卡记录，同时对停车收费站、道路摄像头等信息进行整理来预测交通规则，对交通线路进行合理设计、调整发车密度、控制车流状况，从而及时对交通拥堵进行梳理，减少城市交通的负担。在医疗方面，很多城市已经对病人的档案实现数字化管理，对临床病人的各种状况进行数据收集和分析，这将有助于医疗研发、远程诊疗等程序的进行。

二、大数据时代的机遇

（一）大数据分析理念新变化

大数据不仅在思维方式上带来了很大的变化，而且在分析理念上也带来了重要的转变。这三个理念转变主要包括：在数据基础上倾向于全体数据而不是抽样数据，在分析方法上更注重相关分析而不是因果分析，在分析效果上更追求效率而不是绝对精确。

1. 在数据基础上倾向于全体数据而不是抽样数据

在小数据时代，由于缺乏获取全体样本的手段，人们发明了“随机调研数据”的方法。理论上，抽取样本越随机，就越能代表整体样本。但问题是获取一个随机样本的代价很高，而且费时费力。人口调查就是典型的例子，人口较多的国家很难做到每年进行一次普查，甚至较大样本的人口调查也难以做到，因为这需要耗费大量的人力、物力。抽样数据虽然可以在一定程度上代表全体数据，但仍然会存在一定的误差，有时候无法体现真实的情况。

相比之下，在大数据时代，获得全体数据成为可能，可以做到分析与事物相关的所有数据，而不是仅依靠分析少量的样本数据。在电子商务应用中，电商平台不需要对用户的兴趣、收入、上网时间、每月网购花费等信息进行抽样调查，因为电商平台拥有几千万甚至上亿名用户的网络行为日志，包括用户上网渠道、浏览次数、访问路径、历史购物信息、页面停留时间等非常全面的信息与数据，这些信息足以反映用户的特征、兴趣、购买力等。由于这些数据是电商平台上的所有用户留下的数据，反映的是全体用户的真实上网和购物情况，因此针对这些真实的用户数据进行分析，比抽样调查数据更全面，更能反映整个群体的特征与规律，这些特征与规律足以为发现新的商业机会提供决策支持。大数据的价值不仅在于容量大，更在于“全”，人们可以获得与一个事件或一个人相关的、多维度的全面数据，从而可以多角度地了解某件事或某个人的行为轨迹，以探究其本质。

对于政府来说，大数据使得政府决策的基础从少量的“样本数据”转变为海量的“全体数据”，从人口普查数据、财政数据到司法数据，针对全体数据的分析使政府能够看到当地社会、经济、环境、文化等各个方面的全局，从而制定更为科学的行政决策。因此，政府需要树立大数据意识，促进各部门间相关数据的完全共享，更多地依赖全体数据而进行决策，实现从以有限个案为基础向“用数据说话”转变的全新决策思路。

2. 在分析方法上更注重相关分析而不是因果分析

在小数据时代，人们往往努力去探究数据背后的原因，而在大数据时代，人们更多地追求数据之间的联系。过于注重因果关系的思维模式会使人臆想出一些非常直观的因果关系，这经常导致人们做出错误的决定，因为事实的真相通常并非那么简单，事情的发展是复杂的、多条件共同作用的结果。比如，在现实生活中，抽烟不一定会导致癌症，感冒的原因也不一定是因为穿着单薄，可以说，单纯的因果关系是不存在的，更多情况下是一种关联关系。

因此，在大数据时代，数据之间的联系变得比因果关系更为重要，掌握不同来源的数据集之间的相关关系已成为数据分析的重点。相关分析的思维可以提供一系列新的视野和有用的预测，找出数据间的相互联系。

对十政府管理来说，通过灵活组合各层面、各渠道收集来的数据，并依靠大数据分析技术发现经济社会运行规律，辅助政府部门进行科学决策，实现政府治理模式从传统的粗放式管理向精细化治理方式的转变，实现从“拍脑袋决策”到“循数治理”的转变。

3. 在分析效果上更追求效率而不是绝对精确

大数据的第三个分析理念的转变在于在分析效果上更追求效率而不是绝对精确。对小数据而言，最基本、最重要的要求就是减少错误、保证质量。因为收集的信息量比较少，所以必须确保记录下来的数据尽量精确。在采样的时候，对精确度的要求就更高、更苛刻了。收集信息的有限，意味着细微的错误都会被放大，微小的错误有可能影响整个结果的准确性，正所谓“失之毫厘，谬以千里”。

在大数据时代，人们可以掌握的数据越来越全面，不再过分担心某个数据点对整体分析的不利影响，渐渐能够接受数据的混乱和允许数据的不精确。随着数据规模的扩大，人们对数据精确度的追求也在降低，快速获得一个大概的轮廓和发展脉络，比一味地追求绝对的精确性更重要。在实际的大数据平台上，搜索引擎难以做到每次返回结果都是百分之百的准确，电商推荐系统也不会期盼所有的推荐都会被点击，但是能够在1秒之内给用户返回结果，能够实时地给用户推荐相关商品并吸引用户偶尔点击购买，这就已经足够了。当然，也并不是完全放弃追求准确，而是强调效率优先、精确为辅。

对于政府来说，提高办事效率、尽快地解决百姓生活中遇到的问题与难题是政府的重要工作目标，若一味地追求数据与信息的精准，很容易错失事务办理的最好时机，无法及时解决百姓的问题。同时，信息的准确也是在政府管理中需要重视的一个方面，只是不必再强求“绝对精准”。因此，如何平衡“效率”与“准确”是现代政府需要权衡的关键问题之一。

（二）大数据时代决策思维新方式

在大数据时代，如何借助大数据对各种问题进行科学的分析，从而保证决策正确，无疑是各级管理者关注的问题。然而，在中国传统“模糊文化”的影响下，管理者面对各类重大问题决策时经常存在较高的主观性与随意性。传统的决策一般通过自主调查和咨询的方式来获得决策所需信息，缺乏多来源、全方位的充分信息进行支撑，决策者决策前获取的信息经常是片面的、有选择性的，这样就不能保证决策的科学性与正确性。

有了大数据的支撑,决策的方式就可能改变。利用数据融合、数学模型、仿真技术等,可以逼近事物的本质,可以大大推动政府决策的科学性,可以揭示出原来没有想到或难以展现的关联。在大数据的环境下,政府将从基于“经验”的决策模式走向基于“实证”的决策模式。用大数据技术把决策从“黑匣子”转入了“白盒子”。大数据大大拓展了政府决策的信息边界条件,并创新了决策的方法。通过收集和汇聚各类信息,建立大数据决策分析模型,增强对重大突发事件、自然灾害及重要舆情的监测、预警、研判和处置能力,可以提高决策的科学性、准确性和有效性。技术向前走出的一小步,将带动科学决策前进的一大步。

第二节　数据的挖掘与应用

“大数据”是一个体量特别大、数据类别特别多的数据集,并且这样的数据集无法用传统数据库工具对其内容进行抓取、管理和处理。对此,本节就来分析数据的挖掘与应用。

一、数据的挖掘

(一)找准客户数据

1. 明确客户身份数据

很多掌握大数据分析价值的营销专家都知道这样一个真理,如果一家企业拥有很多粉丝,那么他们必须及时对粉丝的组成、喜好、需求等进行统计与分析,并以此为基础展开对粉丝的营销行为。也就是说,企业要想做好精准营销,必然需要明确客户的身份数据,并对这些数据进行分析。

客户身份数据包括很多方面,具体见表 6–1。

表 6-1　客户身份数据分析要素

客户身份数据	客户身份分析要素
客户姓名	准确无误地获得客户的姓名非常重要，这也是客户身份数据的基本要素
客户年龄	客户的年龄对其购买行为的影响是非常显著的，处于不同年龄段的客户由于生活经历、兴趣爱好的不同，对商品的要求和选择也是不同的
客户性别	不同性别的客户有不同的购买喜好
客户地域	不同地域的客户有不同的消费习惯，要充分了解客户所属的地域
客户地址邮编	不论客户是规模较大的公司客户，还是实力稍逊的个人客户，企业要了解他们的地址邮编，为日后联系做准备
客户联系方式	要掌握客户的联系方式，包括手机号码、办公电话、住宅电话、E-mail 等
客户收入	随着现代社会分工日益细化，收入决定着消费者的购买行为，所以企业要知道客户收入数据，并且要确定是高收入、低收入还是中等收入
客户职务	要充分了解目标客户的职务，因为只有了解对方的具体职务，才能确认他的决策权力，判断他是不是最终决策人
公司名称	要充分了解目标客户公司的名称，除此之外，要了解公司规模、结构组织、人员构成等数据信息，这样才能更好地实现精准营销
客户性格	人的性格有很多种类型，如谨慎型、急躁型、沉默型、优柔寡断型等，要充分了解这些数据，以使沟通更加高效、顺畅
客户说话方式	每一位客户都有各自不同的说话方式，要充分掌握正确的语速和语调数据，以便和客户进行有效的沟通

2. 洞察客户消费喜好

大数据对精准营销工作发挥着极为重要的作用，并随着互联网技术的不断发展，为洞察客户消费喜好提供了较大的便利。根据推测，到 2020 年人类拥有的数据总量将会达到惊人的 35 万亿 GB。大数据不仅能使企业及时优化自己的营销策略，还能不断搜索、挖掘、分析和积累用户信息，为长期的客户关系管理提供快速而可靠的支持。

企业要想真正通过大数据实现精准营销，就必须对每一位消费者的喜好有清楚的观察与记录，从而打造出适合消费者的产品，并将自己的产品推销出去。在这一点上，Zara 做得比较出色。

在 Zara 门店内，每天顾客向导购反映的意见都会被店员收集起来。例如，“这个衣领图案很漂亮”“我不喜欢口袋的拉链”等细微的喜好偏差，都会被门店经理统一收集起来，并传递给总部设计人员。总部接到这些意见后会很快做出设计决策，之后立刻传送到生产线，改变服装款式。除此之外，Zara 门店在结束每天的运营后，都会对客人购买的产品与退货率做出统计，并对当日售出的产品进行排名。根据这些数据，Zara 可以分析出消费者的喜好，并以此为基础展开有针对性的营销。

Zara 的做法体现出客户消费喜好数据在营销工作中的重要作用。互联网的发展为客户消费喜好数据的获得提供了极大的便利，并且在互联网上获得客户消费喜好数据的成本是非常低的。因为网民在网页上停留时间、点击产品图片、放到购物车等行为全部清晰地记录在服务器上。企业营销人员只需要对这些数据进行简单的分析，就很容易获得客户消费喜好数据，进而分析消费者的喜好，进而有针对性地提供产品，最终实现精准营销的成功。

3. 预测客户购买意向

在当今市场环境下，从产品的差异性上来保持竞争优势是一项非常重要的企业资源策略，但是这种竞争优势并不稳固，竞争对手很可能会仿效，或者随着科技的进步，可能会将这一优势毁掉。要想对这一优势加以充分运用和巩固，就需要预测客户的购买意向，并对客户的购买意向数据加以充分掌握，在此基础上展开产品设计与有针对性的营销。

客户购买行为倾向是在个体顾客的层次对顾客进行研究，符合目前营销工作越来越向顾客倾斜的潮流。客户购买倾向预测是分析未来一段时间顾客可能购买哪个企业的产品，以及购买的是哪部分产品，对客户购买行为倾向的推测对精准营销工作有着非常重要的指导作用。例如，在营销过程中，如果某些客户刚接受了其他企业开发的产品或商品，那么即使本企业提供的同类产品或商品在各方面均优于它,客户也不可能再次购买,此时需要做的就是充分了解客户的购买意向。除此之外,在推销产品的时候,首先要得知客户最希望得到的产品与服务是什么,或者客户最希望得到的产品的性能、设计、色彩等方面的特性是什么。

事实上,客户的购买意向涉及客户偏好的问题,而要了解这种偏好,就要做好客户购买意向的调查、研究、分析,最直接的方法是先与客户取得联系,通过调查问卷的方式来获得这方面的数据。企业可以通过互联网来获得这些数据,以洞悉消费者的购买意向,并依靠这种购买意向来制定相应的产品打造策略与营销策略。

精准营销的推行是建立在目标客户精准的基础上的,企业对客户购买倾向进行预测,能够让这种行为更加精准。所以,在进行精准营销之前,企业要做的不是急于展开营销,而是要充分了解客户的购买意向。

4. 其他数据形式

在做精准营销的时候,还有许多其他数据形式需要收集,企业通过对这些数据进行分析、整理,也能为精准营销提供良好的条件。其他数据形式主要包括以下几种。

(1) 接触点数据信息。接触点数据信息是指在购买发生时所产生的数据信息,在购买过程中,客户总会留下一些数据信息,如购买时间、购买地点、购买内容、购买频率、是否接受促销等。

第一,购买时间。对于每一次购买来说,不同的客户,其购买时间不同,并且购买时间具有一定的规律性。对客户数据进行收集,首先就需要对客户购买时间有全方位的了解,并决定在哪一段时间开展促销活动。

第二,购买地点。购买地点也是收集接触点信息的主要形式之一,企业通过了解购买地点的数据,可以得知哪里的客户活跃,哪里的客户不够活跃。

第三,购买内容。不同的客户,其购买的内容是不同的。例如,同样是去计算机商店，有人买笔记本，有人买台式机，还有人买计算机配件。企业要对客户购买内容的数据进行全面的收集，并进行详细的划分。

第四，购买频率。购买频率是企业了解客户是否喜欢某产品的主要考量依据，也是对客户进行区分的重要指标。因此，企业要对客户的购买频率有清楚的了解，从而进行分析和总结。

第五，是否接受促销。是否接受促销这类数据能够看出某类产品是否能够吸引客户，并且考量这种促销活动能否成功。企业掌握了这类信息后，就需要对这类信息进行分析，从而确定营销策略。

（2） 品牌忠诚度数据信息。品牌忠诚度不仅能为企业创造持续的价值，而且也是企业品牌口碑推广的重要渠道，所以企业应对品牌忠诚度加以重视。

（3） 产品支持率。产品是否受支持是企业能否取得成功的关键因素之一。因此，在进行营销之前，要对产品支持率的数据进行收集，如果支持率过低，那么就要改变策略；如果支持率高，那么就继续采用这一策略。

除了以上三种数据形式需要收集、整理、分析外，还有很多数据信息需要得到重视，如产品满意程度、个人喜好、购买渠道、广告传阅率等。企业全面掌握数据信息，对于精准营销的开展有很大的推动作用。

（二）明确客户数据来源

1. 社交媒体

社交媒体是指允许人们撰写、分享、评价、讨论、相互沟通的网站和技术。随着社交网络的蓬勃发展以及大数据时代的到来，客户的声音在社交媒体中变得无处不在，这就为企业获得客户数据提供了便利。

要做好精准营销，就要利用好客户的需求、意见等，大数据时代的来临很好地解决了这一问题。在互联网时代,如何利用人们在社交媒体平台上产生的大量数据对人群进行划分以及分析,从而对客户进行更有针对性的营销,已成为众多尤其是传统行业关注的热点。

当下,社交媒体主要包括社交网站、微博、微信、博客、论坛等。做好精准营销,就要学会从这些社交媒体上获取客户数据,客户数据获取的方式见表6-2。

表6-2 客户数据获取渠道及方式

社交媒体	客户数据
社交网站	社交网站主要有Facebook、Twitter、Linkedln等。社交网站快速增长的用户数量和活跃的用户活动留下了大量的用户行为痕迹。企业可以利用社交网络数据发现消费者的行为倾向,从而推出适合消费者的商品,并制定营销策略
微博	当下,微博用户数量庞大,以新浪微博为例,其月活跃用户数量和日活跃用户数量分别达到1.3多亿和6 000多万。这些用户在微博上留下了足够多的数据,这些数据能够为企业开展精准营销提供便利
微信	当下,微信用户多达6亿,月活跃用户达到3.96亿。通过对用户增长数、图文页阅读数等数据的深入分析,企业能够更好地知道用户的喜好,从而做出让用户喜欢的产品
博客	虽然相对于微博、微信来说,博客已经稍显过时,但是它还拥有一定数量的用户,这些用户会在博客上发表一些评论,说出自己的喜好,同时还有一些用户的身份信息,这些数据都对精准营销的开展具有借鉴意义
论坛	论坛本身就是有相同兴趣爱好的人聚集在一起进行专业讨论的公共平台,所以在这里开展互动活动,用户的参与度会比较高。企业可以利用公众论坛,如天涯论坛、豆瓣社区等,也可以利用自己创造的论坛,通过在论坛发帖或者查看他人帖子的方式,得知用户的需求、喜好等方面的数据,为精准营销做铺垫

2. 关键词搜索

搜索引擎的出现与发展为客户数据搜索提供了便利,搜索引擎是指根据一定的计算机程序、策略,从网上收集信息,对信息进行处理与组织,为用户提供搜索服务,并将用户搜索的信息展现给用户。企业要想利用搜索引擎的方式获得客户数据,就要设置好关键词。

确定关键词是设置关键词的前提,保证数据搜索的准确性。

每种产品的名称都是核心关键词，如“保健品、保健器材”的核心关键词就是“保健”。设置好核心关键词后，还要设置核心关键词定义下的扩展词，这些词可以是地区名称，如“北京保健器材”，也可以是人名，如“××保健器材”。确认好这些关键词后，就要找到合适的关键词工具，如谷歌的关键词工具、百度的竞价排名提供的指数等。以上只是关键词搜索的一般步骤，而要想利用关键词搜索获得潜在客户数据，还要讲究一定的方法，具体方法见表6-3。

表6-3 关键词搜索方法

搜索引擎方法	操作方法
Importers法	输入产品名称+importers（importer）
关键词+引号	搜索“产品名称 importer”或者“产品名称 importers”，在输入时加引号
Distributor法	输入产品名称+distributor
Price法	输入price+产品名称
Buy法	输入buy+产品名称
关联产品法	输入产品名称+关联产品名称
market research法	输入产品名称+market research
优秀买家法	输入产品名称+行业内优秀买家公司
E-mail搜索法	输入客户网站+邮箱

企业可以从表6-3所述的搜索方式中找到目标客户，获得较为全面的客户数据信息。通过这些数据，企业就可以进行有针对性的营销。除此之外，还要把握一定的原则。

（1）不要盲目追求火爆关键词。火爆关键词虽然能够获得一定的数据信息，但是所获得的数据是不精确的，所以在利用关键词搜索时不要以“火爆”作为选择关键词的依据。

（2）寻找最容易被使用的关键词。在进行关键词搜索之前，要先做市场调查，找出客户最容易使用的关键词，利用这些关键词进行搜索，能够轻松获得客户信息数据。

（3） 避免选择定语过多的关键词。在选择关键词的时候，不要选择定语过多的关键词，因为定语越多，被使用的概率越小，搜索的信息就越不准确。

3. 第三方数据

随着互联网的发展，全球大数据呈现井喷式增长，大数据越来越受到重视，也致使很多互联网市场调研公司诞生，如 CNNIC、Alexa、艾瑞、易观、尼尔森，甚至连谷歌、百度这样的搜索巨头也推出了基于互联网的数据分析机构。这些组织机构通过收集、调查、分析掌握了海量的数据信息，这些数据信息成为很多企业开展经营与营销的依据。

除了这些大牌的数据分析公司外，市场上还存在许多第三方数据公司。第三方数据公司是商业社会的重要组成部分，他们通过调研产品与用户，对用户决策与广告投放产生影响，并促进营销，或者带来广告效益。第三方数据公司是商业活动中的卖方，他们主要是为客户提供数据方面的服务。在市场需求和行业竞争下，企业需要什么数据，第三方数据公司就会提供什么数据。

很多数据公司提供的数据对精准营销有很大的推动作用，同时也是一种最简单的数据获得形式，因为如果单单依靠自己的能力获得客户方面的数据，无疑要耗费大量的人力、物力、财力来做调研、整理、分析，而从第三方数据公司购买则能很好地解决这些问题，只需要花钱购买，就能得到翔实的客户数据。市场上的一些数据公司一直专注于第三方数字营销监测、分析和优化，通过对大数据不断地采样、验证、建模，然后得到一定的数据，这些数据对于企业营销具有很大的推动作用。这也是很多企业一掷千金买报告、买数据的重要原因之一。

虽说通过购买的方式获得数据非常简便，但是也存在一定的弊端。最大的弊端是一些第三方数据公司所提供的数据不够精确。例如，当下已是移动互联网时代，业界已经以互动率、使用频率和 APP 下载量以及日活跃用户、月活跃用户为主要衡量指标，但是一些第三方数据公司仍然以传统互联网的 PV、UV 作为衡量标准。除此之外，一些数据公司号称知名的分析师也是鹦鹉学舌，根本拿不出高水平、独到的分析和观点，如此提供的数据只是普通化的数据，来源仅仅是厂商自己的口头分享，没有很好的借鉴意义。所以，企业要从第三方获得精准有效的客户数据信息，就要选择有一定知名度的第三方数据公司。

4. 其他数据来源

企业要获得客户数据有很多方式，除了利用社交媒体、关键词搜索、第三方数据外，还可以通过以下方式获得客户数据。

（1）从内部资料中获得客户数据。精准营销要做的是敏锐把握每一位客户的需求变化并且提供有针对性的服务，客户关系管理是建立和实现企业统一客户视图的目标架构，而客户数据则是使这个架构得以有效运作的核心基础。企业内部资料是全面、可靠客户数据的来源，因为在任何一次销售活动中客户都会留下痕迹，企业要做的是把这些客户数据信息记录下来，并进行分析、整理，以为更精准的营销打下基础。要想通过这种方式获得客户数据信息，企业必须拥有完备的客户信息采集与管理系统，只有如此，客户的交易记录和服务记录才容易获得。

（2）从销售讨论小组中获得客户数据。在任何一次销售活动进行之前，企业都会成立专门的销售讨论小组，这个小组一般是由销售部门组成的。销售讨论小组对整个销售活动进行讨论，无非是讨论产品面对的是哪部分客户群体，以及销售的策略。为了成功推销产品，销售讨论小组会对产品面对的客户进行仔细研究，他们手里掌握着全面的客户数据信息。企业营销人员要想获得全面精确的客户数据信息，可以从销售讨论小组获得。

（3）通过投票获得客户数据。随着计算机网络的发展，企业对于新产品、新观点的调查范围应该更广泛，消息反馈也应该更及时。为了达到这样的效果，网上在线投票系统就诞生了。这种投票方式为企业带来的不单单是更多的反馈信息，更有反馈背后隐藏的客户数据信息。投票反映的是客户的喜好与厌恶，这些数据都能被记录下来,也能被拿来运用到营销中,从而提高营销的准确性。

(4) 通过调查获得客户数据。通过客户调查获取信息反馈是获得客户数据的一种主要形式,企业可以采用网上投票、电子邮件等方式进行调查。通过调查,可以获得客户对于企业产品以及服务的意见和建议,得知客户对产品的满意程度。

二、数据的应用

(一)大数据的商业化应用

马云说:“以控制为出发点的 IT 时代正在走向以激活生产力为目的的 DT(data technology)数据时代。” DT 时代的大数据变现有很多维度和方法,它所带来的价值分为四个方面,如图 6-1 所示。

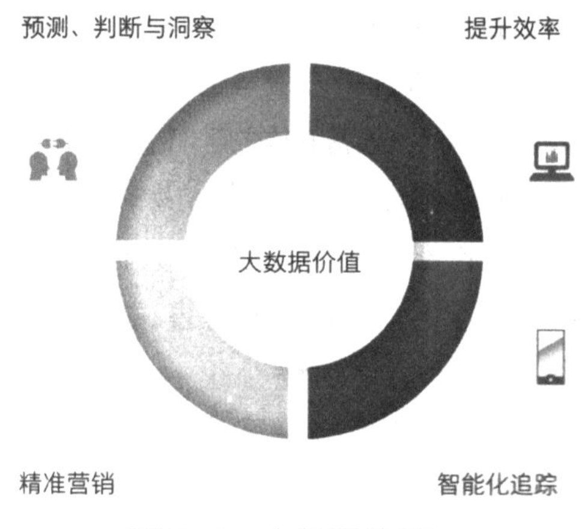

图 6-1 大数据价值

1. 预测、判断与洞察

通过用户的社交数据、消费数据以及手机使用的 APP 数据,可以对客户的信用等级进行综合判断,使得信用卡授权更加方便,或电影的票房预测更为准确。

例如,UPS 联合包裹速递服务公司(简称 UPS 公司)从 2000 年起就开始尝试运用大数据进行预测性分析。UPS 公司在全美拥有一个6万辆规模的车队。在传统方法中，UPS公司定期会对车队的所有车辆进行维护并更换主要零部件。这是一种安全，但是不经济也无效率的办法，于是UPS公司给每辆车都安装了传感器系统。它会监测并收集汽车运行中的各种数据，从而能够发现和预测车辆某个零部件的故障情况。在这个系统的帮助下，UPS公司可以针对每一辆车的每一个零部件故障问题进行及时处理，有效防范潜在的安全隐患，但又不会产生类似于传统方法的浪费，因此UPS的车队临时性抛锚的情况出现得越来越少，减少了快递运输延误的情况。UPS公司还在每辆车上安装了智能导航系统，它除了能够提供路线导航之外，还能不断存储行车数据，给驾驶员提供更精准的导航方案，如能够避开过于拥堵的路段、减少狭窄路段的驶入等。因为采取了这些举措，UPS公司在2011年节省了300万加仑的燃料，减少了3万吨二氧化碳的排放，节省了几百万美元的零部件费用。

2. 提升效率

大数据以跟进后得出的分析结果作为其行动的准则，企业可以根据数据对自己的方案与决策进行及时调整，使得经营更有效率。

例如，在服装行业，为了降低服装成本，需要进行大批量的生产。大数据技术普及以后，客户在网上搜索、分享的内容中与服装相关的数据、在网购时留下的身材数据都将发送至智能化的服装企业系统。该系统会判别出该客户的风格偏好，并通过自动化流水线生产出量身定制的服装。汽车的4S店服务也会与之前完全不同。现在，每辆汽车的数据都将定期甚至实时传送至4S店。当汽车的损耗状况超过了设定的标准时，4S店的系统将自动给车主发送提醒信息，并提前采购相关的配件进行维修备货。

3. 精准营销

所谓精准营销，即把产品或服务精准投送给需要它的客户或者潜在的客户群体，从而不断提升广告与销售的转化率。简单来说,就是用最少的广告获得更多的利润和用户。

例如,创业公司 Slyce 是一家以图片搜索能力见长的公司。奢侈品连锁百货公司尼曼·马库斯(Neiman Marcus)与之合作推出了一款名为 Snap 的 APP。这款 APP 解决了这样一类问题:在现实生活中或者杂志上看到别人穿着的衣服、鞋子很棒,却不知道去哪里可以买到。客户只需要拍下来,然后通过 Snap 就能跳转到 Neiman Marcus 的电商网站找到与之类似甚至相同的商品。这款 APP 背后运用了两项核心技术:一项是如何将客户拍摄的照片转换为计算机能够识别的信息;另一项是如何根据这一信息,通过大数据的匹配与分析,精准地找到客户喜欢的商品。和传统的关键词搜索相比,Snap 可以更精准地契合客户的购买需求。

4. 智能化追踪

对客户的行为数据进行追踪,如为手机 APP 或手游版本更新选择最优方案。对餐饮类店铺来说,可以通过 Wi-Fi 对客户的行为轨迹数据进行抓取,这些数据可以作为其 CRM 的重要手段,并且可以评测团购效果。如果通过团购产生的新客户没有二次消费,就可以认为该团购活动效果不佳。甚至从客户停留的时间可以进一步判断服装店里的导购员是勤快还是偷懒,为商家考核员工提供依据。

例如,朝阳大悦城通过 Wi-Fi 对客户的到店数据进行采集,根据这一数据了解客户的偏好,并为不同的客户推送相关的优惠信息。通过安装客流监控系统,对不同区域的功能进行灵活的调配。将客流量较少的区域改造为其他功能区,如休闲水吧、欧洲风情街等,极大地提高了大悦城的整体利用效率。

(二)大数据应用的实践案例

1. 京东用大数据造就电商巨头

在中国,京东是最大的自营式电商企业之一。2013 年,其活跃用户数达到 4 740 万人,完成订单金额达到 3 233 亿。2014 年

5 月 22 日，京东在纳斯达克挂牌，成为仅次于阿里巴巴、腾讯、百度的中国第四大互联网上市公司。

京东早就在大数据领域开辟了自己的方针战略，与其他的电商一样，大数据对于京东非常重要，最大的帮助就在于产品的精准营销，当然也存在不同之处，即大数据在帮助京东实现精准营销的过程中实现了网站的全智能化，如图 6-2 所示。

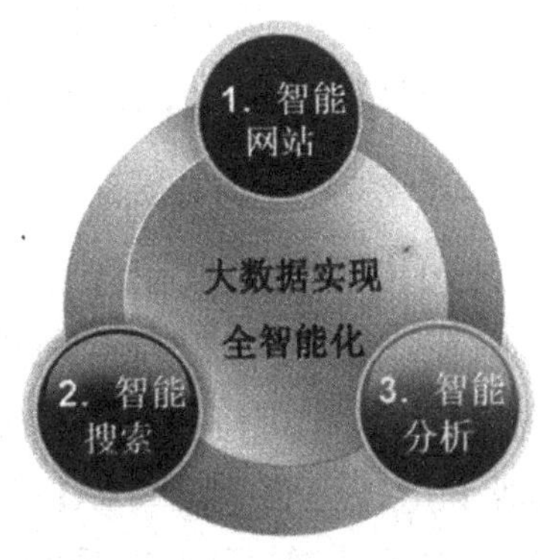

图 6-2　京东大数据实现全智能化

（1）　智能网站。所谓智能网站，就是基于大数据挖掘和分析，使网站变得越来越智能化，让每一位来购物的用户都能获得最舒适的体验。一些商品具有重复购买的特点，如洗衣粉、牙膏等日用商品，购买之后在可预期的一段时间内将会用完，京东会分析此类商品用户两次购买之间的平均时间，到用户可能再次购买的时间时，推介系统有可能会给用户推介相应的商品，提升用户的体验，提高商品的转化率，从而实现精准推荐。

（2）　智能搜索。在搜索日志里，京东发现，用户常常搜索的不是具体的商品，而会直接将自己的意图表达出来，如“送老爸”“送老婆”等。一般很少有商品会将这些词放入自己的商品描述中，但是用户的评论会对此有所提及，如“老婆特别高兴”“特别合适老伴穿”等。

通过对用户海量评论信息的分析和挖掘，京东尝试去理解用户的意图，经过对数据的深入挖掘、统计和分析，为商品打上标签。例如，商品适合送给男性或是女性，将这些结果提供给用户。

（3） 智能分析。大多数电商企业都会基于用户的购买行为做精准营销，依靠大数据进行精准营销，最重要的是创建一个模型来分析用户的购买心理。例如，用户首次浏览商品和最终购买商品之间，所用的时间有多长：一看到商品就购买属于冲动性消费；看某类商品的时间较长，又互相比较，最终选择了相对便宜的商品，这是目标明确的消费。

根据这些智能模式，网站可以统计分析出用户的购物心理，进而得出某个品类商品的被需求情况，实现产品的精准营销。

2. 迅雷看看用大数据分析用户

迅雷看看是迅雷公司出品的一款在线播放插件，其是采用点对点传输技术，让用户在线流畅观看高清晰度的电影。2012 年 11 月 23 日，迅雷公司在深圳宣布将迅雷看看作为独立品牌正式运营，由高级副总裁刘丰担任迅雷看看 CEO。

2013 年年底，迅雷看看发布了迅雷看看电影院（付费频道）用户画像数据报告，报告中的一组突出数据是，90% 以上的影视付费会员用户为男性，可见男女用户付费行为差异巨大。

迅雷看看为了抓住网络影片“票房”，对用户做了一次彻底的分析，通过分析网站的用户点击数据得出了以下几个结论。

（1） 男女用户的喜好程度存在差异。从好评度数据中可以发现，男女用户喜好的影片存在明显的差异，男性用户偏好动作大片，如《速度与激情》《敢死队》等；女性用户则偏好小清新风格或爱情片，如《海洋天堂》《小时代》等。

（2） “宅男”是主要的付费群体。从用户婚姻状况的数据中可以发现，在使用迅雷看看影视 VIP 的用户中，单身“宅男”的数量较大，是主要的付费群体。

（3） 年轻人是最大的付费群体。在迅雷看看影视 VIP 用户中，年轻人居多，大部分的年龄集中在 25 ～ 29 岁之间，而这部分用户的影片喜好多集中在动作电影或其他欧美影片上。

（4） “高清”“最新”是用户付费的基本需求。用户之所以愿意看付费电影，主要是付费电影通常具有高清、正版、最新、经典等特点，而用户的选择中，高清占比最高，超过 80%，如图 6-3 所示。由此可见，用户对于影片的需求已经逐渐偏向于体验。

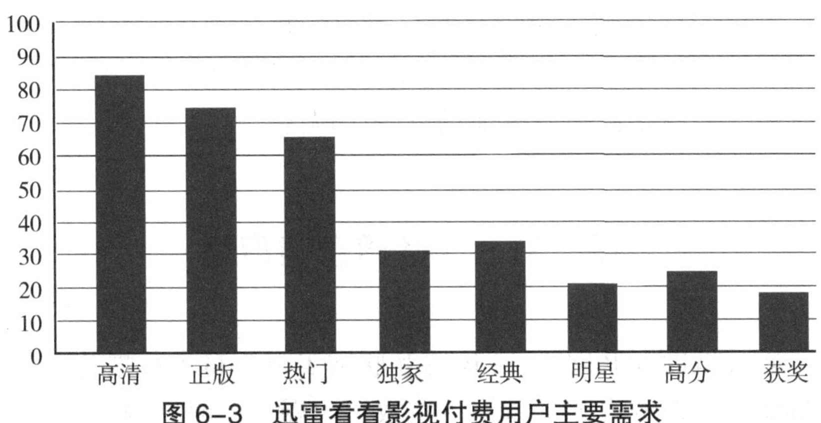

图 6-3　迅雷看看影视付费用户主要需求

（5）付费用户多属于高收入、高学历群体。在付费用户中，超过一半的用户都是专科及以上学历，由于在大学，学生空闲时间比较多，玩游戏、看电影成了上网的主要诉求。

此外，影视 VIP 用户主要来自大中城市，白领比例较高，包括企业管理者、企业职员、专业技术人员等。由于这类人群的收入水平相对较高，因此不会在意每月花费 15 元的会员费。

（6）“无广告”是用户付费的一大特权。当前各大网站的前贴片广告时长都达到了一分钟甚至更多，并且有些网站还在电影中途插播广告，这时用户更感受到了“无广告”特权的良好体验。数据显示，影视 VIP 用户更多的是为了高清、畅看和无广告的特权而付费，其中选择无广告的用户比例达 70%。

2013 年 12 月 20 日，迅雷集团 COO 黄艽首次代表集团对迅雷看看的战略规划做出明确部署：迅雷全线产品矩阵将大幅度提升对迅雷看看的支持，1.5 亿注册用户将实现与迅雷看看的大数据共享，迅雷看看将正式从流量平台向用户平台蜕变。

迅雷会把收集来的数据做成数据模型，最重要的数据模型是一个用户事件模型，所有基于用户端的这种行为数据，都可以把它抽象成模型存进去。

另外，迅雷构建了一个用户的"染色库"，用于记录几亿迅雷用户的特征、网络运营商类型、兴趣类标签、游戏类标签、影视类标签等，根据这些属性，迅雷可以更好地为用户服务。

迅雷利用大数据对用户的全方位分析体现了用户才是互联网真正的价值所在，利用大数据来挖掘用户属性和行为的视频互动营销才是网络视频最深刻、最有效的营销。

第三节　大数据营销策略

通过借助互联网平台，运用互联网工具进行大数据的收集与分析就是所谓的大数据营销。在数据大爆炸的时期，碎片化的数据充斥着整个互联网领域，但是用户对数据的承受量并未发生改变，因此这就需要使用大数据，借助搜索工具等帮助用户找到自身所需要的信息。在新零售时代，如何运用好大数据营销策略成为当前的一大趋势。本节就对其展开分析和探讨。

一、对客户数据进行精准掌握

无论是远古时代，还是发达的今天，人类始终追逐着对"了解和掌控他人行为"这一愿望。对于政治家或者企业家而言，都希望随时随地能对人们的内心有所了解，知道人们在想什么、在做什么。当然，这对于零售企业来说也是如此，他们想要知道人们的想法和心理，并抓住他们的心理，从而使这些人成为自己客户中的一员。

随着网络技术的不断发展，这样的梦想开始变成现实。零售企业通过对某个项目、某些客户进行数据分析，就能明确其过去，对未来予以把握。当他们将庞大的数字输入计算机之后，并让计算机进行计算，计算机就会呈现给他们一切可能出现的消费方式。

从传统意义上来说，在线零售商能够更容易地获取客户数据。例如，亚马逊就可以使用网站的Cookie对客户进行跟踪。另外，这些电商可以通过个人资料的填写等形式构建用户数据库。

基于这样的优势，实体店也不能落后。当前，国外的很多实体店已经开始使用智能手机、视频等所接受的 Wi-Fi 信号来对客户的数据进行收集，如客户的年龄、性别等，以及这些客户在店铺内所花费的时间、所购买的商品等信息。

随着零售业竞争的不断加剧，客户数据将会对其产生重要的影响，零售商只有全面、迅速地收集与分析数据，才能明确客户的需求，从而做出正确的决策。

当然，虽然这样的策略是没错的，但是很多零售企业还没有做好准备，因此这就要求他们需要通过各种手段将客户数据作为一项重要的企业战略。由于零售未来的定制化特点，企业必须要像客户自己一样了解客户。

图 6-4 是目前中国零售企业获取客户数据的实用方法和技巧。

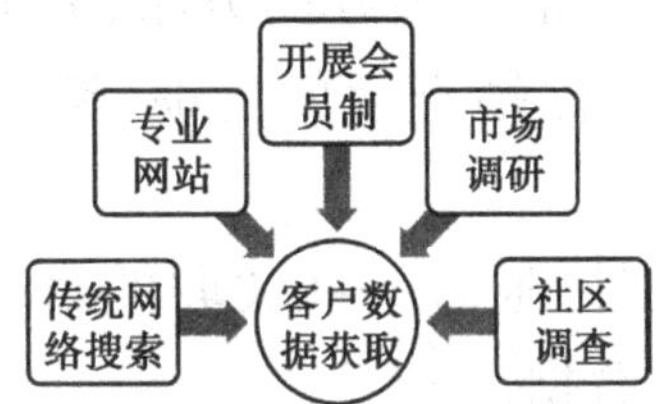

图 6-4　零售企业获取客户数据的基本方法

（一）传统网络搜索

在网络上，有很多社交网站，有同城的，有不同城的，但是这些网站的信息都可以供零售商来检索。这些平台具有很大的信息量、广阔的覆盖面，因此便于零售商检索。但是，其也有着相应的缺点，即信息需要零售商自己筛选，需要他们耗费很多的精力与时间。

（二）专业网站

很多行业为了对信息进行共享，促进自身的发展，往往会创建相应的客户数据网站。因此，零售商可以找到这些网站，通过付费的形式获取相关的信息。

（三）开展会员制

很多零售企业都是实行会员制的，在这之中，零售商必须要对信息进行采集，包括会员卡ID、用户联系方式等，这样的信息便于企业后期进行精准营销。

（四）市场调研

客户数据库资料的来源与营销调查的资料来源存在很多相似的地方，因此零售企业完全可以考虑采用调查的方法来获取相关信息，如面谈、问卷等都是很好的方法，有助于零售企业获取第一手资料。另外，一些促销产生的反馈、销售产生的数据等也可以作为资料来参考。

除了传统渠道之外，通过一些关联的第三方合作伙伴也可以获得比较全面的客户数据。

（五）社区调查

很多零售企业在不同的地区开设了快递点、终端店铺等，这些终端店铺代表的也是企业的形象，通过这样的店铺，能够对客户的相关数据进行收集。但是，这样收集的难度过大，因此零售企业可以对社区终端加强监管与互动，通过各种激励手段使这些终端愿意去收集与整理自身的数据信息。

二、描画客户立体形象

面对转型的需求，传统的零售企业采用了各种不同的模式。

有的企业选择实体店、网店、移动终端等全渠道经营；有的企业选择进入第三方电商平台，共同开发线上线下项目；有的企业倾向于本地化，与社区进行O2O经营。但是无论采用什么样的模式，核心都要基于客户这一中心，满足客户具体的、个性化的需求。

我们需要知道的一点是，由于网络逐渐释放出消费者的个性化欲望，因此在零售业的上游生产方式已经逐步实现了某种转型。例如，青岛红领集团利用过去十多年所积累的超过200万名的客户个性化定制版型数据逐步建立了自身的量体数据、西服版型和尺寸的数据库，红领集团通过这样的数据库实现了计算机3D软件平台上的自动设计西服版型。

当前，市场环境在逐步发生变化，作为零售企业，他们必须思考当前的形势，不断发挥大数据的作用，利用大数据对客户的立体画像进行模拟，从而实现营销的个性化。这样的营销才是成功的营销，通过大数据对客户进行精准定位，不仅能够节省零售企业的成本，还能够为零售企业带来巨大的利润。具体来说，零售企业可以做到以下三点。

（一）正确对数据进行分类

分析零售企业营销的某一方面，需要某一群组的数据，而分析营销其他行为需要另外的数据。面对这种需求，企业必须合理地分类数据，如图6-5所示。

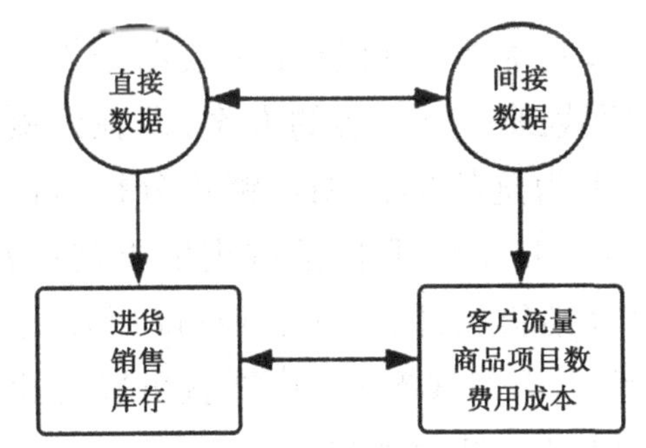

图6-5 零售企业要对数据进行正确分类

一般来说，所谓直接数据，即那些能够对商业行为表象进行直接反映的大数据，如销售数据、进货数据、库存数据等；所谓间接数据，即包含商品项目数、费用成本、客户流量等不能直接反映商业行为表象的数据。经过这样的分类之后，零售企业不仅要对直接数据进行分析，还要对间接数据进行分析，因为这些间接数据的范围较为广泛，而越是广泛的数据，其数据质量就越容易提高。

（二）设立专业部门分析数据

对于大多数零售商而言，大数据业务部门往往属于技术部门的分支，即技术部门人员除了进行公司经营信息化外，还需要做大数据收集与分析的工作，因此大数据具有明显的附带性质。对此，大型的零售企业在分析大数据之前，应该专门成立一个专业团队，在这一专业团队中，除了传统的 IT 技术人员外，还应该配备数学、经济学、统计学等相关专业人员外，并能够相互沟通。这样的团队不仅可以与市场部门进行联系，也可以对客户消费行为进行捕捉，还可以与技术部门进行沟通，从而利用大数据对企业内部经营进行辅助。在这样的架构运作下，大型零售企业可以在较高层面下对大数据进行应用。

（三）在预测性销售分析上花费更多成本

很多小型的零售企业不可能在大数据分析上一直耗费精力和财力，因此需要找到一个现实的方案，即在预测性销售分析上花费较大成本。因为这样的预测性销售分析可以让企业对营销对象进行锁定，从而自上而下将销售集中于这些营销对象身上。当前有很多预测性销售软件，零售企业可以利用这些软件进行分析，了解那些在线与不在线客户，这样就可以轻松地获取信息资源，从而发布促销信息，打动客户。

第七章　新零售时代的智慧物流

近年来，零售行业向智慧化方向发展，可以说智慧零售是新零售的一个重要发展方向，而物流作为零售的基础环节，零售智慧化也对其提出了更高的要求。在新零售时代，智慧物流已经成为推动零售行业发展的重要力量，智慧物流赋能新零售成为一种必然的发展趋势。可以看出，对于我国新零售发展而言，推动智慧物流的发展和升级具有重要意义。

第一节　智慧物流的技术基础

智慧物流就是实现物流的智慧化，这就需要通过智能化管理代替传统物流中的一些人工环节，提高物流的质量和效率。因此，实现智慧物流必须有相应的技术提供支撑。

一、自动识别技术

自动识别技术是智能物流的一项重要技术基础。利用自动识别技术可以对物流的运转流程进行信息的自动获取和自动录入。在应用实践中，自动识别技术能够将获取的信息传输到计算机中心。自动识别技术包括条码技术、射频识别技术、声音识别技术、图像识别技术、生物识别技术和磁识别技术等。具体到物流行业，被广泛采用的识别技术是条码识别技术和射频识别技术。

（一）条码识别技术在物流系统中的应用

相较于传统的识别方法，条码识别更方便快捷，可以在很大程度上提高物流效率，因为其操作比较简洁方便，得到了广泛应用。在国际上，条码识别技术被广泛应用于物流的各个环节。在我国，条码技术也相当成熟，不仅在商品流通领域被普遍使用，而且在生产控制和物流过程中的应用也在不断拓展。

我国的条码识别技术在物流领域的应用包括仓储、供应链管理、分拣及配送等环节。随着电子商务的兴起，条码识别技术在物流领域得到了广泛的应用，推动了传统物流智能化转型升级。

近年来，二维码成为新兴条码识别技术，相较于之前的条码识别更简单、可靠和稳定，这又进一步提高了物流自动识别的效率。二维条码具有抗污损的特性，不仅可以存储海量信息，而且能够处理复杂字符，从诞生之初就引起了各国的高度重视，并被广泛应用于军事、邮政、电子及生物医药等领域。特别是在电子行业的物流运转过程中，二维条码技术有着无法替代的识别优势。比如，全球的 CPU、电路板及存储芯片等各类电子部件上都用二维条码贴上标志，用户只要用智能手机等扫描装置扫一扫，就能清楚地了解产品的规格、型号、出厂日期及生产厂家等各种关键信息。二维条码是一种信息载体，操作简单，应用广泛，可以在很大程度上提高信息传输的效率和准确性。

随着二维条码技术的不断发展和完善，我国在这个领域的技术已经比较成熟，已经拥有了龙贝码、汉信码及点众码等具有自主知识产权的二维条码，并且在社会中得到了广泛应用。

（二）射频识别技术在物流系统中的应用

随着智慧物流的发展，射频识别技术（RFID）越来越多地得到运用。这是一种非接触式的自动识别技术，通过射频信号获取信息，在此基础上自动识别目标对象，可以在各种恶劣的环境中工作,并且不需要人力的干预。

当前,射频识别技术已经在物流领域得到了广泛应用,尤其是运用于供应链管理环节。对于物流行业来说,核心问题就在于信息传递的速度、稳定性和可靠性,射频识别技术的出现和在物流运转中的巨大作用一直被供应链管理研究中心的专家津津乐道。射频识别技术可同时识别多个标签,而且识读的速度很快,这一技术非常适用于解决供应链过程中难以快速准确获取信息的问题。

美国零售商巨头沃尔玛在全球行业中的最大优势就是其完善的物流配送系统,沃尔玛所有的店铺都安装了射频识别系统,而且沃尔玛要求供货商也要有射频识别系统。这一技术的应用让沃尔玛保持了足够的商品数量和种类,有效避免了货品的无故短缺和脱销,从而优化了沃尔玛对供应链的管理,大幅度提高了服务效率和质量。

对于物流管理来说,射频识别技术为其带来了巨大影响,甚至可以说掀起了一场革命。射频识别技术可以进行非接触识别,这为其带来了独特的优势,改变了使用条形码时需要工作人员逐个扫描的情况。同时,射频识别技术还可以识别多个产品,从而极大地提高了识别效率。比如,在仓储方面,射频识别技术可以提高入库、出库的效率,工作人员在产品入库时,只需要操纵设备对产品进行扫描,就可以获得大量的产品信息,不再需要将产品运往验货中心逐个识别,只要在仓库门口安置一个信息接收机即可,这大大缩减了盘点环节的冗繁工作。同样,在出库时也依据相同的原理。无线射频技术几乎省去了所有验货的环节,大幅度提高了仓储效率。

从技术含量的角度来说,相较于条形码识别技术,射频识别技术具有更高的技术含量。在货品上贴上 RFID 标签,可以使其自动发送无线信号,这样就可以使信息直接传输到接收信息的设备中,同时传递到供应链业务领域的各相关环节。于是,货物存储、在各个销售点的分布、上架情况及销售数据等重要指标就能一目了然了。

二、人工智能技术

人工智能是智能思考技术的大发展,从人类目前的科技成果来看,人工智能位于智能思考领域的顶端。谷歌公司的“阿法尔狗”就是当前最具代表性的人工智能机器人,它与韩国超一流棋手李世石九段进行了一场引起全世界关注的人机围棋对弈大战,在五番棋的对决中,“阿尔法狗”以 4 : 1 的绝对优势完胜李世石,引起了人们的一片哗然,让人们开始思考人类智慧与人工智能究竟哪方更先进。

实际上,人们不需要对人工智能抱有恐惧心理,人工智能机器人是人类创造的,人工智能的发展是为了优化人类社会,而不是为了破坏人类社会。在此之前,许多发达国家早已将人工智能技术广泛应用于企业,在智能制造业、特种作业、智能决策及智能管理等方面,已逐渐用人工智能技术代替人力。在工业 4.0 大革命的今天,人工智能技术必将推动企业全面迈向信息化和智能化。

从物流领域来说,人工智能可以提高物流效率。一般情况下,需要高速物流线贯穿整个生产和包装过程,才能有效提升物流的自动化程度并保证产品质量。机器人技术在包装领域中应用广泛,特别是在食品、烟草和医药等行业的大多数生产线已实现了高度自动化,其包装和生产终端的码垛作业基本都实现了机器人作业。机器人作业精度高、柔性好及效率高,克服了传统的机械式包装占地面积大、程序更改复杂及耗电量大的缺点;同时,避免了采用人工包装造成的劳动量大、工时多及无法保证包装质量等问题。

利用机器人可以在物流作业中完成自动化的拣选作业。例如,对于那些品种繁多、形状不规则的产品,移动机器人可以通过图像识别系统确定需要采用何种功能的机械手。机器人每移动到一种物品前就可以根据图像系统“看清”物品形状,采用与之相对应的机械手臂抓取，然后放到指定的托盘上，完成拣选作业。

在整个物流系统中，装卸搬运是一个最基本的环节，而且这个环节会贯穿整个物流作业过程，在货物运输、存储和包装以及流通加工和配送的过程中，都会涉及这个基本环节。目前，机器人技术应用最为广泛的还是物流的装卸和搬运作业。搬运机器人可安装末端执行器来完成对物品的识别和搬运，从而大大减轻人们繁重的体力劳动。目前，搬运机器人已被广泛运用到工厂内部生产，一些工序间的搬运工作就由机器人来完成。搬运机器人的出现大大提高了货物的搬运能力，节省了装卸时间。一些发达国家已将机器人技术与物联网技术相连接，实现了智能运作。

随着近年来人工智能技术的发展，研发机器人已经成为世界范围内的潮流趋势，近年来涌现出大量的新型机器人，这对于人类的生产生活产生了巨大影响。比如，德国的 KUKA 公司就研制了一种机器人，这款机器人是专门为冷冻食品的物流而研制的，它可以在 -30℃的环境下工作。另外，在医药物流方面，德国的 ROWA 公司研发的“自动化机械手药房”就是典型代表，这种自动化药房由机械手进行药盒搬运并进行药品的进库与出库作业，实现了药品的密集存储和数量管理。

智能机器人并不是单纯地在生产活动中承担“体力劳动”，由于其具备较高的智能程序，使其可以承担一些高级工作，如凯威讯通公司就开发出一款新型智能机器人从事“脑力劳动”。该公司仿照计算机内存随机存取的原理，开发出一种能快速处理网上订单的机器人应用系统，存放物品的仓库被安排成像内存芯片一样，由独立式货架组成纵横交错的网格，帮助机器人在任意时间接触到仓库中的任何物品。另外，该机器人可以自行处理客户订单，当接到客户的订单后，机器人在 30 秒时间内就可以将订单上的货物交给包装线上的工人。如果一个订单上有多个品类的物品，机器人还能将其进行必要的分类整理。一旦货物打包完成，机器人就能将这些包装好的物品存放到指定地点。

当前智能机器人已经逐渐运用于各行各业，其中也包括物流行业，尤其是在冷链物流、医药物流及仓储作业中运用比较广泛，但是机器人的物流运用尚未形成规模，一些对科技信息敏感的企业，正在将人工智能引入物流管理的各个环节，因为使用人工智能技术的优势是显而易见的。

三、大数据技术

近年来，大数据也逐渐在物流行业中得到广泛应用，成为智慧物流的一项标志性技术基础。大数据的最大特点是根据现有的数据分析规律，运用大数据技术进行信息化、高效率的管理，有利于实时掌控物流各个环节的数据，提高配送效率，减少损耗；同时随着市场的发展，客户的选择越来越多，竞争更加激烈，通过对数据分析和挖掘，就可以进一步巩固和客户之间的关系，为顾客提供更好的服务，增加客户的信赖，培养客户的黏性；数据分析还能帮助物流企业做出正确的决策。大数据技术在智慧物流中的应用主要体现在以下三个层面。

（一）在商物管控层的应用

商物管控是从宏观层面进行的物流运营管理应用，这主要包括商品品类、物流网络及物品的流量流向等领域的应用。通过大数据工具以及统计模型可以分析数据库中的数据，这样可以更准确地了解并掌握客户的商物需求、运输习惯和其他战略性信息。通过检索数据库中近年来的流量流向数据，以及商品类型的信息，从更广泛的数据范围如企业营销数据、信息检索数据、Web搜索数据等中获得智慧物流的商品数量分布、需求分布、商品来源等信息，可以对季节性、运输量、货物品类和库存的趋势、消费者购物习惯、消费倾向等进行大数据分析，并对供需、数量、品类做出决策，更好地满足客户个性化需求，即有针对性地为用户选择符合其消费心理和习惯的商品信息。

（二）在物流供应链运营层的应用

1. 连贯物流供应链

利用大数据可以更好地连贯物流供应量的各个方面和各个环节，将供应链中的供应商、经销商、客户、物流服务商，甚至供应商的供应商、客户的客户等连接到一起，这样可以从源头上和过程中帮助企业应用大数据，逐渐成为企业运营决策的“大脑”，帮助企业在供应链的“采购物流、生产物流、销售物流、客户管理”等环节打造企业决策所需的数据供应链。

2. 实时信息掌控

通过对外部数据和内部数据的物流信息实时掌控与推送、分析，使供需双方在最适当的时机得到最适用的市场信息，获取快速变化的需求信号，及时了解渠道伙伴和终端的销售数据，匹配分布的供应库存信息，掌控准确的物流在途情况。

3. 及时响应与优化

利用大数据技术可以更好地获取并分析物流供应链的相关信息，以此为基础可以实现采购物流协同业务执行的优化与完善，并迅速发现与掌握整个供应链环节运作情况，提出问题的解决方案，制订相应的行动计划，实现供应链运营的高效、快捷和决策正确性，避免了供应链供应缺乏或供应过剩、生产与运输之间的不协调、库存居高不下等弊端。

（三）在业务管理层的应用

1. 信息及时交互响应

从智慧物流的业务管理层面来说，利用大数据技术可以更好地捕捉货物信息，大数据可以和 RFID、条码技术及 GPS、GIS 等信息采集技术协同作业，实现更好的信息捕捉效果，可以把实时信息推送到物流系统中存储并进行数据处理，有助于识别运输行为，改进运输效率，及时做出应急响应，发现配送新模式和趋势，取得更高的核心竞争力，减少物流成本等。

2. 仓储品类分配

利用大数据技术对消费需求等相关信息进行科学计算和分析，可以有针对性地分配和优化区域仓储的商品品类，有效避免缺货断货；基于透明化的物流追踪系统，通过仓储网络的数据共享、数据提取自由、物品全程监控实现物流的动态管理，优化区域货品调配，降低物流成本，提高货品调度反应速度。

3. 运输库存优化

对于物流的库存管理来说，利用大数据技术可以集中管理并科学分析运输数据和库存数据，这样可以更合理地安排发货，保证库存的正确性；将库存信息和货物预测信息通过电子数据交换直接送到客户那里，这样可以定期增加或者减少库存，物流商也可以减少自身负担；利用路径历史数据记录在不同时间段选择最优路径，提高运输配送效率；同时，还可以根据海量用户数据去预测用户的购买行为，通过预测用户购买行为可以提前配货运输，有效缩减商品到达时间。

四、定位跟踪技术

定位跟踪系统是利用卫星导航、移动网络、GIS 等技术手段实现对物流系统中的人员、运输工具、货物、集装箱等的位置信息连续采集和实时监控的信息系统。

在智慧物流中，定位跟踪技术是一项关键技术，也是支撑智慧物流发展的重要技术支撑，定位跟踪技术的发展和进步推动了整个智慧物流行业的发展。通过实现定位跟踪管理，可以降低物流成本，提升企业的管理水平，加快物流业现代化进程，推进智慧物流体系的构建。

（一）优化物流调度，提高运输工具利用率

利用定位跟踪技术可以获取物流车辆和货物的实时位置信息，通过远程系统可以直接掌握货物的运输信息，帮助物流管理人员更及时、全面地了解并掌握运输工具、货物的位置。调度人员可以根据货物的运送地点，结合客户的提货需求，通知离其最近的运输工具取货或送货，通过掌握行驶中运输工具的速度、时间及目标的距离，判断运输工具到达的时间，通知接收单位提前做好接货/收货的准备，有利于物流与配送的高度衔接，使运输工具更加明确自己的下一步任务与服务对象，实现人、车、货的动态配送，从而减少了运输工具的驾驶率和闲置率，提高了运输工具的利用效率。

（二）监控运输全程，保障货物安全

利用定位跟踪技术可以实现物流运输的全程监控。一方面，利用定位跟踪技术可以让运输公司进行更合理的路线预设，一旦运输车辆出现路线偏离的情况，就可以实现及时报警，这样使物流管理人员及时掌握路面发生故障或有紧急情况的车辆情况，迅速通知驾驶员采取措施，并能双向互动传递信息，从而增强快速处理突发事件的能力，通过限速提醒功能，可以有效地提高驾驶员行车安全性，最大可能地减少车辆事故率，便于调度人员的管理。另一方面，集成各类传感器信息的监控系统使物流客户能够全程监测物流运输过程中货物的温度、湿度、轨迹、跌落、倾倒等状态，对货物进行实时监控。

（三）推动物流企业信息化，提升管控水平

现代物流信息系统的一项基础性技术支撑为定位跟踪技术，这项技术使物流企业可以实时掌握物流车辆和货物的位置和运动状态，这样可以帮助物流企业对物流运输全要素、全过程和全方位

实现数字化和智能化管理，整合物流运输过程的各类信息，帮助物流企业对物流活动的各个环节进行有效的计划、组织、协调和控制，物流企业通过无线通信、GIS、GPS能够精确地获取运输工具的信息，以便企业内部和客户访问，从而把整个企业的业务变得透明，制定更加科学合理的决策方案，全面提升物流企业的管控水平。

（四）使物流用户掌握全供应链信息，延伸物流行业的产业链长度

在物流运输的整个过程中会产生大量信息内容。利用定位跟踪技术可以更好地整合这些信息内容，可以为物流用户建设基于位置服务的综合物流服务系统，将物流服务延伸到监控、管理、采购、订单处理，甚至物流咨询、库存控制、决策建议等，通过GIS的时空统计分析技术为科学地制定仓库选址、销售网点设置等各类决策提供支持。因此，通过综合物流服务系统能够及时掌握物流供应链上下游的信息，从而延伸物流行业的服务水平，延伸物流行业的产业链长度。

第二节　智慧物流向智能供应链的发展

智能制造是新一轮工业革命的核心，是制造业创新驱动、转型升级的制高点、突破口和主攻方向。智能制造基于智能供应链环境运作，“中国制造2025”本质上要求供应链各个层次的智能化。智能供应链建设是我国智能制造发展的核心和基础。

一、智能供应链概述

（一）智能供应链的概念及特点

智能供应链是结合物联网和现代供应链管理的理论、方法和

技术，在企业中和企业间构建的，实现供应链的智能化、网络化和自动化的技术与管理综合集成系统。与传统供应链相比，智能供应链有以下几个特点。

1. 具有更强的技术渗透性特征

在智能供应链环境下，管理和运营者会系统、主动地吸收包括物联网、互联网、人工智能等在内的各种现代化技术，主动将管理过程适应引入新技术带来的变化。

2. 具有更显著的可视化、移动化特征

智能供应链与传统供应链不同，它更重视供应链的可视化，倾向于通过可视化的手段显示相关数据。同时，智能供应链更重视移动互联网或物联网技术的运用，善于利用这些技术手段收集或访问供应链数据。

3. 具有更高效的协同、配合特征

由于主动吸取物联网、互联网、人工智能等新技术，智能供应链更加注重链上各环节的协同和配合，及时完成数据交换和共享，从而实现供应链的高效率。

4. 更凸显供应链链主

从管理体系方面来看，智能供应链通常由一个物流服务总包商来向供应链链主直接负责，利用强大的智慧型信息系统管理整个门对门的物流链的运作，包括由一些物流分包商或不同运输模式的承运人所负责的各个物流环节。

（二）智能供应链管理的金字塔体系

智能供应链管理可以用金字塔结构展示，如图 7-1 所示，通常将这个体系结构称为“智能供应链金字塔”。

虽然可以用金字塔模型表示这个体系结构，但需要注意的是，这并不是一个具体的物流系统的结构，而是从整个供应链管理的视角上对各个环节具体的智慧物流系统进行协同、全面监控和管理的体系结构。使用该金字塔的是供应链物流服务的总包商。

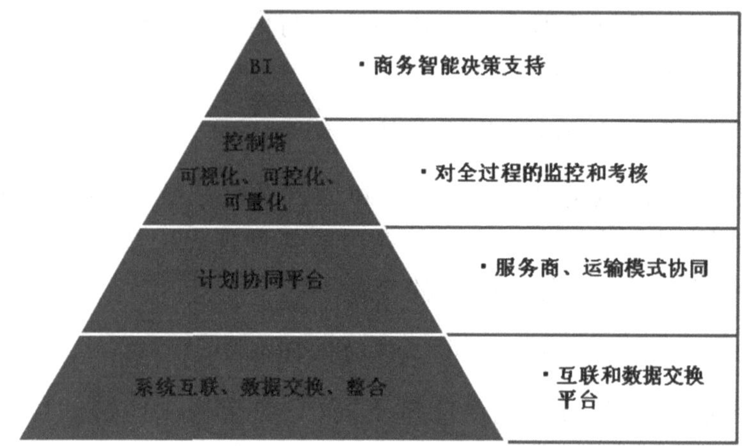

图 7-1　智能供应链金字塔

系统互联和数据交换平台位于该金字塔结构的底层，是与供应链各参与方或同一参与方的其他应用系统进行互联对接集成，完成数据共享协同的基础设施。企业内部各应用系统的集成主要通过 SOA 体系下的企业服务总线（ESB）和接口技术等实现，与外部企业（包括货主、制造商和物流分包商）的数据交换则通过系统互联和电子数据交换（EDI）实现。

计划协同平台会根据各种订单以及供应链上的各种资源，在遵循商务规则的基础上，通过智能化的方式制订总体的物流计划，并分解成各具体环节或针对具体物流服务商的分计划，将这些分计划分配给各服务商或子系统，并根据总计划协调各分计划的执行。同时，平台的商务模块将根据与各服务分包商的合同和完成的服务对其应付费用进行核算管理，根据与货主的合同对整个供应链的费用进行应收核算管理，形成应收 / 应付凭证通过接口转发财务系统。

近年来，随着物流和供应链的发展，对供应链管理有了更复杂的需求，在这样的背景下形成了控制塔。控制塔是一个对供应链全过程进行全面监视、异常事件控制和量化考核的体系，如同机场上居高临下、统管全局的控制塔台。

商务智能和决策支持系统位于智能供应链金字塔的顶端。目前用于物流行业的商务智能系统通常采用基于规则库、知识库的决策支持体系构成，可以完成诸如成本绩效分析、方案推演及优化等基本的决策支持功能。在系统运行大量数据积累的基础上，如果有业务需求，也可以通过建立数学模型或其他大数据分析方法实现对整个供应链运作的更高层次的智慧化决策支持。

二、智慧物流对供应链产生的影响

（一）自动化物流仓储系统改善供应链

我国的物流费用和发达国家的物流费用相比处于较高水平。造成这一情况的原因有很多，其中一个就是我国物流仓储环节的费用总额较高。随着智能物流仓储的出现和发展，为我国物流企业提高物流仓储水平、有效节省仓储成本提供了可行性。据计算，智能仓储可至少节约70%以上的土地和80%以上的劳动力消耗。相对于传统的仓储设施，自动化物流仓储系统的主要优势体现在有效节省劳动力成本、节省租金成本及提升管理效率等方面。智能新技术在物流领域的创新应用不断涌现，是未来智能物流大发展的基础。

我国对立体仓库的应用并不广泛，近年来人工成本和土地成本持续增高，导致我国的物流仓储费用一直处于较高水平。仓储是物流的重要环节，要降低社会物流总成本，必须有效降低仓储环节的费用。从途径选择上来看，仓储环节自动化改造的任务迫在眉睫。自动化仓储系统要解决的核心问题就是如何加快货物的存取节奏、减轻工人的劳动强度及提高生产效率等。

在传统仓储系统中，并没有应用先进的信息技术，大部分货物装卸、配送、上架及分拣等工作都是通过人力完成的，人工操作的效率低、出错率高。由于信息化技术特别是物联网技术的出现，使得对仓储系统的自动化和智能化改造成为可能。比如，利用传感器进行自动识别、利用无线射频技术进行自动化信息传输、利用机器人系统进行货物分拣和搬运等，不但大大降低了工人的劳动强度，而且效率和准确率都得到了大幅度提升。

运用自动化立体仓库可以实现获取的按需自动存取，同时可以更好地实现库内与库外的衔接，有效连接库存与生产，并通过信息化系统和自动化物料搬运设备自动输出到下一道工序。

自动化物流仓储系统的优势显而易见。举例来说，如果一个行业的仓库管理人员是 1 000 人，在经过自动化改造后只需要 250 人，以人均成本 5 万元计算，大概两年多的时间就可以收回投资成本。此外，自动化仓储系统能够最大限度地提升仓库管理的准确性，货物识别、分拣、进出货的处理速度也可以大大提高，降低存货周转率，对于电商、生鲜配送商快速配送的要求，自动化物流仓储系统就显得更为重要。

相较于传统供应链仓库，自动化立体仓库可以实现货物的快速入库和出库，它可以妥善地将物料存入库中，同时可以快速地按照生产需要将相应的物料输送至生产线。自动化立体仓库的投入使用大大减轻了工人的劳动强度。比如，自动巷道堆垛机取代人工存放和提取货物，既快捷又省力，而且工人不再需要进入库内，工作环境也得到了改善。

智能物流的一个显著优势就是其拥有智能的仓储系统，智能化的仓储系统可以利用条形码、射频识别技术、传感器及全球定位系统等先进的物联网技术智能化地识别物品，进行位置跟踪和物品溯源，还可以全面监控物品并及时处理紧急情况等。通过信息处理和网络通信技术平台在物流运输、仓储、配送、包装及拆卸等基本活动环节均可以实现货物运输过程的自动化运作和高效率优化管理，以较低的消耗实现效益的最大化。

智能的处理技术还有助于库存决策，可以依据对大量物流数据的分析，对客户的需求、商品、库存等做出决策。同时，物流智能获取技术使物流从被动走向主动：主动获取信息、主动监控运输过程与货物、主动掌控进出货情况以及主动测算仓储空间剩余等。智能传递技术的应用还可以提高外部的物流数据传递功能，提高反应效率，为客户提供更优质的服务，使得物流供应链环节的整合更紧密。

（二）应用智能控制技术

随着市场经济的发展，物流企业的竞争越来越激烈，公司间的竞争已经转向了供应链间的竞争，对于物流企业来说，供应链的管理控制水平是决定其在市场竞争中是否能够取胜的重要因素。

在我国物流领域内，供应链管理控制还存在很多问题，如信息传递不及时、信息失真、信息交换错误等造成的损失每年高达数千亿美元。因为各种原因，不能获取或者是不能及时获取整个供应链上的信息，导致实际应用与信息脱节的情况时有发生。比如，因为缺乏完整的数据支撑，供应链上的批发商、零售商、生产商等在传输信息的过程中，其过时或失真的信息被层层放大，产生有些产品过剩、有些产品缺货的情况。

从产品制造端的角度来说，传统制造企业很难掌握供应链的上下游信息，供应链上企业间的对接也存在一定的困难，这就导致供应链信息的滞后和不准确，供求无法形成良好的衔接，最终导致供应链失调。随着信息技术的不断发展和成熟，制造业与客户的距离也被缩短了，从而推动制造业主动变革生产方式，生产适销对路的产品。对于企业物流来说，可以快速响应订单，降低库存成本，有效解决库存积压和缺货等现象。

想要充分释放供应链的价值，就必须进一步促进供应链各个环节的协同。家电制造业巨头美的集团与锐特信息技术有限公司的合作，目的就是要打造深度协同的供应链管理平台。美的和锐特制定了供应链协同方案，可以使合作双方实现电子数据的交换共享，并在之前的项目中完成了美的与部分业务伙伴包括供应商、物流服务商等的对接。

加深供应链的协同程度，可以有效降低产品的缺货风险，降低库存周转，同时还可以有效地提高供应链数据的共享效率。作为制造业,美的可以较为准确地预测市场,从而调整生产计划;在产品的调整上,可以迅速响应用户的需求,推出受特定消费群体喜爱的产品。

美的的合作伙伴京东公布了双方深度协同供应链的进展情况。锐特为美的和京东提供供应链协同方案及电子数据交换EDI服务。2015年1月29日,美的和京东系统直连项目上线,实现了基础订单数据及销量数据共享;2015年4月底,双方的数据传输量达到500万条,每天都有数千个商品信息数据实现共享;2015年5月18日,美的和京东的“协同计划、预测及补货”项目上线,随后京东完成了备货目标测算,并将计划订单下发到美的。从供应链角度来看,美的和京东实现从销售计划到订单预测再到订单补货的深度对接。

完全的以销定产对于双方来说都是追求的目标,只有这样才可以实现库存的最优化管理。所有企业都应该参考这种供应链深度融合的方式,优化自身的供应链。无论是对于产品制造商,还是销售商、物流服务商,都能在优化的供应链体系中快速了解市场需求,显著降低库存周转,提高生产和销售的精准度和快速反应的能力。

随着物流系统的不断升级和优化,当前先进的系统可以实现物流的信息化、数字化、网络化、集成化、可视化及自动化等。很多物流系统和网络也采用了最新的红外、激光、传感器、RFID及GPS等高新技术,这种集光、机、电、信息等技术为一体的新技术在物流系统的集成使用,就是智能物流应用的体现。概括起来,目前相对成熟的应用主要包括以下四个方面。

1. 智能溯源网络系统

在过去的物流系统中,产品溯源是一件十分困难的事情,但是随着物联网技术的发展,这成为可能。当前,针对产品溯源可以以物联网技术为基础建立系统或平台,其中最关键的技术在于科学标识。例如,RFID、红外传感器、声控系统、全球定位系统及激光扫描系统等技术都可以应用在产品溯源防伪上。不过，目前存在的问题是产品标识复杂多样、缺乏统一的标准，因此在实际操作中存在一定的困难。

随着人们对食品、药品等领域的安全性越来越关心，建立食品、药品溯源防伪系统显得尤为迫切。食品溯源体系利用条码、无线射频、传感器等技术覆盖食品生产、加工、销售等各个环节，并且这些环节的信息都融入了一个总的信息联网系统中，更加便于消费者和政府监管人员监督。一旦发现问题，可以迅速找到责任企业，有效监督企业提高产品质量。

2. 物流可视化管理系统

当前，人们对物流的可视化提出了要求，要求现代物流体系要全程实施追踪，这就要求物流必须实现标准化及高效化，尽可能地用低成本提高质量服务。以先进的信息技术为基础，运用全球定位系统、RFID 技术、传感器技术等多种技术，通过快速、实时、准确的信息采集实现车辆定位、运输货物监控、在线调度和配送全程的可视化管理。目前，一些大型的物流公司都建立了智能物流管理网络系统，可以通过电子标识实现对车辆的定位与对货物的监控，初步实现了物流作业的可视化管理。

3. 智能化物流配送体系

随着物流发展，智能物流已经普遍应用，而自动化的物流配送中心是实现智能物流的重要基础。智能物流需要实现商流、物流、信息流和资金流的全面协同，只有这样才能称为物流的智能化。物联网技术的应用，在实现物流作业的智能控制、自动化操作、标准化运营和精益化管理方面发挥着巨大作用。

4. 智能化全供应链管理

所谓智能化全供应链管理，就是要科学地分析供应链上的制造商、批发商、运输商和零售商所产生的所有产品流、资金流和信息流，实现同类资源的集约化管理，将供应链上的所有资源进行横向整合，同时向整个供应链传输信息，并及时准确地预测需求的变化。供应链环节的无缝化管理在智能物流建设中至关重要。顾客个性化要求越来越多，为了满足这种需求，企业必须加快反应速度，保证快速生产和柔性加工。但这样的生产方式容易造成成本的上升。为此，智能化的供应链管理就要加强对信息流、资金流和物流的控制力，帮助企业优化业务流程，实现供应链业务的流程再造。

三、搭建智能供应链的意义

（一）实现供应链内部信息的高度整合

对于传统供应链来说，只有具有直接的供需关系的企业之间才会产生信息交流。然而，在供应链内部成员的实际交流中，信息流往往会由于不同企业采用的不统一的信息标准系统而导致无法正常流通，使得供应链内部信息无法自由流通和共享。相比之下，智能供应链依托智能化信息技术的集成，能够采用有效方式解决各系统之间的异构性问题，从而实现供应链内部企业之间的信息共享，保证信息流无障碍地在供应链的各个动脉和静脉组织流通，提高信息流的运转效率和共享性。

（二）实现供应链流程的可视性、透明性

在传统供应链环境下，上游企业和下游企业之间并没有有效的信息共享机制和实现方式为其提供保障，因此无法实现供应链的可视化。由于供应链的不可视性，供应链中上下游企业无法对产品的供、产、销过程实现全面的了解，仅从自身流程和业务出发，以比较单一的成本因素考虑如何选择供应商和销售商，这样就无法实现供应链内部企业的一致性和协作性，更不能形成良好稳定的合作关系，导致供应链竞争力低下。拥有良好可视化技术的智慧型供应链，能够实现企业之间的信息充分共享，对自身和外部环境增强反应的敏捷性，企业管理者能够依据掌握的全面的

产品信息和供应链运作信息正确做出判断和决策，组织好切合市场需要的生产，实现有序生产管理。

（三）实现供应链的全球化管理

实现供应链的全球化管理通常都需要由复杂的、多式联运的众多物流环节构成，对于传统供应链来说很难实现全球化管理。但是，智能供应链具有很好的延展性，它一方面能保证供应链实现多种运输模式下的协同，另一方面也能防止供应链在全球化扩展情况下效率降低的问题。信息交流和沟通方式在传统供应链下是点对点、一对一的，但随着供应链层级的增加和范围的扩展，这种传递方式难以应对更加复杂的信息轰炸。智能供应链依据自身对信息的整合和有效的可视化特点，可以打破各成员间的信息沟通障碍，不受传统信息交流方式的影响，能够高效处理来自供应链内部横向和纵向的信息，实现全球化管理。

（四）有效降低供应链上企业的运营风险

智能供应链相较传统供应链具有极大的优势，它可以进行信息整合，实现可视化，并且具有较强延展性等，这些特征使供应链内部成员可以实时、准确地掌握供应链中各环节企业的生产、销售、库存情况，保证和上下游企业的协作，避免传统供应链由于不合作导致的缺货问题。因此，智能供应链能够从全局和整体角度将破坏合作的运营风险降到最低。

第三节　新零售时代的智慧物流市场布局

根据京东物流联合中国物流与采购联合会发布的《中国智慧物流 2025 应用展望》显示，2016 年物流数据、物流云、物流技术服务的市场规模超过了 2 000 亿元，预计到 2025 年，中国智慧物流服务的市场规模将超过万亿元。智慧物流将是物联网下的一片蓝海。

一、货运物流新发展：货运 O2O

（一）货运 O2O 模式的类型

1. 同城货运模式

近年来，同城货运发展迅速，尤其是在网购普及的今天，同城货运越来越受到市场青睐，如神盾快运、速派得等都是同城货运平台，这些线上线下一体化平台出现的目的就是使物流行业运营过程中的相关信息能够流通顺畅。

物流领域面临的一个严重问题就是信息不对称，继续发展物流行业就必须解决这个问题，而这无疑为 O2O 模式的货运平台的发展带来了巨大空间。货运平台利用现代互联网技术，能够迅速完成货主和车主间信息的有效匹配，大大节约了货主找寻货运车辆的时间，而其智能匹配附近车辆的功能也有效提高了服务提供方的收益。因此，大数据和智能化是货运 O2O 运营过程中的两大核心。

对于我国的国内货运市场来说，严重影响货车主运营收益的因素有两个。第一，尽管在现阶段，国内的货运行业十分繁忙，但是仍然存在很多货车主缺乏收益渠道的问题，货运平台的运营则能够有效改善这些车主的境况，成为他们追捧的对象。第二，货车主每次完成货运任务之后，返程一般都是空载而归，存在着巨大的资源浪费，货运平台能够有效促进行业内部的信息交流，也能改善这一难题。

我国很多货运平台的发展正面临着巨大考验。据统计，2015 年我国市场上的货运 O2O 平台已经突破 200 家，这还不包括那些兼做同城货运的平台，其竞争激烈的程度可见一斑。

在货运行业中，个体货主叫车的次数并不是很多，大部分的货运任务是工程需求以及企业间的货物往来。这些虽然也会影响货运平台的健康发展，但是对于平台而言，影响最大的因素还是信用问题。很多货主需要运送大批货物，直接将货物交给车主肯定会考虑安全和司机的信用问题。从这个角度来说，平台必须要加强对车主的监督，否则发生意外情况时，平台是需要负责的。

没有统一的标准是引起货运行业诸多问题的主要问题之一，但是建立这一标准十分困难，因为车辆的大小和货运能力不同，货主的货运要求不同，价格定位也不同。正因为整个货运市场存在着太多这样的因素，给统一的标准建立带来困难。同时，有货运需求的企业更加倾向于能够与可靠的货运车主保持长期合作关系，所以企业通过平台找到满意的车主之后，很有可能会直接越过平台，与车主建立交易关系。

2. 抢单模式

抢单模式是一种新型货运O2O平台模式，滴滴的抢单模式为货运平台发展抢单模式提供了实践经验，很多货运平台看到这一模式的发展空间后开始纷纷模仿。不同于滴滴打车的地方是，打车是时时都在发生的事，而货运的发生率就要低很多。对于平台来说，需要通过有效的手段吸引车主加入平台。

这种情况在较大的城市可能会好一些，随着人口数量的增加，货运需求可能也会有所增加，但是小规模城市恐怕就没有那么幸运了。因此，目前智能匹配仍占据主导地位，很难实现像滴滴那样的抢单模式。也就是说，抢单模式并非适用于所有行业。

3. 跨城货运模式

当前，有很多货运平台的运营不仅限于同城货运，还会运营跨城货运，这种货运模式与以上两种不同，如云鸟配送、物流小秘等就运营该项目。还有一些平台则将注意力全部放在了长途货运上，如省省回头车。不管何种形式的平台，它们的目的都是一致的，就是要解决货运行业的信息不对称问题。

但是，跨城货运涉及的信用问题要更加突出。其中，第一位的问题就是货物的安全。在跨城货运中，货物的安全问题要比同城货运更为严峻。在同城货运中，若运输的货物价格不菲，货主可提出随行要求。相比之下，跨城货运的距离更远，运输途中可能出现的意外情况也更多，货主通常不能随行，容易失去对自身货品的控制，因此跨城货运需要在信用及安全问题的解决上下更大功夫。除此之外，跨城货运也要建立统一的行业标准，采取有效措施避免需求方与司机直接在私下交易。

（二）众包配送 O2O

1. 人人快递

2013 年，人人快递正式成立，它的运营主旨是让所有人都可以参与到快递活动中，具体做法就是让人们在出行途中顺路进行快件的运送，这样可以有效减少中间环节，通过这种方式降低社会资源的浪费，达到节能环保的效果。与此同时，向公众传播相互帮助、广泛参与、为社会付出的价值观，提高快件配送效率，减少货物囤积，降低快递公司的资金投入，旨在通过自身平台的运营给人们的日常生活带来便利。人人快递在 2014 年 11 月进行首轮融资，此次融资金额达 1 500 万美元，高榕资本与腾讯参与了投资。

2. 达达配送

2014 年 6 月，达达配送正式成立，该公司致力于为合作商家提供服务，解决配送问题。当前，该公司的业务集中于生鲜产品及餐饮类的配送，在线上平台接单之后安排线下配送。统计结果显示，到 2016 年，达达配送的一线兼职服务提供者在 10 万人以上，其业务覆盖至 10 万家商家，大部分从事餐饮服务，平均每日的订单量接近 60 万。除了餐饮类服务，还有一些生鲜产品、零售商品、水果、鲜花等的配送。

达达配送在 2014 年 7 月完成首轮融资，金额达数百万美元，知名投资机构红杉资本参与投资，到 2016 年年初，达达配送已经获得由 DST 领投的第四轮融资，融资规模接近 3 亿美元。

3. 京东众包

京东众包是“京东到家”推出的一种新模式，京东众包的用户可以根据自身的实际地理位置科学地参与配送活动，并可以从中获得一定配送收入。

凡是自身配备智能手机并且能够上网的成年人，都能够报名申请京东众包的兼职配送者。申请者需要安装京东众包的移动应用软件，登录自己的信息，经过培训后就可以接单，每单配送任务完成后会获得6元的分成。无论是大学生、上班族、赋闲在家的中老年人，都可以报名参与，只要在接单后两个小时将快件送达即可，其距离一般在3～5千米。

4. 闪送

闪送的业务集中于城市内的配送服务，该公司可以为用户提供专人直送服务，并且智能追踪配送员的整个配送过程，尽量缩短中途的时间耗费，在1.5小时内将快件交给收货人，起价为39元。

闪送在2014年3月完成天使轮融资，融资规模达数百万元，3个月后，成功完成A轮融资，经纬中国与鼎晖投资进行了投资，金额达数百万美元。之后，在2015年7月获得5 000万美元的B轮融资。

5. PP速达

2014年3月，PP速达正式投入运营，该公司采用平台化运营方式，用户可以简单快捷地从该公司的平台查发快递、实时追踪，还可以直接在平台上进行投诉来保护自身权益等。

到2016年，该公司已经实现与国内十多家快递公司的信息对接。用户将需求信息上传到PP速达的服务平台，平台会自动将信息发送给快递公司。也就是说，PP速达采用众包模式，通过快递公司的配送团队为用户提供运输服务。在这种模式下，用户不需要向平台支付任何服务费用。

PP速达实现各类物流信息资源的科学整合，通过快递网点的服务提供，期望是解决快件的末端配送问题。其服务内容以那些难以覆盖电商途径及大型商超成本耗费的产品为主。例如，人们日常所需的食用油、大米等。需要满 20 元才能享受其配送服务，无须支付额外费用，从 8 点至 21 点都可下单。

随着互联网在各个领域的渗透，很多传统领域开始寻求自身转型，在这个过程中，物流环节发挥着十分重要的作用。

从本质上来看，物流 O2O 实际上就是实现货运实际需求和车辆资源的有效对接，搭建货主和司机之间的有效互动关系，从而达成交易。之后，再通过资源整合，提高运营效率，降低运输途中的成本消耗。不过，采用这种模式的平台也并非十全十美，有些司机的信息可能存在伪造现象。此外，运输过程中可能出现意外情况，给客户带来损失。

从市场拓展的层面来看，当前外卖市场的竞争异常激烈，美团、饿了么等都在抢占市场位置。目前，这两家平台都在采取措施提高配送效率。2015 年 8 月，饿了么宣布开放物流平台，旨在实现物流资源的优化配置，实现及时配送。

最终起决定性作用的依然是用户体验。为了留住用户，必须提高运送效率，尤其是同城物流，服务方不仅要提供实惠的价格，还要在时间上有所保证，这样才能有效避免用户流失。也就是说，在物流 O2O 发展的关键时期，要维持自身的竞争优势，就要提供优质服务，增强用户体验。

当前，物流众包模式正处于高速发展期，货运行业也越来越多地运用这一模式开展各项业务。在该模式下，商家能够在更短的时间内完成配送工作，还能提高资源利用率，为用户提供高质量、个性化的服务。

二、电商物流新发展：生鲜冷链物流

近年来，由于食品安全事件频频发生，引起了人们对这个问题的注意和重视，消费者越来越重视食品的品质和安全性，这对相关企业提出了新的要求，但也为它们带来了全新的发展契机。自2009年开始，我国便涌现出一大批生鲜电商。虽然业界人士认为生鲜电商“好看不好做”，但仍有大量的企业涉足生鲜市场。

我买网、顺丰优选、一号生鲜、本来生活等企业在生鲜市场注入大量资金，天猫、京东、苏宁等也不断地搅热生鲜市场。2015年5月26日，亚马逊联合其五大合作伙伴——美味七七、21cake、都乐、獐子岛和大希地，入局生鲜市场。山东航空也在2014年5月20日试水生鲜市场。各个行业纷纷进入生鲜市场，成为角逐的新势力。我买网和顺丰优选网站如图7-2和图7-3所示。

图7-2　我买网网站首页

图7-3　顺丰优选网站首页

生鲜电商的发展很大程度上受物流行业制约。对于生鲜产品来说,物流运输具有重要作用。如果运输过慢或者运输设备较差,就可能导致生鲜产品变质腐烂,从而引起消费者不满,不利于电商发展。然而,快速高质的运输可以成为生鲜电商的制胜法宝。当前,我买网、顺丰优选等都在物流方面下足功夫,大大提升了物流的速度和质量,旨在为消费者提供令他们满意的物流服务。速度优先和凭仓储制胜是生鲜电商获得成功的关键,顺丰优选主打速度,我买网主打仓储。

(一)生鲜电商物流存储情况

虽然生鲜电商为保证食品质量采取了各种应对措施,但始终避免不了仓储的环节。即使运输距离再短,存储的问题也无法忽视。“好看不好做”也是基于冷链的最后一环来说的。众所周知,生鲜食品的决胜秘诀就是“鲜”,保鲜或是做鲜,无论哪种方式都离不开仓储的有力支持。

从我买网和顺丰优选的经营战略可以看出,当前我国生鲜电商市场的主要竞争方式有两种:一种是提高产品的运输速度,另一种是提高自身的仓储能力。保鲜对仓储的要求非常高,需要将仓储划分为不同的区域,分别负责冷冻和冷藏,实现不同的水果、蔬菜对温度的需求。我买网在北京、杭州、广州建立生鲜存储基地,顺丰优选在华东、华南地区建立仓库存储生鲜。

生鲜电商兴起以前的水果、蔬菜市场对保鲜度要求较低,通常是在水果、蔬菜成熟之前就采摘下来,由物流企业运到各地的水果、蔬菜市场,在运输途中几乎不采取任何保鲜措施,等到达目的地之后,水果、蔬菜已基本成熟。水果、蔬菜市场对保鲜度要求的空白使生鲜电商看到了商机。

随着生鲜电商进入人们的生活,蔬菜、水果的新鲜程度得到了显著提升,仓储水平也得到了显著提高。生鲜电商采取冷链技术,使产地直采的水果、蔬菜能够在低温环境下运输,保证食品质量,减少损耗。

（二）生鲜电商的仓储能力与订单处理速度

对于传统物流行业来说，仓储的目的在于存放货物，这些货物与生鲜产品不同，并不需要考虑冷藏保鲜等问题，但是仓储始终在物流行业中具有十分重要的作用。

实际上，各个行业的转型已成为未来商业发展的新趋势，物流行业也在积极整合，调整产业结构，尤其是在仓储方面。具体表现在温控和拣货上，采用智能化的温控手段，以及自动化的拣货、集货模式。目前，我买网的华北常温新仓已启用自动化分拣技术，包括自动化立体仓库、输送分拣系统、高速分拣机等，自动化的管理方式将大大节省人力资源，提高工作效率。

（三）海外直采划分生鲜电商市场

随着人们生活水平的不断提高，人们对食品的要求也越来越高，国内的食品已经不能满足消费者日益增长的需求，海外市场的开拓成为各大电商的目标。我买网、天猫、京东、亚马逊等生鲜电商看好海外食品市场，纷纷上线经营进口食品。

生鲜电商经营海外生鲜食品的模式跟经营国内水果、蔬菜的模式大同小异，都是在海外基地直采、产地直采之后，经过入库、出库配送到消费者手中，在配送的过程中依旧采用冷链物流。海外生鲜电商看似经营容易，实则不是一般的生鲜电商所能做到的，目前只有我买网、亚马逊等生鲜电商以及华润万家上线海外直采项目。

对于海外生鲜到国内经营来说，一个最关键的问题在于物流，必须保证海外生鲜从采摘—运输—目的地这个过程有高质量的运输支持，但是并不是所有电商企业都具备冷链配送以及仓储过程中的冷藏、冷冻、恒温能力。像美驻华农贸处强力推荐的美国车厘子以及 Emoti 可可夹心松露型巧克力等食品就需要精确的温控设施才能实现保鲜。显而易见，这对物流仓储提出了新的要求。

鉴于此,我国各大电商开始建设生鲜仓储基地,2013 年我买网就在苏州、广州建立了自己的生鲜仓库,并对该仓库进行科学化分类储运管理,为生鲜电商提供了冷链标准;同年,顺丰优选在华东、华南建立仓库;而阿里巴巴、京东等生鲜电商的冷链建设却备受质疑,其他生鲜电商则以合同方式将冷链物流活动委托给专业的冷链物流企业。

随着人们越来越重视食品安全,生鲜电商得到了发展契机。生鲜电商的发展又有力促进物流行业的整合升级,使得智能设备更新、软件系统升级、输送线更完善,尤其是在冷链方面,出现了冷冻、冷藏、恒温等技术。

从整体上看,生鲜电商拉动了物流行业的变革,使物流仓储行业有序工作,为物流业提供了新规范,主要表现在以下五点,如图 7-4 所示。

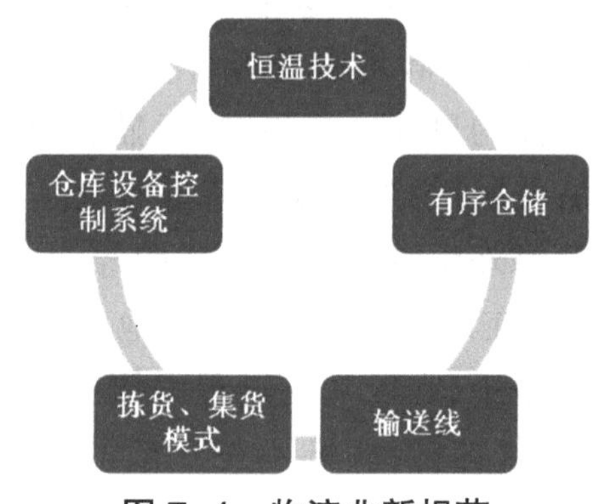

图 7-4 物流业新规范

(1) 恒温技术。这项技术是针对那些需要恒温保存的食品,如巧克力、红酒以及高温、高湿期间的粮、油、米、面等。

(2) 有序仓储。利用高位货架以及楼阁货架等扩大仓库存储面积,提高存储货物量,库房利用率增加 150%。

(3) 输送线。通过构建科学合理的输送线,可以很大程度上减少运输过程中的时间成本以及人力资源的耗损和浪费。

(4) 拣货、集货模式。多个区域同时进行的拣货、集货模式能够有效提高工作效率和货物配送速度。

（5） 仓库设备控制系统。协调各种物流设备，提高分拣效率和处理订单能力。

以上五点就是生鲜电商为物流仓储提供的新规范，也是我买网打造的物流仓储新规范。

当前，有一部分人对生鲜市场存在质疑，但是这个市场拥有广阔的发展空间是不争的事实，这也是各个行业都纷纷涉入生鲜电商市场的原因，他们都希望可以从这一巨大的市场上获利。但并不是每个企业都会在生鲜市场赚得盆满钵满，只有提供完善的冷链物流，确保食品的质量安全，无损耗变质，才会在生鲜市场上占据一席之地。

当前生鲜市场的竞争已进入白热化阶段，在物流仓储和产地直供两方面展开角逐，这预示着生鲜市场追求货物配送的速度化、产品品质的新鲜度，而无法做到这两点的生鲜电商只能被市场淘汰。

三、物流金融新发展：物流＋供应链金融

（一）供应链金融带来的巨大价值

供应链金融是指银行以核心企业为中心，通过有效管理上下游企业的资金流、物流等内容，实现对各类信息的多维获取整合，从而通过更加灵活的金融产品和服务将单个企业不可控的风险转变为供应链中企业整体的可控风险。

在供应链金融的融资模式下，供应链内的企业通过资金这一融合剂实现了更紧密的联动，内部成员的流动性和有机联结得到了稳固提升，更加适应互联网商业市场从企业与企业间“单打独斗”的竞争模式向整体供应链的“团队竞争”模式的转变。

对物流产业而言，供应链金融服务模式是对以往物流金融模式的拓展和深化。物流金融是指在物流业务运营中，银行和物流

企业通过对动产、不动产和权利质押等多种方式有效组织和调剂物流产业链中的货币资金运动，从而为有资金需求的企业提供融资服务。

与传统金融模式比较，供应链金融拓展了金融的服务范围和目标，它可以将供应链内部的原材料、供应商、生产商、分销商直至消费者的产品价值全流程涵盖其中，是基于物流供应链为上下游所有企业提供金融支持和问题解决方案，能够更有效地解决国内物流企业，特别是众多中小型物流企业的融资难题，这两种金融模式的区别如图 7-5 所示。

图 7-5　物流金融与供应链金融比较

我国的物流需求很大，市场上有多达几十万家物流企业，但其中很大一部分都是中小型企业。在国内油价和人工成本不断上涨、市场竞争愈发激烈的今天，这些利用固有资金发展的中小型物流企业很难仅仅通过内部管理运营的优化缓解不断抬升的综合成本压力；同时，由于这些物流公司通常缺乏更多固定资产进行贷款抵押，因此也很难从银行等金融机构获得金融支持。

对于这些中小型物流企业来说，普遍面临着融资难的问题，而这也是阻碍他们实现可持续发展的重要因素。一方面，我国尚未建立起全面、合理的现代金融服务体系，银行等正式金融机构比较青睐大型国有企业，而针对中小型企业的金融产品和服务比较匮乏；另一方面，中小型企业自身规模小、贷款抵押能力不足、效益不稳定、信息不透明等问题,也对企业融资带来不利影响。

针对这个问题,很多银行推出了相应的金融服务产品,如华夏银行的“融资共赢链”、深圳发展银行的“供应链金融”、光大银行的“阳光供应链”等,这些金融产品在一定程度上解决了中小型物流企业融资难的问题,受到了众多中小型物流企业的追捧。

供应链金融产品围绕供应链的核心企业,以核心企业为信用背书,将资金注入供应链上下游的更多企业中,并通过对整体供应链风险的监控,将单个企业的不可控风险转变为更加可控的整体供应链风险,从而有效减少金融风险。显然,这种“N+1+N”模式改变了金融机构以往偏重固定资产评估的做法,转而以整体供应链和实时交易状况评估企业的信贷能力,从而使更多的中小企业能够从银行获得资金支持。

在这个金融服务思路中,决定物流企业融资是否成功的关键在于其是否处于一个强有力的供应链中。也就是说,如果一个供应链中的核心企业获得银行青睐,那么参与到供应链上下游的供应商、分销商以及提供配套服务的物流企业便容易获得供应链金融服务;相反,那些处于实力较弱的供应链中的企业则依然难以获得有效的金融产品和服务。

由此可以看出,供应链金融可以进一步加大物流产业的分化、兼并与整合。对于那些处于强力供应链内的中小型物流企业来说,供应链金融可以有效化解它们的融资瓶颈,促使它们获得更好更快的发展,进而吸引更多优质的物流企业参与到供应链中;而那些资质不佳、处于弱势供应链中的中小型物流企业将更加难以获得资金支持。

(二)打造供应链金融模式

物流金融和供应链金融有效地拓展了物流发展空间,可以为物流企业提供更广阔的发展空间和全新的创收渠道,如国际著名的物流巨头马士基和 UPS 的主要收益来源都是物流金融服务。以 UPS 为例,其物流金融服务集中于仓储质押、代付款和代收款三个环节；同时，由于成立了自己的金融机构，UPS 能够为客户提供更专业、更便捷的金融与物流服务，并以此为基础研发拓展更多高附加值的供应链金融产品。

就国内来看，由于非金融类机构没有经营融资类业务的资质，因此供应链金融是以银行等金融机构为主导、物流企业处于从属地位的运作模式。具体的供应链金融产品和服务包括不动产质押融资、代收货款、保兑仓、融通仓、海陆仓、垫付货款、仓单提单质押、池融资、保理等。

虽然物流企业在供应链金融中处于从属地位，但其在其中发挥着不可替代的重要作用。例如，当前得到广泛应用的保兑仓业务，银行一般青睐自己指定物流企业进行货物的质押监管；物流企业则可以通过这一服务获得物流运营和货物评估与质押监管两方面的收益。同时，作为银行的合作伙伴，物流企业也能够借此构筑竞争壁垒，打造核心竞争力。不过，能够像中储运、中外运、中远那样与银行达成合作关系，从而有机会承接质押监管业务的物流企业显然并不多。特别是对众多中小型物流企业来说，在规模、资质、网络、管理等各个方面都很难符合银行对物流合作伙伴的要求。

对于中小型物流企业来说，想要在供应链金融模式下获利，就必须解决资信这一关键性问题，这就要求中小型物流企业通过各种途径不断提升自己的资信水平，从而获得银行的信任。例如，当前很多物流地产企业除了布局保税物流中心，还积极在各个城市建立物流园区，而这些物流园区常常具有多元化的功能定位和综合服务能力，如区域配送中心（RDC）、快运转运中心、运输揽货站、配载服务部、售后配件中心、VMI 中心、城市共同配送中心、期货物流、展销展示中心、信息服务和附属服务等。

如果中小型物流企业能够与物流园区合作承接银行的质押监管业务，那么便可以借助物流园区的参与或担保，大大提升申请成功的概率。对银行来说，由于有着物流园区的参与或担保，因此可以更好地规避金融风险，实现业务拓展；而运营物流园区的物流地产商也能够借此获得新的创收渠道。

在供应量金融模式下，虽然大多数情况下中小型物流企业并不能获得供应量金融的主要产品，但是仍然可以从这一模式提供的众多产品和服务中获利。例如，国内很多商业银行都上线了保理服务，即企业通过把国内贸易中形成的应收账款转让给银行的方式，获得银行提供的应收账款融资、财务管理、账款催收、承担坏账风险等综合金融服务。对物流企业来说，如果应收账款的债务方满足了银行的信誉评定标准，那么物流企业便可获得此项服务。

从整体上看，物流供应链金融的主要参与者与获益者仍是实力雄厚的大型物流公司；但不可否认的是，供应链金融为各家物流企业带来了供应链管理思维，从“单打独斗”转向更加注重供应链整体建构的“团队合作”，从而极大地推动了我国物流产业的优化整合与进步。

供应链金融为中小型物流企业带来了新的发展空间，为企业解决了融资困难的问题，因此它们应该把握机会，顺应物流供应链管理的趋势，利用各种方法和渠道提升自身的服务水平和信用评级，积极参与到以优秀企业为核心的强势供应链中，从而获取供应链金融产品和服务，突破融资瓶颈，实现更好、更快的成长。

第八章　互联网时代的新零售发展趋势

随着人们生活水平的不断提高，对零售的要求也越来越多元化，零售业想要适应人们不断变化和发展的需求，就必须做出变化，要不断推动自身发展。目前，随着人工智能、AR/VR、生物识别、图像识别等技术更加成熟，应用门槛大幅度降低，新技术层出不穷，部分领先的零售企业将不断应用最新的科技提升消费者的全程体验，提高运营效率的同时降低成本。

第一节　发展 VR+ 零售

一、VR 技术推动零售的变革与升级

（一）VR 的概念和特征

VR 技术即虚拟现实技术，通过该技术可以创建和体验虚拟世界，是一种先进的计算机仿真系统。它利用计算机生成一种模拟环境，是一种交互式的三维动态视景和实体行为的仿真系统，它能够使用户沉浸到预先设计好的环境中。

虚拟现实技术包括的内容很多，随着技术的发展和不断成熟，相关内容还在不断充实。目前，虚拟现实技术主要包括模拟环境、感知、自然技能等方面。其中，模拟环境是由计算机生成的、实时动态的三维立体逼真图像；感知是指 VR 具有一切人所具有的感知，除计算机图形技术所生成的视觉感知外，还有听觉、触

觉、力觉、运动的感知，甚至包括嗅觉和味觉等；自然技能则是指人的头部转动，眼睛、手势或其他肢体行为可以经由计算机处理后对用户的输入做出实时响应，并分别反馈到用户的感官。

虚拟现实技术主要具有以下三个特征。第一，多重感知。除一般计算机所具有的视觉感知外，虚拟现实技术还能够让用户接收听觉感知、触觉感知、运动感知，甚至包括味觉感知、嗅觉感知等。第二，存在性。用户感到作为主角存在于模拟环境中是非常真实的。第三，交互性。用户可以对模拟环境中的物体进行交互操作，甚至可以从环境中感受到自然信息。

（二）VR购物

随着虚拟现实技术不断发展，当前该技术已经比较成熟，并且在很多领域得到了应用，如娱乐游戏、医疗、室内设计等。在购物环节，虚拟现实技术也已经露出了锋芒。

VR购物是基于VR技术形成的新型购物模式。VR购物利用虚拟现实技术、计算机图形系统和辅助传感器生成可交互的三维购物环境的全新购物方式。通过VR虚拟现实技术建立无边界、高精度视觉质量的虚拟现实商场，可使用户在一个更立体、更动态的虚拟现实环境中身临其境地浏览商品。用户只需要戴上一副连接传感系统的“眼镜”，就能“看到”3D真实场景中的商铺和商品，实现各地商场随便逛、各类商品随便试。下面就让我们来看看虚拟现实技术是如何应用于购物的。

阿里巴巴一直专注于创新，乐于引领新风尚。2016年4月，阿里巴巴宣布成立VR实验室（GnomeMagic Lab），基于VR技术启动“Buy+”项目，试图通过该计划引领全新的购物体验。阿里巴巴的VR实验室成立后的第一个项目就是“造物神”计划，也就是联合商家建立世界上最大的3D商品库，实现虚拟世界的购物体验。“Buy+”利用VR技术，用户可以在VR环境中购物，增强购物的真实性，“Buy+”的出现被业界认为将颠覆传统购物体验。VR技术为用户创造了沉浸式的购物体验，让用户坐在家里就能去纽约第五大道逛街。

“Buy+”购物方式可以划分为VR模式和全景模式两种，不同的购物模式具有不同的购物流程。VR模式的购物流程是从查看商品开始，用户选择立即购买后确认下单，然后确认支付，直至支付成功完成购物。全景模式的购物流程更为简单，用户查看商品，然后将其加入购物车，最后进行结算。

在VR模式下，用户首先要聚焦视线，通过这种方式进入商店或者了解商品信息。当用户结算时，将通过支付宝VR Pay收银台进行支付，可免密码支付或通过视线聚焦相应数字进行密码支付。

利用“Buy+”的技术支持，消费者可以瞬间前往世界各地进行购物，他们可以通过VR技术进行可视化实景购物，在进入商店到选择商品—最终支付货款的整个过程中，消费者需要做的只是转动自己的眼球。用户进入“Buy+”后，最原始的起点是一个类似于“家”的房间，房间里布置着沙发、电视机等家具。紧接着，用户会看到一面照片墙，上面的7个景点照片就是“Buy+”能够提供给用户的目的地了，其中包括美国的梅西百货、好市多百货、塔吉特百货、日本的松本清药妆店、Tokyo Otaku Mode周边专卖店和澳洲的Chemist Warehouse药房和Freedom Foods生态农场。例如，当用户走进空无一人的梅西百货，就会有帅气的经理专门为用户提供私人服务。用户可以随意地浏览商品的详情，将其一键加入购物车，确认地址和付款后，就能坐等收货。在梅西百货，每款商品上都有一个标签图标，显示了商品的品牌和型号。用户凝视它一会儿，详细信息就会在空间中跳出来，中间是商品的三维动图，左边是名称、价格等信息，右边则是关闭按钮。

“Buy+”使用了先进的VR技术，其中最主要技术为交互式全景视频技术，在系统的交互控制部分，利用客户的注视点悬停实现点击，通过控制视频帧位实现场景中的前进、后退，并确定商品交互信息应该显示的位置。“Buy+”的后台打通了淘宝账号信息以及商品数据库，实现了商品选择及购物的功能。“Buy+”最大的亮点在于通过 VR 技术实现了场景体验式购物。传统的线下购物乐趣在于体验,在货架间巡视那些触手可及的商品的那种满足感最能刺激用户的消费欲望,“Buy+”做到了这一点。

2017 年 3 月,阿里巴巴发布了《新零售研究报告》,在该报告中明确指出,在未来随着 VR 技术的发展和成熟,该技术将成为类似 PC 的网络入口。在未来,用户只需要躺在家里戴上 VR 头显(虚拟现实头戴式显示设备的简称),就能够直接“穿越”到商场、购物街、超市、美食店、体验店等任何场景,选择心仪的商品,眨眨眼、动下手指就可以下单,所看即所得,如亲临购物场景一般。VR 在新零售的应用领域主要在购物、汽车试驾、旅游体验等方面。

对于零售行业来说,零售货架的商品摆放十分重要,可以说零售货架的每寸地方都具有十分宝贵的价值。例如,有机儿童食品生产商 Happy Family 在重新设计走道时,就需要考虑各种问题。Happy Family 的战略副总裁 Riddhish Kankariya 说:“我们要考虑人们购物的方式,是按照品牌购物,还是按照食物的种类或生产日期进行选择。”为了解决这个问题,Happy Family 使用了虚拟现实技术,创造了四种不同的购物环境,从 800 个消费者身上获取数据。Kankariya 表示:“这种数据不通过虚拟环境,根本无法获取。”

Happy Family 与阿里巴巴的“Buy+”采用的 VR 购物模式并不相同,Happy Family 采用的是实体店虚拟现实技术,虽然二者的购物模式不同,但是本质上都是为了利用 VR 技术为消费者提供更好的购物体验。

当前,还有很多人没有正确地认识零售行业,认为该行业的变化相较于其他行业比较缓慢。与其他领域相比,零售业几十年以来一直都一样。实际上,零售业发展的步伐也一直在加快,从 20 世纪的百货公司和电视购物,到如今的网上零售,零售行业向用户推销商品的方式在不断改变。

从当前 VR 技术在零售业中的应用可以看出,VR 技术已经引领了零售业的变革,是推动零售发展的一项重要新兴技术。它改变了网络购物方式,同样也改变了实体店的零售体验。尤其是在网络商店中使用VR技术的潜力非常巨大,它可以让零售商创造更多的沉浸体验,并且模拟实体零售商店,此外还可以加入现实世界中所无法加入的场景。VR旗舰店在不久的将来将会成为网络店铺的主流。

二、搭建VR虚拟场景，引导用户走入虚拟实境

(一)虚拟商店的优势

虚拟现实技术最早是由美国人亚隆·兰尼尔(Jaron Lanier)提出的,该技术还被称作“灵境技术”,具体来说就是利用计算机技术生成一个逼真的三维视觉、听觉、触觉或嗅觉等感觉世界,让用户可以从自己的视点出发,利用某些设备对这一虚拟世界客体进行浏览和交互。它综合了计算机图形、图像处理与模式识别技术、智能技术、传感技术、语言处理与音响技术、网络技术等多门技术。虚拟商店主要由商店布局、货架、产品、购物系统以及收银系统这五个部分构成。相较于网上购物,虚拟商店具有以下两个优势。

1. 具有更好的交互性

在日常的网上购物中,用户与产品的互动只能通过机械地点击产品和图片的链接完成。在虚拟商店中,用户可以与商店产生更多形式的互动。例如,用户可以通过外设设备在虚拟商店里走动,浏览货架上的商品,点击选择商品,可以对商品进行一系列操作,甚至还可以与商店里的虚拟导购员和其他用户进行语音和文字交流。

2. 具有更高的真实性

缺乏真实性正是网上购物的严重缺陷。由于网页技术的限

制,现在网上的产品都是通过图片结合文字说明的形式表示。由于图片传达信息量的局限性,长篇的文字说明所耗费的阅读时间长。虚拟商店很好地解决了这个问题,在三维的虚拟场景中,商店是三维的,用户仿佛置身于真实的商店中。产品是三维的,用户可以通过鼠标等外设设备对产品进行旋转、放大等常规操作,产品的实体信息一目了然。

(二)虚拟商店的搭建方法

运用VR技术搭建虚拟商店主要涉及两个方面,即构建购物环境和设计购物流程。下面针对虚拟商店的建设流程和步骤进行分析。

1.构建购物环境

首先,构建VR购物环境需要进行三维建模。利用三维建模可以对物体进行多边形展示,三维模型一般来说会通过计算机或者其他视频设备显示。显示的物体可以是现实世界的实体,也可以是虚构的物体。自然界中存在的东西都可以用三维模型展示。三维模型经常由三维建模工具等专门的软件生成,作为和其他信息集合的数据,三维模型可以手工生成,也可以按照一定的算法生成。三维模型广泛应用于VR技术。

如果要构建大中型虚拟商店,购物场景的建模数量会十分庞大,这是因为大中型虚拟商店的产品种类繁多,因此一般企业会通过三维软件实现建模,有些三维软件除了是一个独立、完整的建模平台外,还能完成复杂场景的创建,同时支持生成多种数据。

其次,需要对建成的三维模型进行贴图烘焙。贴图烘焙就是将模型与模型之间的光影关系通过图片的形式转换出来,形成一种贴图,将这种贴图控制在模型上,可以使虚拟的环境或物品变得很真实。

虽然相较于贴图烘焙来说,实时渲染的效果更真实,可以更高程度地还原真实的光影效果,但是实时渲染对硬件系统的要求比较高,而对于商场这样大而复杂的场景来说,采用实时渲染表现真实的光影效果是不现实的,也是不经济的。采用贴图烘焙技术模拟光影大大减少了实时数据的处理量,极大地缩短了系统的响应时间。

最后,需要进行模型转换。在这一步,已完成的三维模型需要被导入虚拟现实平台,通过虚拟现实软件添加一些动作和互动命令,使整个场景动起来。做到了这一步,整个商场的模型建设就创建完毕了。

2. 设计购物流程

首先,登录虚拟商场。为了用户进入虚拟商店,需要设计一个应用入口,通过该入口可以使用户进入这个虚拟空间。一般情况下,用户通过应用入口登录虚拟商场后,随即会进入一个三维场景。

其次,浏览商品。用户可以像在逛真实的商店一样在场景中"闲逛",借助一些外设的操作设备(如 VR 眼镜等)实现商品的可视化。用户可以在场景中控制画面的前进、后退和旋转,模拟第一视角的人的行为。与普通商店相似,用户还可以通过商店内部的一些导购广告牌和产品分类标牌寻找自己需要的商品。

再次,选购商品。用户通过浏览货架上的商品发现自己喜欢的或是需要的商品,之后利用视觉确认的方式进一步了解产品信息。对选中的商品进行旋转、放大等操作,可以通过各个角度观察产品,还可以调取产品说明等信息,了解产品的相关细节。用户一旦选择了心仪的商品,就可以通过凝视的方式把产品加入购物车并提交订单。

最后,商品支付。用户将选好的商品加入购物车,之后付款,也就是进入系统的支付环节。目前的技术已经能够实现在虚拟实境里直接完成支付,如蚂蚁金服就在 2016 年年底发布了 VR Pay 支付技术。VR Pay 解决的是用户在虚拟场景中的支付问题,用户不需要打断沉浸式体验,也就是不需要摘除佩戴的 VR 设备,就能直接完成支付,这让虚拟消费体验能够前后衔接。用户只需要通过凝视、点头、触摸等控制方式登录自己的支付宝账户,输入密码,或者以小额免密的方式,完成交易。蚂蚁金服在发布 VR Pay 的同时,还发布了虚拟场景中的支付标准,如收银台、支付流程、安全认证方式等。

(三)VR的核心环节

通过上述分析可以看出,当今的 VR 技术发展实际可以支持我们搭建虚拟场景,建设虚拟商城,虽然很多环节需要进一步完善,但是大体上已经具备可行性了。其中,VR 的核心环节包括了硬件设备、操作系统、内容和应用。

1. 硬件设备

我们可以进一步将硬件设备划分为输入设备和显示设备。其中,输入设备的作用在于捕捉用户的知觉,而显示设备的作用在于反馈用户的知觉,两者构成一套相对完整的 VR 交互系统。显示设备包括头显、VR 眼镜等。人机交互是 VR 整个体验中非常重要的一环。目前已有的输入方式包括手柄输入、手势追踪、眼球追踪、动作捕捉等。除此之外,还有一些泛体感类的输入方式能够实现更复杂的交互。

2. 操作系统

VR 操作系统用于管埋 VR 技术的硬件资源和软件程序,支持所有 VR 的应用程序,是 VR 生态中重要的一部分。目前,Windows、Android 已经能够较好地支持 VR 技术的软件、硬件。除此之外,Google 等公司已经宣布正在开发 VR 系统,或会采取开源的方式吸引更多的开发者。

3. 内容和应用

虽然当前 VR 技术已经渗入很多领域,但是当前 VR 技术最重要的两个形态为游戏和影视。VR 技术的应用目前主要集中在企业级市场。早在 20 世纪 90 年代,VR 技术就已经应用在军事、工业、科研、医疗等领域。随着 VR 产业的全面爆发,VR 技术的应用也扩展到旅游、房地产、家装、零售、教育等行业。尤其是马云提出新零售的概念后,VR 在零售行业的应用正处于快速发展阶段。

随着技术发展,2015 年开始,就已经有很多企业开始着手 VR 线下体验店的布局,到了 2016 年,线下的 VR 消费场景已经延展到更大型的体验店和主题公园。在 VR 技术的应用层面,用户通过体验店、主题公园接触 VR 技术已经成为一个趋势。因此,很多 VR 内容也通过这些线下体验店和主题公园传播出去。当用户熟悉了 VR 技术后,将会对进入虚拟实境购物充满期待。

三、VR 购物模式存在的现实问题

从 VR 在零售行业的应用方式中可以看出,虚拟现实技术在很大程度上颠覆了传统购物方式,实现了购物理念和方式的创新。当然,说 VR 购物方式能够取代传统电商与现下实体零售还为时尚早,还有很长的路要走。VR 购物应用处于试用阶段,仍然存在很多不足。

(一)技术上存在的问题

虽然当前市场上已经有一批 VR 购物应用,但是这些应用仍然存在很多问题,还有很多地方需要完善。例如,技术问题就是一个难以突破的瓶颈,它引发了一系列体验端的问题。

1. 加载时间长,消耗流量大

在当前 4G 宽带下,全景场景无法即时打开,加载过程会比较久,流量消耗也大。如果用 iPhone 手机体验,数分钟就会让手机发烫,用户若继续体验,手机就会出现自动降频导致的卡顿,影响体验流程,这些都是当前 VR 技术的局限。

2. 交互方式有限

在“Buy+”里，凝视是唯一不需要借助外部设备的输入方式，但它的缺点也显而易见，用户在体验中需要尽量避免看向不想选中的商品，卡顿时容易误操作，并且输入效率极低，购物时只能选择默认联系信息，也很难查看和输入评论。

3. 存在晕动症问题

在没有定位系统的辅助下，仅靠全景视频是无法解决晕动症问题的。体验过程只能转头，一旦用户下意识地想凑近看看，就会发现场景跟着头移动，从而立刻脱离沉浸感并产生眩晕。而且，在其中一个过场视频中还有镜头视角的转动，虽然缓慢，但依然令人眩晕。

（二）体验端存在的问题

我们从“Buy+”应用的体验表现中可以看出，该应用并不能让用户获得满意的体验效果，造成这种现象的原因与 VR 技术、模式设计等都存在一定关系。

虽然网购成为一种潮流，但是仍然有一部分消费者不能接受这种购物方式，网购不符合他们的消费理念。很多时候用户的需求是需要场景激发的，购买欲望也只有在特定的场景中才能被激发，这一点是网购做不到的。对 VR 购物来说，尽管能够模拟化场景，但毕竟只是虚拟的世界，至少目前来看还不能像实体店一样为用户带来愉悦的体验和心情。

VR 购物想要进一步发展，就必须不断推进自身发展，同时还需要为自身发展创设良好的条件。从 VR 行业的发展来看，该行业的发展面临着诸多问题。很多人认为 VR 进入消费级市场的技术尚不成熟，尽管 VR 技术的确会让人产生奇妙的体验，用户也很乐于尝试，但这并不代表可以忽略其缺陷。

1. 用户体验差

目前，很多 VR 应用的用户表示，使用 VR 应用会让他们有眩晕感，为他们带来了不好的体验。这是因为人们在看远近不同的物体时，眼睛会自动调节，而 VR 设备是通过左右眼偏差的图像制造出 3D 立体效果，从而使用户进入一个虚拟空间。所以，在使用时，用户的眼睛需要不停地做出调整，时间一长就会感觉不适。而且人长期沉浸在虚拟世界中，会导致在现实社会中各方面能力的下降。

2. 交互性差

虽然 VR 技术已经在很多行业和领域得到应用，但根据美国咨询公司 Gartner Group 发布的数据来看，VR 技术进入普通人的生活还需要 5 ～ 10 年的时间。俗话说得好："独乐乐不如众乐乐。"以游戏为例，游戏本就强调交互性，而 VR 游戏把"独乐乐"发展到极致。长此以往，用户的新鲜感会逐渐消失。

3. 缺乏优质内容

虽然 VR 技术可以利用新鲜的形式吸引用户，但是留住客户和发展潜在客户的关键在于优质的内容。正如电影的发展历程一样，从无声电影带给人们的新鲜感到后来各种形式的作品呈现在用户眼前，使电影这门艺术发展壮大。如果仅是让用户体验技术，随着时间的推移，用户的新鲜感会消失。若没有高质量的内容作为后续的承接，VR 技术就很难拥有市场。

4. 价格高，实用性低

随着 VR 技术这一新兴技术进入市场，用户会对其加以关注，但是这并不意味着用户会花费过多的资金买一个笨重的头显。VR 技术在房地产等行业能够广泛应用，除了行业本身的特点之外，很大程度上是因为用户不需要自购 VR 设备。如果希望用户在家里实现 VR 购物，那么设备的价格就必须降低，目前动辄超过万元的 VR 设备显然不在普通用户的接受范围内。并且，对用户来说，带上这个笨重的头显会显得很蠢，这一点也需要考虑。

5. 消费群体小，消费动力低

虽然 VR 应用得到了一部分人的喜爱，但是现实是真正购买并使用 VR 设备的用户数量并不大，就 VR 应用目前的发展来说，其消费群体比较小，消费动力也较低。目前的 VR 应用不论是游戏还是购物很难作为一种社交活动展开，这将大大削弱用户的购买欲。

就 VR 技术在中国的发展来说，存在很多显而易见的问题，可以说发展得并不顺利。艾瑞咨询发布的《2016 年中国虚拟现实（VR）行业研究报告》显示，2016 年中国 VR 头戴设备的出货量为 692.5 万台，虽然与 2015 年相比确实称得上爆发，但与 2010 年智能手机 3 550 万台的出货量相比，仍然相形见绌。

当前 VR 技术最主要的应用领域为游戏和影视，VR 购物并不是 VR 行业的发展重心。用户未来最期待的 VR 用途主要集中在看视频、玩游戏、社交、看比赛以及教学领域。目前，行业的重心确实都放在了这几个领域。在调查中，大部分已经在使用 VR 设备的用户表示自己是为了某些游戏才购买的，与 VR 购物无关。显然，即使解决了技术问题，要想让用户接受 VR 购物，从业者还需要付出更多才行。

从以上分析可以看出，VR 购物应用在发展过程中还需要解决很多问题，只有不断地发现并解决问题，才可以使 VR 购物应用逐渐达到传统线上购物的水准。具体来说，VR 购物应用必须解决成本、产品、技术、支付等各个环节存在的问题。这不仅需要业内的共同努力，而且要依靠 VR 行业的整体发展。

第二节　发展无人零售

一、无人便利店的业态模式

在传统购物模式中，消费者需要选择商品、获取人工服务、实际体验商品，每个环节对于整个购物流程来说都具有重要意义。为了在海量的同质化商品中购买到真正符合自身个性化需求的商品，消费者需要对产品进行精挑细选。人工服务则是通过客服的专业讲解让消费者能够更为全面地认识商品，将不同商品的优劣告知消费者，以便消费者最终制定出更为科学合理的消费决策。实际体验商品则是消费者购买完商品后在使用商品时获得的感受，对消费者的购物体验也产生关键影响。在新零售模式中，体验传达的维度也会得到进一步拓展，实现全服务传达。消费者购买商品时，服务将像空气一般无所不在。让消费者的个性化需求能够随时随地地得到满足。

具体到无人零售模式，体验传达的维度进一步提升，主要体现为全服务传达，我们可以从亚马逊的无人零售项目 Amazon Go 中看到无人零售模式的应用实际情况。当顾客进入 Amazon Go 门店中时，店内安装的人脸自动识别设备将会识别顾客，调用数据库中的相关数据分析用户购买需求，摄像头也将记录顾客在门店内的轨迹等，通过一系列先进智能设备的应用，快速高效地分析出账单信息，并在顾客的亚马逊账户中扣费，用户可以在个人账号中确认购买信息。

在无人零售模式中，此前经常出现在科幻电影中的"视觉刷脸""拿了就走"等体验将会成为现实，虽然人们不会像在传统零售模式中购物时直接感知到各类服务，然而自进入门店的瞬间，各种服务就已经传达到了消费者面前。

随着技术的发展和成熟，我国开始在北京、上海、广州等地推行无人便利店试点，引发了新一轮风口。杭州虽然不是严格意义上的一线城市，但由于该地区浓厚的创业氛围以及居民的强大购买力，也有无人便利店项目选择在此落地。

（一）无人便利店的类型

根据顾客触达商品的方式，可以将无人便利店划分为两种：一种是开放货架式无人便利店；另一种是封闭货柜式无人便利店。

开放货架式无人便利店的门店布局和传统便利店颇为类似，商品被陈列在开放式货架中，顾客可以直接体验商品，并根据自己的需求做出选择。

封闭货柜式无人便利店则将商品陈列在封闭式货柜中，顾客通过操作机器来选购商品，货柜橱窗内展示了商品图片或者样品，但在未成功支付前不能直接体验商品。

由于开放货架式无人便利店和封闭货柜式无人便利店的商品触达方式不同，也就造成了无人便利店的经营面积、运营能力、成本投入、购物流程及技术应用等存在一定的差异。

开放货架式无人便利店相较于封闭货柜式无人便利店的经营面积更大一些，通常为 20 ～ 200 平方米，便利店的选址通常位于高校、科技园区及高端写字楼，不但提供日用快消品、餐饮、生鲜等商品，还提供手机充电站、便民急救箱、公益灭火器等公众服务。经营面积为 15 平方米的门店可以陈列的商品品类在 800 种左右，7-11、罗森、缤果盒子、小麦公社便利店等其是典型代表。

封闭式货柜无人便利店的经营面积相对较小，一般以 10 ～ 60 平方米为主，店铺选址主要集中在科技园、商务楼、通勤线及高端社区等地，销售的商品主要有日用快消品、即食饮品、鲜食商品、成人用品、应急非处方药等。经营面积为 15 平方米的门店可以陈列 600 种 SKU 的商品，24 爱购便利店、神奇屋便利店及 F5 未来商店等是其典型代表。

无人便利店可以对结算支付环节进行升级优化，以此为消费者提供良好的购物体验。消费者进入门店时,无人便利店系统可以获得年龄、性别、购买力等基础数据。选购商品时,可以获得购买力、消费习惯、购买偏好等数据,通过实现结算支付环节的自动化与智能化来提高购物便捷性,降低用户购物时间成本,从而给消费者带来更为优质的购物体验。

(二)无人便利店的参与主体

无人便利店业态涉及的主体甚多,十分多元化,包括生产商、品牌商、消费者、O2O 平台、实体零售、网络零售及智能便利店等。此外,渠道商、物流服务商、移动支付服务商、设备及系统供应商等也参与其中。无人便利店业态参与主体的多元化不但带来了多元化的需求,也催生出更为多元化的服务。下面对几个主要参与主体进行分析。

(1) 品牌商。品牌商利用无人便利店向消费者提供商品,盈利方式主要为获取成本与售价之间的差价。当然有些品牌商选择自建无人便利店,通过大量布局线下门店来掌握商品的终端销售渠道,并积累商品及用户数据资源。

(2) 网络零售商。网络零售商布局无人便利店以自营模式为主,通过发挥自身在技术、品牌等方面的优势来建立无人便利店品牌。当然,也有部分网络零售商选择通过为无人便利店提供技术服务等增值服务获取利润。

(3) 技术服务商。技术服务商的主要职责是为无人便利店的顺利运行提供技术支持,也就是可以为无人便利店的运行提供软件、硬件、支付等一系列运营解决方案,为无人便利店搭建线上流量平台,帮助其进行品牌推广等。

(4) 传统实体零售商。传统实体零售商实际上在无人便利店模式中具有品牌优势,可以借助自身的品牌影响力自建无人便利店,并且无人便利店的运营还可以搭载于原有的供应链上。同时,还可以发挥客流量的优势,在门店内为附近的无人便利店提供广告营销服务。

（5）创业者。创业者可以自建无人便利店，也可以加盟其他品牌商的无人便利店，前者风险较高，后者风险相对较低，当然高风险也意味着更高的回报。

二、无人便利店的供应链管理

对于零售企业来说，供应链是顺利运行的关键，即使在新零售时代也是如此。当前，"无人零售"被视为一种颠覆传统商业格局的新兴业态，企业界对其未来的发展前景给予了高度认可，以阿里巴巴、亚马逊为代表的零售巨头更是投入了大量资源与精力试水无人零售便利店，但无人便利店对企业的供应链管理能力有极高的要求，尤其是当发展到一定规模时，如果没有供应链提供的强有力支撑，将很难长期生存。

我们可以从无人便利店的货仓网点设置看出供应链建设的重要性。无人便利店在设置货仓网点时，需要考虑的因素很多，如交通条件、门店覆盖数量以及当前区域内顾客群体的基本属性等。即便布局的门店数量再多，如果货仓网点设置等供应链环节出现问题，也会因为缺货、断货、物流损耗较大、库存周转率较低等问题导致企业陷入发展困境，甚至被迫倒闭或转型。

随着网络技术的发展和普及应用，电商成为炙手可热的新兴产业，而生鲜电商则成为创业者、企业及资本方关注的一大热点，不过生鲜创业相对较高的门槛将很多人拒之门外。发展生鲜电商需要布局较多的线下门店，并具备强大的供应链管理能力。未来，"生鲜电商＋无人零售"将会实现快速崛起。

就我国市场来说，每日优鲜是第一家将生鲜电商和无人零售有机结合的新零售企业，在2017年6月推出的"每日优鲜便利购"让业内人士眼前一亮。同年8月，哈米科技与易果生鲜达成合作，双方将会共享生鲜供应链系统、冷链配送、B2C服务等诸多方面的优质资源，在"生鲜电商＋无人零售"深度掘金。9月，百果园和领蛙、好品等无人零售创业公司合作，组建"大百果联盟"等。

无人零售业态的盈利关键点在于以用户需求为导向及供应链管理为核心的强大运营能力，强化规模化效益的同时更要实现高效运营，为顾客及时供货。

可以看出，随着零售业发展，新零售背景下的供应链管理具有更丰富的内涵，不再只是简单地从前端接收信息，更要直接参与到为消费者提供便捷、高效的多元服务中来，能够为零售企业进行品类优化、销售预测、计划采购、自动补货及动态定价等。

在新零售时代，数据是关键，尤其对于新零售物流来说更是如此。未来，物流企业的核心竞争力打造需要数据、人才及技术的支持。物流业和零售业是相辅相成、相互成就的，未来的物流也将会实现数字化、信息化及智慧化，并推动供应链管理水平迈向新的高度。

随着新零售的发展，供应链也将不断优化和变革，这是适应零售业发展必须做出的改变。比如，很多零售企业利用电子标签来对线上线下的数据进行整合及同步，让价格、SKU、库存、交易等数据在产业链上下游企业中快速传递，使打造可视化的供应链具备落地基础。

供应链的关键在于效率和精准性。相较于网络零售模式，新零售模式在物流成本方面具有明显优势，线下门店可以将其辐射范围内的订单集中到门店中，并通过 B2B 物流 +B2C 物流取代传统电商的 B2C 物流，能够有效缩短库存周转周期，控制物流成本。京东和天猫在布局新零售过程中都选择了为与之合作的传统便利店提供仓储及供应链服务，这也在一定程度上证明了供应链管理对发展新零售的重要价值。

新零售的一个重要特征就是多元化，但是多元化业态和发展模式的背后是通用的增长逻辑。线上线下相结合的全渠道运营及融合多场景的销售空间改善了用户体验，让零售企业能够实时掌握动态变化的消费需求。密度与规模之战、层出不穷的各种引流方式，以及提高效率并降低成本的供应链管理则让企业能够构筑更高的竞争门槛，在即将到来的新零售革命中建立领先优势。

（一）新零售＋供应链是最佳搭档

对于零售企业长期稳定的生存和发展而言，供应链的稳定性起到了重要作用，它涉及原材料采购、产品设计生产、仓储配送等诸多环节，生产商、渠道商及零售商都参与其中，伴随着物流、商流、资金流、信息流在产业链中流动。

在传统零售业态中，商品从生产到最终销售存在很多中间环节。也就是说，在生产商和最终消费者之间夹杂很多中间环节，这就导致价格要比生产成本高出很多，而且大量中间商的存在也导致商品流通效率大幅度降低，便利店要承担较高的库存压力。

在新零售模式中，大数据、物联网等新一代信息技术的应用将打破这种局面，商品可以从生产商仓库直接配送到无人便利店，而且商家能够高效、精准地获取目标群体需求信息，从而根据动态变化的消费需求调整产能、优化选品等，有效提升供货效率与稳定性。

从以上分析可以看出，完善的供应链系统对于零售业非常重要，只有打造完善的供应链，才可以保证无人便利店为消费者提供满意的产品和服务。我国庞大的人口基数，再加上消费需求越发个性化与多元化，尚处于初级发展阶段的无人便利店必然会在和生产商的协调配合，应对缺货、断货、爆仓等问题，产品陈列方案优化及提高门店经营效率等方面遇到诸多阻碍，而这些问题的解决有赖于供应链数据提供的强有力支撑。

（二）供应链赋能“当日达”业务

物流始终是电商企业的一大痛点，而其中最关键的问题就是配送的时效性，虽然电商企业不断升级和完善自身的配送链，但仍然存在时效问题，即便是凭借配送服务赢得很多消费者信赖的京东，也仅是在经济比较发达、交通比较便利的城市才能提供优质的配送服务。要想让顾客能够享受“当日达”“次日达”这种优质配送服务，需要布局大量的货品仓库网点。但要想实现精准及高效的库存，仍需要海量的供应链数据。

无人便利店可以收集消费者的数据信息，利用智能算法对这些数据进行科学分析，并结合季节变化、历史销售数据、市场潮流等对未来一段时间内的销售情况进行预测，并将相应规模的商品存储到无人便利店附近的仓库中，那些需求频率较高的商品通常会存放在距离便利店更近的仓库中，反之则会存放在较远的仓库，这将为无人便利店更好地满足网购用户的“当日达”及“次日达”配送需求奠定坚实的基础。

通过跨平台、跨终端、跨区域的数据打通，无人便利店将目标群体在线上及线下的海量数据进行整合并高效分析，实现快速精准补货，有效提升商品流通效率，能够让无人便利店获取更高的利润回报。

（三）建立或合作供应链品牌

从缤果盒子的实践中我们就可以看到建立或合作供应链品牌的重要性。加盟费和销售分成是当前缤果盒子的核心盈利方式，根据地区差异，加盟费有所不同，东北地区门店的加盟费约为12万元，上海地区门店的加盟费则在15万元左右。

此外，缤果盒子与欧尚集团达成战略合作，欧尚集团作为国际零售巨头，拥有完善的供应链系统及全球渠道资源，与欧尚集团合作可以帮助缤果盒子未来在全球范围内实现快速复制提供广阔的想象空间。与此同时，缤果盒子还打造了自有供应链品牌“倍便利”，以便能够快速抢占国内市场，更为高效、便捷地整合海量优质资源。

在竞争手段越发多元化的移动互联网时代，企业不仅要面对诸多国内竞争对手，还要防范携带巨额资本而来的国际巨头，更为严重的是，如果企业未能及时适应新变化，很容易被跨界而来的颠覆者所淘汰。如果不能建立强有力的供应链品牌或与之合作，无人便利店企业很难及时、精准地获取足够的数据资源，在制定消费决策时也会相当被动，生产、运输及销售等诸多环节也会遇到各种问题。

目前，大部分无人便利店创业者资金等方面的实力比较一般，对于这些创业者而言，与供应链品牌达成合作是一种更为可行的选择，建立强有力的供应链品牌需要经过长期的积累与沉淀，是一项长期而复杂的系统工程。与此同时，社会化大生产也是一种不可阻挡的时代潮流，和第三方供应链品牌合作也有助于无人便利店企业将资源与精力集中到门店运营及管理方面，通过为顾客创造更多的价值获取更高的利润回报。

三、无人便利店发展面临的挑战

随着科学技术的不断发展，在各个行业和领域都会出现一定的无人化发展趋势，而无人化、智能化会为人们的公共生活增添更多色彩。以大数据、云计算、物联网、人工智能为代表的新一代信息技术的应用与发展将会促使人们的出行、社交、娱乐、餐饮、购物等各种生活场景变得更为智能化、智慧化，让我们享受到全新的生活体验。然而，就目前无人便利店运营模式而言，还面临着诸多挑战。

（一）市场监管不足

技术和模式都会对无人便利店的运营产生影响，这体现在运营成本和运营风险上，对于无人便利店这种新兴行业，创业者必然要通过不断融资进行试错，而在近两年的互联网创业项目倒闭潮中得到诸多经验与教训的资本方，对投资显得尤为谨慎，如果烧钱速度及持续时长超过其预期，很容易导致无人便利店项目出现资金链断裂风险。

当前我国针对无人便利店还没有制定完善的市场管理制度，可能会因为新监管政策的出台，导致无人便利店项目发展受阻。无人便利店扩张过程中会不可避免地遇到物业管理、接入服务等诸多问题，售后服务问题也缺乏有效的解决方案，如果这些问题不能得到有效的解决，地方政府可能会出于维护市场稳定性考虑而叫停无人便利店项目。

（二）入场门槛高，短期内难盈利

无人便利店作为新兴行业，建立在多种新技术上，而技术的创新是需要资金投入的，如无人便利店涉及的识别技术、传感技术等，研发都需要资金支持。除此之外，由于无人便利店尚处于起步阶段，业务形态尚不成熟，企业必须在供应链管理、设备维护、运营管理等方面投入大量资金。受这些原因的影响，无人便利店项目在初期需要大量资金，并且很难在短期内实现盈利。因此，目前几乎所有的无人便利店创业项目都是阿里巴巴、京东、亚马逊、苏宁等巨头在支持。

（三）技术与运营不够成熟

虽然当前我国很多地方已经开始投入使用无人便利店，但是在运营模式、技术路线方面等并没有形成统一认识，这需要通过不断试错来找到合适的发展路径。

无人便利店涉及的技术在实验环境下已经发展得比较成熟，但是将技术放入现实零售环境中，还是出现了难以适应的问题。无人便利店的人流量过大、识别技术很难应对、购买行为识别错误等问题也很难得以有效解决。为了解决这些问题，很多无人便利店都对同时进店人数做出了限制，有些无人便利店一次只能进1人，并且效率低，带给用户的使用体验较差。据悉，正是由于传感技术不成熟，Amazon Go才会延期对外开放。

此外，无人便利店目前也并未形成成熟的运营模式，这对于店铺正常运行造成了一定影响。此前，就有报道称缤果盒子上海店中的甜甜圈因店内的空调系统发生故障，室内温度过高而软化。出现这个问题之后，缤果盒子及时做出了调整才没有造成太大的损失。但这一事件说明无人值守的运营难度太大。

此外，由于无人便利店完全是自动化管理，这就导致了商品丢失、损坏率过高等问题比较常见，是无人便利店运营方面的难题。现阶段，为了降低商品的丢损率，无人便利店主要开设在封闭的高档社区，也有无人便利店选用封闭或半封闭的货架。但从长期来看，这两种方法都无法彻底解决货物丢损问题。

（四）用户隐私容易泄露，缺乏购物温度感

随着信息时代的到来，信息安全问题成为人们关注的重点，但就我国企业来说，仍然有大部分企业没有充分意识到保护用户信息安全的重要性，在无人便利店中需要使用指纹、面部特征及财务信息等隐私性较强的用户数据，如果这类数据被泄露，很容易给用户带来严重的负面影响。

当前，无人便利店的发展仍处于初期探索阶段，零售企业缺乏足够的经验，也没有可供借鉴的成功案例，在用户信息安全保护方面难免会有所疏忽。当然，这一问题的解决还要政府部门尽快制定相关的法律法规，技术服务商开发出更为安全可靠的用户信息保护系统等。

此外，由于无人便利店为全自动营业，店铺中没有服务人员提供服务，这就导致无人便利店在运营上缺少购物温度感，而在情感体验、消费决策中扮演的因素愈发关键的背景下，如何提升购物温度感是无人便利店从业者亟须解决的重点问题。

在传统零售业，尤其是社区便利店中，店内服务人员很容易和顾客建立良好的信任关系，甚至有些顾客还会在遇到突发状况时，让社区便利店帮自己照看孩子、宠物等，这无疑会极大地提升用户忠实度及复购率。在无人便利店中，要想解决购物温度感问题，更多的需要借助自动化与智能化技术，精准分析用户在不同场景中的需求，并通过智能手机为用户提供解决方案。

四、传统零售业向无人便利店模式的经验借鉴

虽然无人便利店相较于传统零售业具有一定优势,但是并不是所有的传统零售业都要布局无人便利店,也不是所有的产品都要实现无人化销售,但这并不意味着传统零售行业只要围观即可。传统零售业要客观、理性地看待无人便利店,借鉴其中的创新点实现创新发展。

(一)运用数据指导选址与运营

无人便利店可以利用传感器、计算机视觉等技术沉淀用户数据。比如,借助各种技术手段,无人便利店能获得店内热力图,图中会将进店客户喜欢的行走路线显示出来,以此为依据,商家就能对商品进行合理的摆放。另外,进店的顾客站在货架前会不自觉地看向某个位置,如果大部分顾客都看向这个位置,这个位置就是黄金位置,商家可在此摆放一些特殊商品。

通过传感器,无人便利店可以大量收集客户数据,通过对这些数据进行科学分析决定店铺的选址和运营方案等。虽然传统零售店铺也收集数据,但其收集的数据往往是进销存统计等比较单一的数据,无法为店铺选址与运营提供有效指导,只能凭经验行事。但借助数据化分析,经营者能顺利跨越经验限制,让店铺选址、运营决策更加科学、合理。

此外,零售店铺可以利用数据化手段提高运营效率,帮助消费者节约时间成本。乐铺在这方面就做得很好,自建立之初,乐铺就从街边商铺租金交易着手,采用“众包采集 + 大数据 1 对 1 精准匹配”的模式,以大数据系统为支撑对商铺数据进行了整合,使区域商户实现了有效连接,使物流效率、店铺运营效率得以大幅度提升,使支付场景更为丰富。

同时,有数据显示,零售商在利用大数据手段进行改造之后,年销售额大幅度提升,效果十分明显。

（二）运用新技术提升消费的体验与效率

无人便利店不仅可以有效降低人工成本，同时利用高新技术可以有效提升支付效率，从而使消费者获得更好的购物体验。确实，在无人便利店有过购物经历的顾客也纷纷称赞无人便利店无须排队、出门自动扣款等功能。如果商品质量、价格等基本特征相差无几，购物效率就会在很大程度上影响消费者的购买决策。

7-11、罗森等公司在发展无人便利店时，就十分重视对新技术的运用，从而有效提升运营效率和购物体验。比如，罗森推出的一些无人便利店引入了手机扫码支付等功能来减少顾客排队。虽然该功能未能在底层技术方面实现创新，但确实效果显著，使工作人员的工作强度得以有效降低。该方法被国内某些大型零售企业、超市所借鉴，这些零售企业、超市鼓励用户使用会员 APP 扫码付款，以提升结算效率，减少顾客的排队时间，同时还有效地推广了自己的 APP。借助 APP，这些商家推出了手机下单、送货上门的 O2O 电商业务，使店铺的销售额得以大幅度提升。

第三节　发展全渠道零售

"全渠道"英文为 Omni-Channel，其与单渠道、多渠道是相对应产生的概念。对于全渠道，不同的学者有不同的见解。美国著名设计公司 Webcredible 公司指出，全渠道即对很多渠道进行正确的运用，让相同的品牌、标准的服务在不同渠道中得以传播的一种传播形式，其不限于时间、地点，也不拘泥于某种技术，能够为顾客带来无缝化的体验。

全渠道的核心价值在于保证顾客对产品并无多大感知差异的情况下，不断提升企业自身的利益，当然要以顾客作为中心，通过多种渠道与顾客建立联系，为顾客提供相同的购物体验。在这里，相同的意思是无论顾客是通过实体购物还是网上购物，都有着相同的体验。显然,这里可以看出全渠道战略的特征在于本地化、社会化、个性化与移动化。

如前所述,不同的学者对于全渠道有着不同的见解。就零售角度而言,全渠道是以顾客为中心,通过信息技术为顾客打造一体化的渠道,让顾客可以享受一体化的购物体验。对于顾客而言,全渠道可以使顾客无论在何时、何地都可以享受无边界的购物。

本节就对全渠道零售的发展进行分析和探讨。

一、零售企业实施全渠道的制约因素

(一)外部环境制约

以往,我国的百货公司发展主要依靠的是租金支持与销售返点,这对于百货公司而言,实现全渠道销售的一大困境就在于本身并不存在自营商品,不能对商品的所有权进行把控。另外,我国有很多中小零售企业,这些企业过于分散,属于碎片化的经营模式,这对于全渠道营销而言也是困难重重的。

据调查发现,全国百强连锁企业中零售企业仅仅占百分之十几,并且这些企业多为区域型的零售企业,而不是全国型的,因此影响力较小,覆盖的面积也较小,类型也比较少,出现了明显的同质化现象。与天猫、京东、苏宁等相比,这些零售企业是无法比拟的。

因此,就外部环境而言,技术的缺乏、资金的匮乏等导致零售企业困难重重,面临这些问题,加入第三方电商平台成为其较好的选择,甚至可以突破困境。

(二)内部环境障碍

除了受到外部环境的影响,内部环境也对零售企业实现全渠道造成了阻碍,具体如图 8-1 所示。

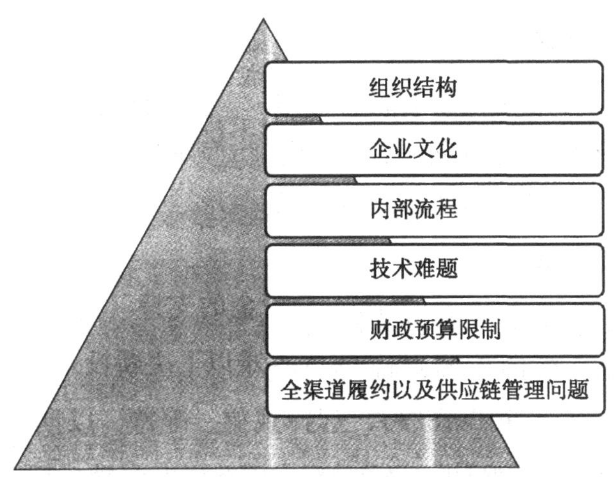

图 8-1 零售企业实施全渠道的内部制约因素

1. 组织结构

企业要想开展全渠道零售，首先就需要构建组织结构。企业的规模越大，运营模式越成熟，组织结构也越复杂，因此系统改造的难度必然会加大。在这一层面上，零售企业要想实现全渠道战略，就必须要解决主题确定、预算分配、目标责任等问题，只有解决了这些问题，才能更好地实现全渠道营销。

2. 企业文化

无论是大型企业还是小型企业，都具备自己的文化基因，且这些文化基因从创业开始就已经存在并传承了下来，当企业员工对这些文化基因熟悉了之后，再改变就非常困难，特别是对于那些临时组建的跨部门小组，解决问题更加困难。

3. 内部流程

零售企业的内部流程涉及很多的因素，改造的难度非常大。企业要想实施全渠道战略，首先就要改变看待顾客的视角，从全局的角度对顾客进行审视。其次，要采用新工具对线上、线下数据加以整合，为员工提供充足的顾客信息，便于员工开展精准营销，从而为顾客提供无缝化的销售体验。

4. 技术难题

由于技术人员的技术能力有限,很多企业的软件技术平台还未得到应有的开发与利用,造成线上、线下库存存在不一致的情况,这就导致很难满足全渠道营销的要求。

5. 财政预算限制

企业要想推进全渠道营销,资金支持是必不可少的。受投资回报率不确定等因素的影响,企业高层人员很难投入巨资进行全渠道营销。一些企业采取跟风战略,选择等待与观望,期待有好的时机切入,一举成功。这种做法虽然避免出现失败风险,但是也丧失了占领市场的先机。

6. 全渠道履约以及供应链管理问题

全渠道履约面临着一个巨大的难题,即难以实现无论在何地购买、提货都不会造成库存积压的情况。在传统的零售企业中,商品往往是依靠订单来履约的。随着电子商务的发展,传统的履约方式已经不适合当前的需要,很多电商企业要求改变,但是如何改变,商品流通由谁来负责,库存主要从哪里来,不同渠道之间的利润要如何进行分配,这些问题不是单一的问题,而是一系列的供应链问题。因此,企业必须要合理解决这些问题,这样才能实现全渠道履约。

二、全渠道零售的转型发展

(一)内部变革:构建企业全渠道平台

1. 建立适应全渠道的扁平化组织结构

要想推行全渠道战略,企业要从全局考虑,由企业高层管理人员做好顶层设计,各部门统一配合、协调进步。当然,做好员工的培训是必不可少的。各渠道之间只有建立协作机制,推动公司向着扁平化方向发展，以促进企业的全渠道发展。

2. 企业文化重构

（1）打破部门与部门之间、渠道与渠道之间的阻碍，在部门之间建立全渠道。

（2）将顾客作为中心，重建组织结构，消除内部制度对企业运行的阻碍，促进内部的分工协作。

（3）构建一个良好的顾客关系，保证员工能够从全渠道出发，对问题进行重新审视与看待，让员工将个人能力充分发挥出来，在企业之间传递全渠道的价值。

（4）对员工进行培训与教育，为员工分享技能和知识提供一个良好的环境。

3. 传统实体店进行虚拟化，网店、移动平台实体化

在实体店中，可以增设虚拟化设施，如为用户提供免费无线网、POS 机结账服务、展示屏、智能电视、虚拟电视墙等，这可以为顾客提供一个良好的上网空间，让顾客在实体中也能享受到家庭般的购物体验。同时，应该为员工配备平板电脑，便于顾客咨询与结算。

电商网店最大的劣势在于顾客不能试用，因此不能真实地感受物品。为了破除这一劣势，网站可以对产品进行标准化的描述。如果是服装类的产品，为了让顾客享受到良好的购物体验，可以让买过的用户上传试穿的照片，便于新顾客进行对比。

另外，电商网店还要完善订货系统与购物系统、支付系统与库存系统、退换货系统与评价系统等，这些系统便于顾客与店家进行交流与沟通，从而为顾客提供真实的体验。

当前，移动终端实现了实体化，这为顾客提供了很多便利。

其一，轻松便捷地存储购物单和产品价格信息，并借助移动终端对二维码进行扫描以实现快捷支付。

其二，为顾客提供店内导航，通知顾客商店的促销活动信息。

其三，为顾客发放优惠券，并给用户提供发货通知。

其四，支持顾客为商品做出评价、打分。

其五，顾客与顾客之间可以实现购物单共享。

其六，顾客可以与店家进行交流。

4. 零售企业内部渠道流动

在全渠道背景下，虚拟电商、实体店商和移动终端等渠道的库存都必须实现一体化、可视化。要想做到这一点，零售企业必须要不断破除渠道壁垒，实现渠道之间的协同作业。零售企业应该考虑全局，从单一的视角下推进货品在渠道间的流通。基于这一模式，各个分销中心的工作将由本辖区的门店库存维护转向为其他分销中心、门店的库存维护服务。

根据"地理位置就近"原则，第一履约责任人是与顾客距离最近的门店，该门店要处理好实体店顾客购物的履约问题，也要处理好电商的订单履约问题，还要做好顾客退换货的服务。这种就近门店的方式可以为顾客提供便利的退换货服务，节省了来回运输的成本，打消顾客对产品的运输顾虑，推动线上顾客向线下实体回流，从而防止出现渠道蚕食的情况，还能有效防止实体店沦为"展览室"。

5. 搭建全渠道平台

要想搭建全渠道平台，零售企业需要从全局出发，需要对企业各部门的职能、责任等进行整合。全渠道平台主要由两个部分构成：一部分是前台，即与顾客接触的终端；另外一部分是后台，即能够给顾客带来无缝化体验的终端。

在这两个部分中，前台主要包含网店、门店、微信、微博、目录、社交媒体、传统媒体等部分。后台主要包括订单处理系统、结算系统、智能化 CRM 系统、库存管理系统等以及对这些系统运行提供支持的数据库处理平台。

（二）精准营销：开启全渠道营销模式

虽然当前的全渠道购物模式在应用层面存在多种问题，但是其有着巨大的发展前景。在未来，将消费者作为体验中心，构建无缝化的营销是企业向前发展的趋势与重要战略。

企业推行全渠道营销必须以消费者的无缝体验为中心，为消费者提供一站式的购物渠道。随着信息时代的到来，消费者身处于海量的信息之中，因此打破这种碎片化、分散化的信息状态，为顾客建设一个全球性的购物平台是非常重要的，有助于顾客实现一站式的购物体验。

这一平台的构建可以集中全国一线的品牌，也可以汇聚跨区域、跨行业的电商平台，无论是哪一种方法，最关键的一点是要进行差异化营销，为消费者传递品牌价值的同时，为消费者提供更为优质的购物体验。

1. 智能化的客服中心

以前，客服中心的服务方法主要有两种，一种是通过电话进行沟通；另一种是通过邮件进行沟通。在全渠道背景下，随着智能手机、平板电脑等设备的普及与广泛应用，顾客可以借助自助服务、社交媒体、实时聊天等多种渠道联系客服。因此，客服中心的服务也趋向于电子化、智能化。

（1） 顾客在通过电话、移动终端、社交媒体等与客服进行联系的时候，需要客服中心对这种渠道迁移展开灵活的处理。智能化的客服服务恰好满足了这一要求，因为其采用的是“顾客自助服务 + 人工客服”的模式。

（2） 智能客服中心能够对用户的数据信息进行收集与处理，如顾客的投诉、顾客的建议等，这些信息很可能转变成对企业有价值的商务信息，为企业改革提供便利，也为顾客的购物活动提供更多的服务。

（3） 智能化客服中心还需要打破单一的数据存储功能，将顾客介入系统和企业后台的办公记录系统相连接，更好地为顾客服务。

2. 顾客体验和忠诚计划

现实生活中的每个人都是消费者，他们都能够对某一服务、某些产品做出自己的评价。基于这样的情况,通过社交媒体,顾客在选购商品时就能够轻松地获得有效的建议。顾客的评价直接影响着商品的销售情况,这就使得销售商不得不处理顾客的差评与不满意情况,从而重新争取顾客对产品的好感,为自己的企业塑造良好的形象。

在购物过程中,消费者面对如此多的渠道,大多希望的是从不同的渠道获取良好的购物体验。因此,对于零售商而言,面对全渠道营销,他们最主要的任务就是要保证顾客可以从不同渠道获得相同的购物体验,从而逐渐加强顾客的黏性。

也就是说,零售商最终要做到将线下实体店和线上电商的各种优势结合起来,让线上实体店带给用户网店般的购物体验,让网店带给用户实体店般的购物体验,从而带给消费者极致的购物体验。

3. 精确营销——促销与推销

全渠道营销的目的就是能针对顾客开展精确营销。通过对线上、线下数据库进行整合,对顾客的购物信息使用大数据进行合理分析,这些信息包括是否关注网站、在网站所停留的时间、购物车中的物品类型、消费记录等,从而针对顾客的消费偏好与能力来进行精确营销。例如,在某个合适的时间为顾客提供折扣券等,以促使顾客达成交易。

全渠道营销时代是伴随着人们生活水平的提升而不断发展而来的。随着网络的普及,平板电脑、智能手机的广泛使用,手机、网络已经在人们的生活中占据了大部分时间,承载了包含娱乐、工作、购物、游戏等在内的多种功能,使人们的生活不断地发生改变。对于零售商来说,全渠道经营已经成为一种长期的发展战略,不断影响着企业未来的发展。

(三)逆境突围:进入全渠道竞争时代

近些年,大型超市、百货商品代表的实体零售业态的发展出现了低迷，从利润上、销售业绩上看，都出现了明显的下跌。从国家商务部公开的统计结果中可以看出，我国零售行业5 000家企业的销售额增长比重较低，许多企业在利润获取及营收方面甚至出现下跌，并且这种情况未在短时间内有所改善。

百货业的发展也出现了严重的低迷情况。与百货业态相比，超市的恢复相对较快，如永辉超市、华润万家等，这些企业的销售额逐渐增长。

虽然整个零售业发展不景气，便利店的增长率却达20%以上。总体而言，新开店铺减少、退出店铺增多，小规模实体店的发展速度较快，而大型超市及百货增速减缓，是该行业近两年的总体发展形势。另外，虽然现阶段多发生“关店潮”的情况，尤其是在一些经济发展水平较高的国内城市，但随着这种“关店潮”的不断发展，其很可能会对一些相对落后的地区产生影响。到时候，更多的企业将面临关门。

很多人都问：为什么国内实体零售行业会出现“关店潮”呢？这主要是因为企业的经营成本不但增加、电商的迅速发展、同类企业之间出现了严重的竞争、政策的影响等。“关店潮”的发生反映出市场的自我调节作用，当“关店潮”愈演愈烈时，实体零售业要维持自身的生存地位，就要主动寻求自身改革，积极应对。

行业发展大局呈现出不同的姿态，使身处其中的实体零售业不得不采取应对措施对传统商业模式进行改革。近两年来，零售业转型变得越来越普遍，很多企业开始打造独立品牌、采用O2O全渠道布局，百货业采取自营模式等，这些措施被众多实体零售业运用到了转型过程中。

上文中提到的大型超市、百货增速减缓，小型实体店增长突出的现象，也反映出我国实体零售业态的结构改革，以联华快客、罗森、好邻居为代表的便利店业态逐渐扩大覆盖范围。与此同时，零售行业内的其他形态经营者也试图在这个领域进行开拓。举例来说，家乐福之前并未涉及便利店经营，但前两年在上海建立了3个便利店。

与此同时,步步高计划在 2020 年建设 10 万家便利店,简称“万店计划”,而华润万家也在积极开拓社区超市。另外,北京华冠超市也将在乡镇社区便利店的开拓上倾注更多的资源。从中能够看出,近几年便利店零售业态的发展呈蓬勃之势。

一些业内的研究者认为,在今后的发展过程中,很多实体商家会选择小规模的零售运营,通过采用 O2O 模式,为社区居民提供购物服务,并通过这种方式促进自身转型。

小规模的实体零售店有多种表现形式,如鲜花店、蛋糕店、便利店、母婴店等,这些店铺经营的针对性较强,能够与消费者的特定需求形成对接,具有发展迅速、成本低廉、有效缩短与消费者的距离等优势,从而获得较大的利润,吸引更多的消费者。

此外,大型超市、百货的业态发展之所以与便利店的发展呈现出明显的差别,不只是因为它们具有不同的特点,还因为很多企业不愿放弃传统盈利模式,而部分企业能够积极应对外部环境的变化,进行自身调整与改革。

由此可见,面对行业整体的变化,众多零售业开始通过提高自身能力、主动进行改革的方式维持自身运营,积极开辟新的发展道路。对于那些从宏观发展角度考虑问题的零售企业,供应链改革能够推动实体零售业的转型,促进其加速自身运转。其原因有以下两点。

第一,随着电商行业的快速发展,实体零售面临巨大的挑战,为了保持自身获得更多的利润,避免既得市场被抢走,实体零售企业不得不壮大自己的竞争实力。

第二,整个行业的布局已经与以往存在明显的不同,为了实施全渠道战略,企业有必要加强与产业链上游环节的合作,保证商品资源的充足供应。

当前,业内人士一致认为,零售企业应通过 O2O 全渠道布局战略实现转型。虽然很多领域在 O2O 模式的实践过程中都遇到了严重的问题,如旅游、餐饮、母婴行业、房地产等,但是也不得不说,实体零售业的 O2O 全渠道发展将步入快车道。

根据数据统计结果，在国内连锁企业中排名居于前100位的商家里，有接近85%的企业在电商领域有所举动，零售业O2O全渠道已经从理论探索、初步试水进入普遍应用的阶段，各类业态并存、商家的品类范围也在逐步扩大。与此同时，跨境电商的潜力逐渐显露出来，移动端消费的发展尤为突出。

另外，许多实体零售企业在向线上渠道拓展的过程中，其线上业务的运营逐渐步入正轨，可能在不久的将来实现盈利。此外，很多实力型电商企业还主动联手线下企业，在资本合作方面达成一致，进一步促进了O2O模式的落地。

O2O全渠道战略的实施，已经从之前的初步探索，到之后的快速发展，再到后来的策略改进，该模式到2016年迎来发展拐点，这意味着O2O全渠道是否行得通，就看其在未来几年的进展如何。

总体上而言，实体零售的改革在不断推进，并朝着垂直的方向向外延伸，企业经营将跳出传统的行业界限，将自身的独特性展现出来，通过多种形式拥抱互联网，O2O的实践方式会不断增多。随着全渠道布局的开展，很多创新模式会逐步完善，将对行业发展起到巨大的推动作用。

（四）四大关键：零售企业的全渠道转型

2016年以来，全渠道建设成为零售商们关注的焦点。2015年，我国网购用户规模为4.13亿人，对一个拥有超过13亿人口的庞大市场而言，未来线上用户群体仍存在着巨大的增长空间。

因此，能够将线下与线上实现无缝对接的全渠道运营模式将会为零售企业创造出巨大的价值。具体来看，零售企业在全渠道建设的过程中需要注意以下四点。

1. 变化：消费者购物习惯和市场环境

随着以用户需求为核心的新消费时代的来临，消费需求越来越多元化与个性化，很多零售企业伴随着这场巨大的变革而被时代吞没。随着新的消费时代的到来，零售商扮演的角色也会发生变化，他们需要重新定义自身的角色，需要为消费者提供个性化、实时的购物服务，将顾客作为中心，并融入企业文化，让员工主动为顾客创造价值，同时在互联网、移动终端的辅助下，让顾客享受到更为优质的服务。

随着消费需求的不断升级，人们不再简单地满足于单一的购物方式，而是想要在各种各样的生活场景中通过丰富多元的购物渠道来随时随地地购买自己需要的产品，并且要有较高质量的物流配送服务商和完善的售后网点来为自己提供优质的服务。在这种背景下，零售商必须积极实施全渠道转型，这样才能充分满足消费者的需求。

2. 挑战：仓储物流服务的整合

现阶段，如何将库存储备、销售渠道与仓储物流服务实现高度整合，成为零售产业亟须解决的一大痛点。

此外，不断增加的租金成本与人力成本使得零售商们面临的资金压力大幅度增加，很多零售从业者对线下门店在移动互联网时代的价值产生了质疑。全渠道模式则可以帮助零售商有效解决这些问题，让广大消费者真正享受到前所未有的极致购物体验。

目前，绝大多数零售商的转型之路都走得格外艰难，在渠道整合方面进展十分缓慢。无论是布局线上业务的实体零售商，还是探索线下业务的电商企业，在全渠道转型方面都遇到了巨大的阻力。造成这种问题的很大一部分原因是零售商们对自己在新消费时代的定位、转型全渠道模式背后的逻辑缺乏足够的认识。

事实上，在新消费时代，零售商首先要做的就是明确自身在市场中的定位，并尝试和更多的合作伙伴进行合作，来为消费者提供更为优质的服务体验，从而实现多方共赢。零售商需要明白的是，实施全渠道模式转型的原因绝不是为了简单地通过更多的渠道来提升产品销量，而是零售企业在新消费时代能够真正满足用户需求的一种必然选择。

3. 痛点：供应链体系的完善

在新消费时代，零售商的供应链发生了重大变革。消费者的话语权得到了极大的提升，此时零售企业获取利润将建立在充分满足用户个性化购物需求的基础之上。

不断增加的运营成本及行业竞争使得零售商们面临着前所未有的巨大挑战。在满足用户需求的同时，获取更高的利润、优化库存成为一大重要因素。在全渠道模式中，零售商需要建立全新的物流仓储体系。因为企业可能在线下门店为线上用户发货，在门店收集用户订单等。此时，零售商需要做到库存的可视化和柔性化，能够实时了解每一种产品的库存状态。

零售商想要提升线下门店的客流量并提升线上产品销量，必须推进线下门店的数据化，拓展更多的功能。这将使零售商能以一种更为高效率、低成本的方式为消费者提供产品和服务，同时能帮助零售商获取更高的价值。供应链所发生的巨大变革使得线下门店与仓储中心之间的界限变得愈加模糊。

零售商不仅要使自身的库存实现可视化和柔性化，更要为仓储物流、线下门店等建立统一的规则。此外，还要对员工进行培训，确保他们能够为顾客提供精准、实时的库存信息，并提供更多的物流服务解决方案。

随着提升用户忠实度在企业参与市场竞争中发挥的作用越发关键，零售商需要充分发挥线下门店的各种功能，并深度挖掘门店员工的潜在价值，成为供应链变革的关键所在。

此外，零售商要想成功实施全渠道模式转型，必须提升线下门店的物流服务水平，使供应链更加智能化及自动化，这样才能更好地为全渠道提供优质服务。

4. 技术：全渠道建设的基础

毋庸置疑，全渠道建设需要有足够的技术以提供强有力的支撑。事实上，在国内市场中，具备为零售商提供供应链服务解决方案，帮助其转型全渠道的技术服务商屈指可数。这也是导致国内零售企业全渠道转型难以落地的一大重要因素。

参 考 文 献

[1] 曹虎 . 数字时代的营销战略 [M]. 北京：机械工业出版社，2017.

[2] 陈晓敏，史超超 . 社群营销 强关系下的粉丝经济 [M]. 北京：清华大学出版社，2017.

[3] 杜凤林 . 新零售 打破渠道的边界 [M]. 广州：广东经济出版社，2017.

[4] 杜凤林 . 新零售实践 [M]. 北京：中国纺织出版社，2018.

[5] 何毅鸣 . 零售革命：重新定义零售新模式 [M]. 北京：人民邮电出版社，2016.

[6] 洪涛 . 流通产业经济学 [M]. 北京：中国人民大学出版社，2014.

[7] 纪琳 . 网上支付与结算 [M]. 北京：机械工业出版社，2009.

[8] 角井亮一 . 新零售全渠道战略 [M]. 北京：人民东方出版社，2017.

[9] 李广建，化柏林 . 大数据时代：新思维与新管理 [M]. 北京：中国人事出版社，2016.

[10] 李军 . 实战大数据：客户定位和精准营销 [M]. 北京：清华大学出版社，2015.

[11] 李奇，毕传福 . 大数据时代精准营销：从 IT 到 DT 营销之道 [M]. 北京：人民邮电出版社，2015.

[12] 林庆 . 物流 3.0 “互联网 +” 开启智能物流新时代 [M]. 北京：人民邮电出版社，2017.

[13] 刘春梅 . 零售学 [M]. 北京：立信会计出版社，2011.

[14] 秦绪文 . 社群营销这样玩最赚钱 [M]. 北京：人民邮电出版社，2016.

[15] 秦阳，秋叶 . 社群营销运营 [M]. 北京：人民邮电出版社，2018.

[16] 水木然，廖永胜 . 新零售时代 未来零售业的新业态 [M]. 北京：机械工业出版社，2017.

[17] 苏高 . 大数据时代的营销与商业分析 [M]. 北京：中国铁道出版社，2014.

[18] 覃海涛 . 新零售的创新与变革 [M]. 北京：人民邮电出版社，2018.

[19] 王生辉，王俊杰 . 网上支付与结算 [M]. 北京：科学出版社，2008.

[20] 王喜富 . 大数据与智慧物流 [M]. 北京：清华大学出版社，北京交通大学出版社，2016.

[21] 王先庆 . 互联网 + 物流 [M]. 北京：人民邮电出版社，2016.

[22] 王晓峰，张永强，吴笑一 . 零售 4.0 时代 [M]. 北京：中信出版社，2015.

[23] 夏名首 . 网络支付与结算 [M]. 北京：清华大学出版社，北京交通大学出版社，2007.

[24] 燕鹏飞 . 智能物流 链接“互联网 +”时代亿万商业梦想 [M]. 北京：人民邮电出版社，2017.

[25] 余来文，温著彬，边俊杰，石磊 . 互联网金融——跨界、众筹与大数据的融合 [M]. 北京：经济管理出版社，2015.

[26] 袁野 . 电商有道，运营有法 [M]. 北京：机械工业出版社，2017.

[27] 张坚伟 . 涅槃二十年 从电商到新零售 [M]. 上海：复旦大学出版社，2018.

[28] 张劲松 . 网上电子支付与结算 [M]. 北京：人民邮电出版社，2011.

[29] 张鹏，峥嵘 . 从 1.0 到 4.0 移动互联网时代的零售就该这样做 [M]. 北京：人民邮电出版社，2016.

[30] 张宇 . 智慧物流与供应链 [M]. 北京：电子工业出版社，2016.

[31] 赵予 . 全零售生态——面对互联网冲击，企业如何突破重围 [M]. 北京：经济管理出版社，2017.

[32] 周雷 . 互联网金融理论与应用 [M]. 北京：人民邮电出版社，2016.

[33] 庄崇沣 . 新社群，新思维，新零售 [M]. 北京：清华大学出版社，2017.

[34] 邓文豪 . 新零售——无人超市对传统零售业的冲击与启示 [J]. 中国集体经济，2018（32）：157-158.

[35] 侯佳璐 . 传统支付产业升级互联网 + 支付 [J]. 农家参谋，2018（19）：268.

[36] 纪祥勋 . 我国传统零售企业全渠道营销策略分析 [J]. 内蒙古统计，2018（03）：22-25.

[37] 蒋卓晔 . “互联网 +”背景下传统零售业态创新发展路径分析 [J]. 商业经济研究，2018（19）：69-71.

[38] 梁俊 . 全渠道零售的趋势和挑战 [J]. 中国储运，2018（11）：68.

[39] 潘一禾 . 新型社群与魅力型领军人才 [J]. 浙江社会科学，2016（02）：61-63.

[40] 荣朝和，韩舒怡 . 互联网对零售企业经营能力的影响 [J]. 商业经济与管理，

2018（10）：19-28.

[41] 谭旭，薛飞，毛太田，邹凯．顾客满意度视角下的零售供应链协同绩效智能评价 [J]. 工业工程与管理，2015（03）：74-82.

[42] 田华伟．消费者异质性视角下的中国零售业态发展与演进研究 [J]. 价格月刊，2018（07）：74-79.

[43] 田晶晶，杨海丽，杨建安．新零售：动因、特征、现状及趋势 [J]. 郑州航空工业管理学院学报，2018（03）：57-64.

[44] 王娟．无人零售发展前景探析 [J]. 价值工程，2018（19）：275-277.

[45] 王利琴．移动互联时代传统零售企业 O2O 转型探析 [J]. 福建商业高等专科学校学报，2015（06）：39-44.

[46] 韦霞萍，何晓明．互联网背景下供应链金融的发展与前景探析 [J]. 计算机时代，2018（01）：23-26.

[47] 魏云，张雁，张世仓．零售企业经营中大数据的商业价值 [J]. 现代营销（下旬刊），2018（05）：19.

[48] 吴浩．大数据在新零售中的应用及价值解读 [J]. 信息与电脑（理论版），2018（16）：123-124.

[49] 徐林．基于“互联网 +”的零售业创新发展探讨 [J]. 商业经济研究，2018（14）：27-29.

[50] 钟旺．新零售的特征及发展动力 [J]. 市场研究，2018（04）：38-40.

[51] 周锐．网络经济下零售企业全渠道管理路径研究 [J]. 商业经济研究，2017（21）：57-59.

[52] 周少骞．职场社群化下企业人力资源合作开发 [J]. 现代营销（经营版），2018（09）：34.

[53] 周杨，薛媛．新消费趋势下互联网社群融合模式分析 [J]. 电子商务，2018（08）：29-30.

[54] 朱彬彬．基于大数据的传统零售行业精准营销探究 [J]. 管理观察，2018（18）：24-25+30.

[55] 朱灵博．浅析零售业的营销策略 [J]. 辽宁经济，2016（12）：86-87.

[56] 朱予硕．商业零售行业和 VR 技术协同发展的模式探讨 [J]. 全国流通经济，2017（18）：15-16.